校史的故事

主　编：周　彤
副主编：姜素兰　王　岩　徐　娟

中国政法大学出版社
2021·北京

声　　明　　1. 版权所有，侵权必究。

　　　　　　2. 如有缺页、倒装问题，由出版社负责退换。

图书在版编目（CIP）数据

校史的故事/周彤主编. —北京：中国政法大学出版社，2021.9
ISBN 978-7-5764-0016-8

Ⅰ.①校… Ⅱ.①周… Ⅲ.①高等学校—校史—史料—北京 Ⅳ.①G649.281

中国版本图书馆CIP数据核字(2021)第170049号

出 版 者	中国政法大学出版社
地　　址	北京市海淀区西土城路25号
邮寄地址	北京 100088 信箱 8034 分箱　邮编 100088
网　　址	http://www.cuplpress.com（网络实名：中国政法大学出版社）
电　　话	010-58908441(编辑部) 58908334(邮购部)
承　　印	北京九州迅驰传媒文化有限公司
开　　本	880mm×1230mm　1/32
印　　张	12.25
字　　数	285 千字
版　　次	2021 年 9 月第 1 版
印　　次	2021 年 9 月第 1 次印刷
定　　价	59.00 元

《校史的故事》编委会

主　编： 周　彤
副主编： 姜素兰　王　岩　徐　娟
编　委： 王　锐　王志伟　王培雅　田　夏　石丽萍
　　　　　史文瑞　史桂林　付晨光　丛　森　闫　奚
　　　　　吕淑惠　孙　权　李　敬　张　利　张　宇
　　　　　杨　沛　孟宪东　陈　静　范　维　武英杰
　　　　　原　迪　徐永利　龚文婷　谭　兵

序 / PREFACE

在全国高校思想政治工作会议上,习近平总书记强调,加强高校思想政治工作要注重以文化人、以文育人,要注重文化浸润、感染、熏陶。校史不仅是一种资源,更是一种文化,是大学传统的积淀、大学精神的承载、大学文化的映照,校史中蕴含着丰富的文化教育资源,具有巨大的历史感染力和无形的教育力量,可以滋润人的心田,提高人的精神境界。

北京联合大学肇始名门,源承正宗,诞生于变革之际,奉命于历史关头,历经多次分拆、合并、搬迁,经历了艰难曲折的发展历程。40余年来,几代联大人筚路蓝缕,艰苦奋斗,攻坚克难,砥砺前行,始终与时代变革同频共振,与北京城市发展相融共进,取得了一项又一项辉煌的成就。40余年的历史积淀形成了我校独有的办学特色、人文记忆和文化底蕴,也形成了一笔宝贵的文化财富和精神财富,是开展思想政治教育的一座"富矿"。

《校史的故事》从历史的长河中撷取了若干朵晶莹的浪花,如果我们细细品味,用心灵去感受浪花飞溅的壮怀与激昂,会发现其中蕴含着一种巨大的精神力量,展现出联大人"不负使命,勇于担当;自强不息,艰苦奋斗;改革创新,与时俱进"的可贵品质。这一品质是联大人共同的精神财富和心灵印记,每一个联大人既是联大品质的继承者和创造者,也是联大品质的传播者和弘扬者。

  联大的历史由联大人书写，联大的未来也将由联大人创造，这本《校史的故事》既是对历史的回望、对未来的展望，也是我们实现立德树人根本任务的过程积累，期待这些"前人"的故事能激励"后人"不断续写新的辉煌。

2020 年 10 月

目录

序／1

一

1. 中国人民大学第一分校／4
2. 北京外贸学院分院／10
3. 北京外国语学院分院／14
4. 北京语言学院分院／21
5. 北方交通大学分校／23
6. 北京航空学院第三分院／28
7. 清华大学第一分校／34
8. 清华大学第二分校／37
9. 北京邮电学院分院／41
10. 北京工业学院第二分院／45
11. 北京医学院分院／50

12. 北京航空学院第一分院 / 53

13. 北京航空学院第二分院 / 57

14. 北京第二医学院第一分院 / 61

15. 北京师范学院第二分院 / 64

16. 北京工业大学第一分校 / 66

17. 北京大学第一分校 / 北京大学分校 / 73

18. 中国人民大学第二分校 / 80

19. 北京师范大学第一分校 / 86

20. 北京师范大学第二分校 / 92

21. 北京第二外国语学院分院 / 96

22. 北京工业学院第一分院 / 北京工业学院分院 / 99

23. 北京中医学院分院 / 104

24. 北京化工学院第一分院 / 北京化工学院分院 / 108

25. 清华大学分校 / 113

26. 北京航空学院分院 / 116

27. 北京师范大学分校 / 119

二

28. 北京联合大学经济管理学院 / 124

29. 北京联合大学外国语师范学院 / 128

30. 北京联合大学电气化铁道学院 / 137

31. 北京联合大学航天工程学院 / 141

32. 北京联合大学自动化工程学院 / 147

目 录

33. 北京联合大学电子工程学院／152
34. 北京联合大学轻工工程学院／建材轻工学院／157
35. 北京联合大学机械工程学院／161
36. 北京联合大学文理学院／166
37. 北京联合大学文法学院／171
38. 北京联合大学职业技术师范学院／师范学院／175
39. 北京联合大学旅游学院／181
40. 北京联合大学纺织工程学院／商务学院／192
41. 北京联合大学中医药学院／200
42. 北京联合大学化学工程学院／生物化学工程学院／206
43. 北京联合大学国际语言文化学院／215
44. 北京联合大学电子自动化工程学院／221
45. 北京联合大学应用文理学院／227
46. 北京联合大学继续教育学院／233
47. 北京联合大学应用技术学院（平谷）／平谷学院／239
48. 北京联合大学信息学院／智慧城市学院／248
49. 北京联合大学应用技术学院／254
50. 北京联合大学廊坊分校／259
51. 北京联合大学特殊教育学院／266
52. 北京联合大学广告学院／艺术学院／273
53. 北京联合大学东方大学城信息技术学院／东方信息技术学院／277
54. 北京联合大学机电学院／284
55. 北京联合大学自动化学院／城市轨道交通与物流学院／289
56. 北京联合大学管理学院／295

57. 北京联合大学网通软件职业技术学院／300

58. 北京联合大学国际交流学院／304

59. 北京联合大学应用科技学院／309

60. 北京联合大学马克思主义学院／313

61. 北京联合大学机器人学院／316

三

62. 北京钢铁学院第一分院／321

63. 北京钢铁学院第二分院／324

64. 北京工业大学第二分校／328

65. 北京大学第二分校／337

66. 北京化工学院第二分院／341

67. 北京建筑工程学院分院／349

68. 北京经济学院分院／352

69. 北京农业大学分校（华北农业大学分校）／355

70. 北京第二医学院第二分院／358

71. 中央财政金融学院分院／360

72. 北京商学院分院／362

73. 北京化纤学院分院／365

附　录／367

参考文献／375

后　记／379

一

　　1978年的中国，万物复苏，百废待兴，所有中国人都怀揣着梦想，准备迎接一个生机勃勃的新时代。1977年年底恢复的高考使中国从重阶级出身走向知识改变命运的时代，为一批批在农村广阔天地进行锻炼的年轻人开启了通向人生更广阔天地的大门。1978年春天，这批高考录取的学生入学，国家召开全国科学大会、全国教育工作会，科学的春天真正来临，知识、教育重新得到人们的尊重。距离上次高考仅半年多，国家再次举行高考，这一次是全国统一考试，有600余万名考生，仅能录取20余万人。经过连续两次高考，有大量的考生因高等教育资源供给严重不足而入学无门。为此，天津市创办了走读大学分校。受天津市启发，北京市决定依靠地方财政和北京地区高等学校办学资源，利用部分中小学校址和企业厂房创办一批大学分校。

　　1978年9月20日，北京市革命委员会[1]向国务院递交了《关于大学扩大招生问题的请示报告》，提出拟仿照天津市的办

---

　　[1]　革命委员会简称"革委会"，起因于1967年上海市政权机构命名为上海人民公社，后全国各级政权，从省一级到工厂、高等学校的政权机构全部改名为革委会。1979年7月1日召开的第五届全国人民代表大会第二次会议通过《关于修正〈中华人民共和国宪法〉若干规定的决议》（已失效），将地方各级革委会改为地方各级人民政府。

法，实行大学办分校，扩大招生名额，10月获批复同意。同时，时任天津市委第一书记的林乎加调任北京市委第一书记，不仅带来了天津市办大学分校的经验，更旗帜鲜明地提出大学分校要坚决办，而且越快越好，在办中逐步改进、逐步完善。北京市从11月15日开始召开大学扩大招生会议，最终落实办大学分校36所，拟招收1.6万余人，各分校成立领导小组，负责分校的党政工作。在11月29日中共北京市委教育工作部报北京市委的《关于大学扩大招生工作会议情况的报告》中写道：大学分校的校舍，各区腾出中小学15所，各工业局腾出企业、事业用房16所，另有3所在本校招收走读学生；大学分校的领导体制，目前以实行双重领导为好，即区办学校由市、区双重领导，局办学校由市、局双重领导，区办学校以区为主，局办学校以局为主，教学工作由大学负责。此外，报告还就教学工作、招生办法以及校舍、设备的修整补充等问题分别做了研究和安排，同时附上了《招生简章》和《北京市高等学校分校扩大招生方案》（以下简称《扩大招生方案》）。

同年12月14日，北京市革委会印发《关于成立北京大学第一分校等33所高等学校分校的通知》（京革发〔1978〕536号），决定成立北京大学第一分校等33所高等学校分校。北京市委决定，办分校的校址、设备、设施由北京市负责，教学方面的事宜由各高等学校承担，分校领导班子由北京市和各高校派人组成，教学管理人员由各高校出任，一般管理人员由市委调配。

1979—1981年间，受师资、校舍、设备等条件限制，多所大学分校的招生出现了大起大落。中共北京市委员会（以下简称"北京市委"）、北京市人民政府（以下简称"北京市政府"）经过调查和论证，提出集中力量办好几所大学分校的思路。1982年12月22日，北京市委、市政府同意并转发市委大学工作部和市高等教育局《关于大学分校调整和建设问题的请示报告》（京发〔1982〕60号）。按照文件精神，18所大学分校将合并调整为13所，按指定规模持续招生，其余分校在现有学生毕业后停办，个别分校如果主管部门认为确实还需要办，能获得经费和师资支持，经批准后可自办。

中国人民大学第一分校

1978—1985 年

中国人民大学第一分校（以下简称"人大一分校"）创办于 1978 年年底，是当年北京市创办的 36 所大学分校之一。按照 1978 年制定的《扩大招生方案》，人大一分校主管单位为崇文区，设置哲学、政治经济学、中共党史、法学、国民经济计划、统计学、财务会计、商业经济、工业经济、农业经济、中国文学、新闻、社会科学情报资料 13 个专业，计划招生 920 人，校址选于当时位于广渠门夕照寺的 117 中学内。按有关文件精神，人大一分校依靠中国人民大学的支持创办和办学。

中国人民大学前身是 1937 年成立的陕北公学，以及后来的华北联合大学和华北大学，1950 年以华北大学为基础合并组建而成，是新中国创办的第一所新型正规大学，1970 年被北京市革委会通知停办，1978 年秋季恢复和新建了哲学、政治经济学、科学社会主义、中共党史、法律、中国语言文学、新闻、中国历史、档案、计划统计、财政、工业经济、贸易经济、农业经济、经济信息管理 15 个系，招生 930 人。

中国人民大学积极响应北京市委关于北京市办分校的号召，为创办人大一分校在人力、物力等方面付出了巨大努力，时任校党委副书记、副校长的胡林畇专门分管人大一分校的工作，有关系、室等部门均把分校的创建纳入自己的工作日程。

按照扩大招生会议精神，人大一分校领导小组成立，组长孙乃东（原在部队从事政治工作）主持全面工作，副组长李德良（原中国人民大学哲学系副主任）主管教学，小组成员白永军（原部队支左宣武区革委会副主任）主管政工，小组成员范信中（原117中学党支部书记）主管后勤。人大一分校有一般管理人员13人，是原117中学留下的行政干部和工人。

原117中学占地13.3亩（合8866余平方米），有一栋20世纪50年代建设的教学楼，面积约2300平方米，内有小教室13间、200平方米大教室1间。有两排平房，其中一排是8间办公室，另一排是100多平方米的生活用房。有一个不能供暖的锅炉房，还有一个20多平方米的食堂，里间是厨房，外间为吃饭场地，缺少做饭的设备和设施。课桌椅和办公桌椅，按市里规定，能用的随着原117中学师生被带走了，剩下的不是缺胳膊就是少腿，办公桌是三条腿支着破桌面，教学楼门窗残缺不全，墙皮脱落，破迹斑斑，地面坑洼不平，楼梯扶手断裂。就是在"这个根本不能办大学"的条件下，分校筹备组开始筹建一所名副其实的大学。

时间紧迫，条件艰苦，人大一分校筹建领导小组遵照市委背靠老校、面向北京的方针，立足13.3亩地，开始筹办分校。为迎接新生、开课，首先从维修房屋开始建校工作，墙壁磨平粉刷、修换门窗、刷油漆、铺地面，购买课桌椅、黑板等教学用具，在北京市高等教育局（以下简称"市高教局"）的支持下，各项工作进行得比较顺利。同时，中国人民大学教务处安排教学事宜，专业设置基本是中国人民大学有什么，分校就有什么，教学计划、课程安排等一切照搬，任课教师全部由中国人民大学承担并安排到位，人大副校长胡林昀主管分校事宜，教务处长徐靖、周简述负责常务工作，各系主任和教研室主任负责落实。

在北京市的大力支持下，经过领导小组和员工们一个多月的艰苦奋斗，人大一分校初具招生条件。1979年2月，首届782名学生入学。

▲ 人大一分校校门　　▲ 校园生活（1978年—1982年）

建校初期，分校成立了电教室，由市高教局调拨和分校购置，配置电视机64台、录音机8台、扩音机2台及1套辅助设备。由于教学人员缺乏，大部分课程均由教师通过电视直播授课。

建校初期的工作和生活较为艰苦，来分校任课的教师住西郊人民大学院内的有校车接送，住在人大"铁一号"校区和校外的人都是挤公共汽车，但从来没有迟到过。建校之初，分校只有在编教师11人，其他任课教师有的是中国人民大学的高水平教师，有的是北京大学的著名教授，还有的是高校和研究机构的知名学者，教学一丝不苟，且不得分文（分校创办初期没有报酬），受到学生一致好评。郊区县的30多名学生住在大教室改的宿舍里，虽然有点挤，但学生们都很高兴。吃饭时，来分校任课的教师和分校教职工一样，打一份饭在教室、在屋檐下，同学生边吃边谈，其乐融融。通过教学和生活，师生间建立起融洽的关系，上课是师生，下课是朋友。学生们珍惜来之不易的学习机会，学习非常刻苦，互助友爱、朝气蓬勃。他们以校为家，是学习者又是学校的管理者。他们从不嫌弃学校的办学条件，而且处处为学校着想，有些事情学校未想到或是没做到的，他们主动去做。比如，学校的课桌椅是给中小学生用的，成年人坐起来很是难受，学生们都默默地忍受着；学校附近的12路公共汽车站早晚发车时间不适应学生上下课需要，学生与有关单位协商，问题得以解决。

人大一分校边建设边教学，不断改善办学条件，自己进行土木工程改建。为了解决学生吃不上热饭、热菜的问题，分校改造食堂，在原食堂的后面接出50多米，炉灶全面改造，扩大操作间，购置新的炊事用具，建成一个可供几百人吃饭的厨房，虽然还要打饭回教室或者是在屋檐下吃，但是师生们能吃上热饭、热菜了。食堂改造之后，人大一分校又对锅炉房进行了全面改造，在原地建新房，购买新的锅炉，解决了取暖问题，同时在锅炉房的旁边建水房，购买新的烧水锅炉，解决了学生喝水不方便的问题。

1979年6月，建校即开始筹建的图书馆正式开馆，馆舍面积1942平方米，其中书库688平方米、阅览室1044平方米、其他业务用房210平方米，阅览座位640个。1979年年底，北京市城市规划局（以下简称"市规划局"）批准建设南教学楼、西教学楼、综合用房角楼，建筑面积14 000平方米，分阶段施工。

1980年11月，北京市委批准人大一分校建立临时党委，孙乃东任党委书记。

1981年，分校获得市政府拨款，拆除南侧原有平房，修建了8700平方米的南教学楼，一层是图书馆和实验室，二层是阅览室、电教室和资料室，地下室放图书馆藏书，三层及以上是大中小教室。

为提高教学质量，分校积极引进教师。至1982年，教学人员发展到89人。随着教学人员的引进，分校不断扩大面授教学，逐步取消了电视授课。

1982年12月，北京市发文调整大学分校，提出将北京外贸学院分院并入人大一分校，培养外经、外贸和经济管理方面的专业人才，规模为1600人。1983年7月，北京外贸学院分院实质性并入人大一分校。人大一分校校名不变，办学地址不变。原北京外贸学院分院部分校舍转给北京师范大学第二分校使用。

1983年9月，市政府决定成立北京市职业大学（专科），下设经济管理学院和机电学院，规模为各800人。人大一分校承办经济管理学院，加挂"北京市职业大学经济管理学院"牌子，与经济管理学院为两块牌子一个办学实体。同时，分校接受世界银行短期大学项目贷款，用于经济管理学院发展。

1983年，第一届（1978届）和第二届（1979届）学生先后毕业，标志着人大一分校的创办基本完成，进入发展建设新的历史阶段。分校在总结四年办学经验的基础上，进一步明确了为北京经济建设和社会发展服务的办学思想，根据社会需要，不断调整专业，确立了以经济管理为主，培养应用型人才的办学方向，对专业设置几经调整，形成以经济管理为主，涉外专业为特色的系科设置。在调整专业的同时，分校扩展了办学形式与层次，除本科外，开办了两年制和三年制专科，两年制在职干部专修科，一年制进修班，三年制函授班、夜大班，接受两年与四年制委托代培，试行校厂挂钩，在厂办班（燕山石化公司），校企合作办学与中国信托投资公司合办金融租赁专业，等等。

1984年，分校自筹资金建成4400平方米的西教学楼，一层是车库、教工食堂；二到五层是资料室、教师阅览室、教研室的办公室、外语教学小教室；六层是阶梯式大教室（实为小礼堂），设有舞台，可容纳600多人，学校可在此召开教职工大会、举办学生文艺演出。

▲ 1984年建成的西教学楼

1984年10月26日，分校召开第一次党员代表大会，选举产生了第一届党委会和第一届纪律检查委员会。经市委教育工作部批准，党委委员有余进、祝文霞、白永君、高远、张二秋、徐兰、刘文、何亦文、任永祥、李渠、刘顺祥、安士亮、庞宣，余进任党委书记，祝文霞任党委副书记；纪委委员有白永君、张德山、李国真、朱春娅、郝皓明、张砚使、张书琴，白永君任纪委书记，张德山任纪委副书记。10月底，分校正式实行校长负责制，领导干部实行聘任制、选举制。正式党委成立后，领导班子和行政机构不断健全。

1985年，北京市组建北京联合大学，人大一分校作为12所组建大学分校之一，加入并更名为北京联合大学经济管理学院。1978—1984年，人大一分校累计招收7届本专科学生2700余人，为社会输送3届1250余名本专科毕业生。

资料主要来源：

① 《北京联合大学志（1978~2000）》
② 《李德良回忆录》

（整理：王岩　审核：姜素兰）

北京外贸学院分院

1978—1983 年

北京外贸学院分院（以下简称"外贸分院"）创办于 1978 年年底，是当年北京市创办的 36 所大学分校之一。按照 1978 年制定的《扩大招生方案》，外贸分院主管单位为东城区，设置英语、日语、法语专业，计划招生 300 人，校址选于当时位于东城区安定门外黄寺的外馆中学，实行部分远郊学生住读。按有关文件精神，分院依靠北京对外贸易学院（以下简称"外贸学院"）的支持创办和办学。

外贸学院是 1954 年 7 月在北京对外贸易专科学校基础上成立的，同时并入了中国人民大学贸易系的对外贸易专业。"文革"期间学院停办，1973 年复校。1978 年，学院进行了教学机构调整，将原一系分为一系和四系，原二系与四系合并为二系，三系不动，在四系设置海关管理专业，其中，一系设对外贸易英语专业，二系设德语、法语、俄语、意大利语、西班牙语、日语、朝鲜语、越南语、阿拉伯语专业和干部进修班，三系暂不招生，负责科研工作、课程教学和外贸培训班，四系设海关英语专业，当年又设置海关管理专业。1978 年，学院招收本科生 168 人。

根据北京市大学分校扩大招生会议精神，外贸学院决定办分院，扩大招生 300 人，其中英语学生 165 人、日语学生 80 人、法语学生 55 人。经对外经济贸易部批准后，从 12 月开始，外贸学院会同市高教局（主管局）、市外贸局（协作局）积极进行建校筹备工作。外贸分院的党委直属市委领导，党的工作由市委教育工作部归口管理，教学工作由本校负责领导。1979年2月，外贸分院成立，市高教局委派周型镰任分院院长，外贸学院任命李德滋为副院长，并在短时间内为分院配备了42名教师和工作人员。

1979年2月12日，外贸分院在原外馆中学旧址正式开课，与北京师范大学第二分校共用校舍。分院的办学层次为大学本科，设置了英语、日语、法语专业，教学方面由外贸学院安排，各专业教学均采用本校的教学计划、方案、大纲和教材。

在1978年外贸学院的教学方案中，对课程、教材建设等均有详细规定，主要有：本科各专业课程分为必修课、指定选修课、任意选修课三大类，必修课是学生必须掌握的基础理论、基本知识、基本技能及部分专门化知识，其中，中共党史、政治经济学、哲学课程各专业均有，体育课安排两年半，基础知识课的主要内容有中外史地（重点讲授近代史与经济地理）、所学外语国家（地区）的政经概况及结合对外贸易进出口业务的数、理、化基本知识及必要的自然科学知识等。外语各专业开设基础外语（分设精读、口语、听力、泛读等不同课型）、语法修辞与写作、翻译理论与实践、对外贸易函电与谈判、文学选读、科技作品选读、资本主义国家报刊选读、对外贸易理论与政策、对外贸易进出口业务、国际金融10门课程。在基础学习阶段（第一、二学年）一般只安排必修课。从第三学年开始，必修课逐步减少，选修课比重逐步加大。学生对于汉语课以及本专业的必修课，入学后通过自学与考核，成绩优秀者可以免修。

外贸分院初创时，受北京市和市外贸局双重领导，以市外贸局为主。为了把大学分校办好、理顺领导体制、规范大学分校的运行管理，北京市于 1979 年 6 月 7 日和 1980 年 6 月 16 日先后下发了《关于北京市大学分校领导体制的暂行规定》（京发〔1979〕203 号）和《印发〈关于北京市大学分校领导体制若干问题的规定〉的通知》（京发〔1980〕111 号）。按照文件规定，外贸分院党的工作和行政工作由市外贸局主管，主管部门职责是：拟订所属分校的发展规模、专业设置和招生计划；负责所属分校的人事、财务、物资和基本建设工作；协同大学本校组织所属分校的教学工作，安排学生实习和毕业实践；为所属分校调配必要的师资和干部，提供必要的校舍、设备等办学条件。外贸分院的教学工作由本院负责，包括：协同主管部门拟订所属分校的发展规模、专业设置和招生计划；指导所属分校制订教学计划和审定教材；为所属分校调配必要的教学领导干部，派出基础课、专业基础课和部分专业课教师，帮助建设起分校的教师队伍；为所属分校提供一部分图书资料和教学设备；帮助所属分校检查教学工作，提高教学质量。

1982 年 12 月，北京市发文调整大学分校，提出将外贸分院并入人大一分校，培养外经、外贸和管理方面的专业人才。

1983 年 7 月，外贸分院与人大一分校实质性合并，分院在校学生全部转入人大一分校学习，大部分教职工也并入了人大一分校，分院在外馆斜街使用的部分校舍转给了北京师范大学第二分校。1978—1983 年，外贸分院共招收了 5 届学生。其中，1978 级和 1979 级招收本科生 337 人，毕业 333 人。教职工从最初的 63 人发展为 86 人。

资料主要来源：

①北京市档案馆馆藏档案

②北京联合大学档案馆馆藏档案
③《对外经济贸易大学校志 1954—1994》
④《北京高等教育文献资料选编 1977—1992》

(整理：王岩　审核：姜素兰)

北京外国语学院分院

1978—1985 年

  北京外国语学院分院创办于 1978 年年底,办学地点位于西城区阜成门外西口,同北京语言学院分院共用北京华侨补校内西城区教师进修学校占用的校舍,是当年北京市创办的 36 所大学分校之一。按照 1978 年制定的《扩大招生方案》,北京外国语学院分院主管单位是西城区,开设英语、日语和法语专业,计划招生 300 人,校址选于位于阜外甘家口的西城区教师进修学校。按有关文件精神,分院主要依靠北京外国语学院的力量办学。

  北京外国语学院现名为北京外国语大学,前身是 1941 年成立于延安的中国人民抗日军事政治大学三分校俄文大队,后发展为延安外国语学校,1954 年更名为北京外国语学院。1966 年因"文革"被迫停课并停止招生,之后学院外迁至湖北沙洋办"五七干校",1972 年迁回北京,1977 年恢复经过考试的统一招生,1978 年录取新生 240 人。

  办学地址同在阜外甘家口原西城区教师进修学校的还有北京语言学院分院。北京外国语学院分院和北京语言学院分院是两块牌子一个办学实体。1978 年 12 月 4 日,北京市委派王常文(原北京自动化公司副经理)主持筹建北京外国语学院分院和北京语言学院分院。为此,建立了党政合一的五人领导小组,由王常文负责全面工作,成员有邓福卿、彭厚枫、孟岩(北京外国语学院委派)、李爽秋(北京语言学院委派)。领导小组负责分院党的工作、行政工作和学生工作,下设办公室、政治处、教务处和后勤处,政治处兼管学生工作,配有专职政治辅导员,与团委共同负责学生的管理工作和思想政治教育工作,后勤处设食堂办公室管理学校的伙食。

领导小组边筹建边招生,由北京外国语学院和北京语言学院联合招收学生。历时两个多月,1979年2月9日,在这个直径不到100米的校园里,分院正式开学,首届招收了400人,为四年制本科,主要为北京市培养现代化建设所需的翻译和教师。学生实行走读制,来源是通过高考录取的知青和应届高中毕业生。分院开设了英语、日语、法语3个专业,没有建立系和教研室,教学工作的组织与管理在领导小组领导下由教务处具体组织实施。教务处同时还受北京外国语学院和北京语言学院的指导。分院没有自己的专职教师队伍,任课教师主要由北京外国语学院和北京语言学院派遣。为了把这批学生培养成才,北京外国语学院选拔了外语水平较高、教学能力较强的教师来分院任教,配备英语教师19名、法语教师8名(其中外教1名)、日语教师5名(其中外教1名),当时北京外国语学院的张道真、陈琳、吴青等知名度较高的教授均在分院任教。此外,还选派有教学管理经验的干部主管教学工作,制订教学计划和研究课程设置,保证教学秩序的正常运转。分院的教学计划和课程设置主要参照《北京外国语学院教学方案(试行)》和《北京语言学院外语系四年制本科生教学计划》。由于教师认真教课,学生刻苦学习,又有良好的教学秩序,教学计划得以顺利完成,学生也取得了较好的成绩。在市高教局的支持下,分院配备了两套当时先进的进口语言实验室,对外语教学起了很大的促进作用,北京外国语学院又增派了外籍专家来分院授课。

分院也外聘了水平较高的英语、汉语教师兼课，有力地促进了学生外语水平的显著提高。

1980年3月，为充实办学力量、积极培养外语专业人才，以适应首都现代化建设的需要，经征得教育部同意，市政府发布京政发（1980）20号文，决定将北京外国语学校与北京外国语学院分院合并，成立新的北京外国语学院分院。合并后的北京外国语学院分院主要任务是培养中学外语师资和少量翻译人才，在有条件的情况下承担部分在职中学外语师资的培训工作。分院的学制为预科两年、本科四年（包括教育、实习）的六年一贯制，预科招收初中毕业生，预科两年结业后，考试合格者直升本科。除家在远郊区县的可以住校外，其他学生一律走读。原外国语学校从4月1日起，主管单位变为市高教局，人员编制和经费预算等也一并划转，原有中学生按招生时的规定读到高中毕业，学生毕业前保留外国语学校的校名和原有对外联系渠道。合并初期，维持原有建制，分院两址办学，日常工作由原有学校分别负责。同时，成立了一个统一的领导小组，负责规划新外国语学院分院的发展、建设和协调现有工作。按照文件精神，分院成立了以刘寿彭（原北京师范学院党委副书记）为组长，程璧、邓福卿为组员的领导小组。合并后，分院的专业由3个增设为英语、日语、德语、法语、西班牙语、俄语6个，同时还建立了相应6个专业的教研室和马列、汉语、体育、数理化、美育、史地6个公共课教研室。5月，分院建立了外事办公室。

1980年，分院既招收第二届本科生，又招收预科生。招收的第二届本科生是1979年年底全国统考已达到录取分数线，但年龄超过23岁，作为师资班由分院录取。录取工作于5月初完成，共招收120人，5月7日新生报到上课。这批学生共分成7

个教学班，其中英语 4 个班、日语 1 个班、法语 1 个班、德语 1 个班。各系都很重视这批学生的教学，为保证教学质量均指派了教学经验丰富、水平较高的教师任课。学生们也很珍惜学习机会，学习刻苦努力。

1981 年 3 月，受北京市高校对外交流委员会委托，分院与美国纽约州立布法罗大学合作建立"北京市高校英语培训中心"，为市属高校准备出国进修的教师进行短期英语培训。6 月，北京市委组织部批准分院建立临时党委，刘寿彭任临时党委书记兼院长，党委成员有刘寿彭、吴珊、程璧、周起骥、邓福卿、张树勋、彭厚枫、孟岩、李爽秋。分院实行党委领导下的院长负责制。

1981 年 8 月底，新北京外国语学院分院完成实体合并，结束在阜成路白堆子和阜成门外西口两址办学，全部迁入原北京外国语学校位于阜成路白堆子的校址办学。8 月 31 日，分院举行了合并后首个开学典礼，时任北京市副市长的白介夫到会并讲话，要求全院师生员工齐心协力为办出一所高质量高水平的外语学院而奋斗。

为加强学生工作的管理，分院建立了学生处，并配备干部和专职政治辅导员，同时聘任部分任课教师兼任班主任工作。1981 年 9 月，分院成立纪检组。自 1980 年合并后，分院在原外国语学校的教师队伍基础上陆续引进部分教师，逐步建立自己的教师队伍，到 1981 年 8 月，全院共有教师 144 名，其中讲师 6 名、助教 1 名、教员 137 名。为加强教师队伍建设，学院党委制订了用 3—4 年时间使教师队伍业务水平上到一个新台阶的规划。由副院长周起骥负责，主要采取几项措施：一是办进修班，让外国专家给教师上课，重点提升青年教师口语实践能力和基本功，使他们能逐步胜任基础课教学；二是定向进修，采取定课程、定教师、定专家的"三定"定向进修法，让有一定教学经验的教师选 1—2 门课程，听专家的课、专家指导备课、专家辅导答疑，最后独立上讲台；三是组织外国专家和本院教师合编教材；四是开展教学研讨活动；五是选派部分教师到国内重点大学学习和出国进修。

1981 年分院从预科班中招收了第一批学生。为了确保新生质量，学院组成考试班子，模拟高考形式单独举行升学考试。考试科目为语文、政治、外语、历史、地理、数学，另加外语口试。从 157 名预科毕业的考生中录取了 126 人。其中，英语专业录取 50 人，分成 3 个小班；日语专业录取 28 人，分成 2 个小班；法语、德语、西班牙语、俄语专业各录取 12 人。针对这批学生外语基础较好的特点，分院调整教学安排，改为在本科第一年内完成基础课，从第二年开始实行外语分科教学。

1982 年 6 月，经市政府批准，分院与美国教育访华协会、卫斯理学院合作举办外国人短期中文学习班，接收外国留学生来华学习汉语，同时成立中文培训中心负责留学生的学习和生活管理。当年，分院还建了中国第一座联合国教科文图书馆。同年，分院从预科班中招收第二批学生，通过高考的形式，单独录取，从 158 名考生中录取了 124 人。其中英语专业 71 人、日语专业 10 人、法语专业 16 人、西班牙语专业 10 人、德语专业 17 人，各系再次配备了教学能力较强的教师任课，而且还安排了相当数量的外籍教师授课。

1982 年年底，北京市发文调整大学分校，提出北京外国语学院分院将单独保留，规模为 800 人，主要培养中学外语师资，适当培养其他方面的外语人才。

1983 年 1 月，分院首届毕业生毕业，由学生处负责就业工作，按国家指令性计划统一分配。

1983年，分院进行了一系列调整。1983年夏，经市政府批准，分院停办预科班，将学制统一为本科四年。8月，分院承担市政府任务，增设两年制英语专科，以解决北京市远郊区县急需中学外语师资的困难，其招生和分配均采取区县来、区县去的办法。为适应四年制本科和二年制英语专科的教学任务，各系及公共教研室对教学计划和课程设置进行了调整。学生来源不同给组织教学工作带来了一定的难度，以英语专业1983级为例，同年级学生既有在本院上过预科班的，又有新招收的高中毕业生，还有新设立的大专班，为此分院制定了3套大纲、3种不同课程设置及3个不同的教法和进度。9月，分院调整公共课教研室，撤销了数理化教研室，建立了院直属财务科、保卫科和总务处膳食科，配备专职负责纪律检查工作的纪检干部。学生处改为学生处和青年部（是两块牌子一个实体）。9月后，6个外语专业教研室先后改成英语、日语、法语、德语、西班牙语、俄语6个系，学院改为院长领导下的系主任负责制。1983年，分院招生工作分为两部分：一部分是参加全国统招，招收英语专业和日语专业学生，当年共招收127人，其中本科87人、英语专科40人；另一部分是从分院最后一批预科班中录取英语、日语、法语、德语、西班牙语、俄语的预科生，经单独考试，共录取72人升入本科。两种方式所招英语和日语专业新生的基础不同，为此分院对预科班升入本科的学生单独分班，同时另行安排其教学计划和课程设置。

1984年，分院招生全部纳入全国统一招生计划。当年，录取了英语、日语、德语3个专业共163人，其中，英语本科51人、日语本科36人、德语本科16人、英语专科60人，应届毕业生62人、往届毕业生101人。其中，所有本科生都是分院从普通高中毕业生中招收的第一批四年制学生。分院在教学安排、课程设置上均做了相应调整，各系也安排了水平较高的老师任课。

1984年5月，分院与美国纽约州立布法罗大学联合举办英语教学理论与方法学术讨论会，邀请了美籍、英籍、加拿大籍语言专业教师和市属高校英语教师参加。7月，杜仲声调任分院临时党委副书记，主持党委全面工作，临时党委成员包括杜仲声、周起骥、文棋、叶英、张树勋、吴珊。10月1日，分院300名学生参加国庆35周年天安门游行活动。

1985年，北京市组建北京联合大学，北京外国语学院分院作为12所组建大学分校之一，加入并改名为北京联合大学外国语师范学院，主要任务仍是为北京市培养中学外语师资，适当培养其他的外语人才。

资料主要来源：

①北京市档案馆馆藏档案
②北京联合大学档案馆馆藏档案
③《北京联合大学志（1978~2000）》
④《北京高等教育招生年鉴1978—1991》

（整理：王岩　审核：姜素兰）

北京语言学院分院

1978—1980 年

北京语言学院分院创办于 1978 年年底，办学地点位于西城区阜成门外西口，同北京外国语学院分院共用北京华侨补校内西城区教师进修学校占用的校舍，是当年北京市创办的 36 所大学分校之一。按照 1978 年制定的《扩大招生方案》，外语类筹建北京外国语学院分院、北京第二外国语学院分院、北京语言学院分院和外贸分院 4 所，北京语言学院分院主管单位是西城区，校址设在位于阜外甘家口的西城区教师进修学校，开设英语和法语专业，计划招生 100 人。按有关文件精神，分院依靠北京语言学院的支持办学。

北京语言学院现名为北京语言大学，创办于 1962 年，时名为外国留学生高等预备学校，1964 年 6 月经国务院批准定名为北京语言学院，1978 年时招生 78 人。

办学地址同在阜外甘家口的原西城区教师进修学校的还有北京外国语学院分院。北京语言学院分院和北京外国语学院分院是两块牌子一个办学实体。1978 年 12 月 4 日，北京市委派王常文（原北京自动化公司副经理）主持筹建北京语言学院分院和北京外国语学院分院。为此，建立了党政合一的五人领导小组，由王常文负责全面工作，成员有邓福卿、彭厚枫、孟岩（北京外国语学院委派）、李爽秋（北京语言学院委派）。领导小组负责分院党的工作、行政工作和学生工作，下设办公室、政治处、教务处和后勤处，政治处兼管学生工作，配有专职政治辅导员，与团委共同负责学生的管理工作和思想政治教育工作，后勤处设食堂办公室管理学校的伙食。

领导小组边筹建边招生，由北京外国语学院和北京语言学院联合招收学生。历时两个多月，1979年2月9日，分院正式开学，首届招收了400人，为四年制本科，主要为北京市培养现代化建设所需的翻译和教师。学生实行走读制，来源是通过高考录取的知青和应届高中毕业生。分院开设了英语、日语、法语3个专业，没有建立系和教研室，教学工作的组织与管理在领导小组领导下由教务处具体组织实施。教务处同时受北京外国语学院和北京语言学院的指导。分院没有自己的专职教师队伍，任课教师主要由北京外国语学院和北京语言学院派遣。教学计划和课程设置主要是参照《北京外国语学院教学方案（试行）》和《北京语言学院外语系四年制本科生教学计划》。

1979年，分院建立工会临时组织，同年10月建立第一届临时团委，配备专职干部负责团委工作。

1980年3月，北京市政府为充实分院的办学力量、更多更好地培养外语专业人才、进一步适应首都现代化建设的需要，经教育部同意，决定将当时的北京外国语学校与北京外国语学院分院、北京语言学院分院三校合并，成立新的北京外国语学院分院。

资料主要来源：

①北京市档案馆馆藏档案
②北京联合大学档案馆馆藏档案

（整理：王岩　审核：姜素兰）

北方交通大学分校

1978—1985 年

北方交通大学分校（以下简称"北交大分校"）始创于1978年年底，是当年北京市创办的36所大学分校之一。按照1978年制定的《扩大招生方案》，北交大分校主管单位为北京铁路分局，设置机车电传动、内燃机车、有线通信、无线通信、运输组织及自动化5个专业，计划招生500人，校址选于位于海淀（区）北蜂窝的铁路八小。按有关文件精神，北交大分校教学工作由北方交通大学负责，分校将主要依靠本校的教学资源办学。

北方交通大学前身是清政府创办的北京铁路管理传习所，1923年更名为北京交通大学，1950年由中国交通大学更名为北方交通大学，"文革"期间部分迁往河北省石家庄市办学，1977年迁回并开始正常教学和招生工作。1978年时，学校设7个系，开设15个专业，其中铁道运输系开设铁道运输专业，铁道电信系开设铁道无线通信和铁道有线通信等3个专业，铁道机械系开设内燃机车和机车电传动等4个专业。2003年，学校恢复使用"北京交通大学"校名。

北交大分校由北方交通大学和北京铁路分局联合创办、市高教局主办，主要任务是为铁路运输现代化培养专门技术人才。北方交通大学和北京铁路分局积极响应北京市号召，于1978年11月成立北交大分校筹备组，时任北京铁路分局党委书记曾洁光为负责人，郑学文和韩德贵（北方交通大学委派）为小组成员。分校设立教务组、总务组和政工组。经过紧张筹备，分校具备了招生条件。

1979年1月23日，首届新生报到，共招收学生520人，分为15个班，开设了5个专业：无线通信（后改为无线电技术）、有线通信、运输组织及自动化、内燃机车（后改为内燃机）和机车电传动（后改为工业电气自动化）。学生来源是1978年暑期参加全国统一高考接近录取分数线的北京考生，各专业均为本科（公费、走读）。2月5日，分校召开首届新生开学典礼，北京铁路分局党委书记兼分校领导小组组长曾洁光作报告。2月6日，分校正式开学。分校的党委书记、校政工部门和总务部门的工作人员均由北京铁路分局选派，北京铁路分局局长兼任分校校长。教学管理人员及教务处的绝大部分工作人员由北方交通大学选派，马许和韩德贵先后担任主管教学的副校长，郁文杰和刘庆东先后担任教务处负责人。此外，北方交通大学还选派了团委书记和图书馆部分工作人员。分校的专职教师很少，五个专业的教学任务主要依靠聘请北方交通大学教师完成，四年共聘任北方交通大学教师358人次，聘请其他院校及单位的教师19人次，此外还借助电视进行部分电大课程的教学。分校各专业的教学计划及各教学环节均参照北方交通大学有关专业制订。

为了加强对大学分校的领导和管理，1980年6月16日，北京市委印发《关于北京市大学分校领导体制若干问题的规定》的通知。根据文件通知，分校于17日改由北京铁路分局主管。

由于是在半个小学的地盘办大学，受办学条件限制，1979—1982年分校没有招生，1982年以前只招收了1届学生。这一届学生，在北京铁路分局和北方交通大学的共同努力下，经过四年的学习，除中途有个别学生被淘汰和变动外，绝大部分达到了教学大纲的要求，于1983年年初合格毕业，共515人，其中494人获得学士学位，并有2人考取了北方交通大学硕士研究生。

1982年年底，北京市发文调整大学分校，北交大分校不在拟保留的大学分校之列，将在现有学生毕业后停办。1983年2月24日，铁道部基建总局经铁道部征得市高教局、市委大学部同意，决定由铁道部电化工程局[1]接办北交大分校。3月31日，铁道部电气化铁路工程局（以下简称"电化局"）发布电化局（83）电铁人字第207号文通知已正式接管北交大分校。电化局副局长黄时永兼任北交大分校校长，副书记王天民兼任分校党委书记，郑学文为主管行政的副校长，齐瑞昆为主管教务的副校长，佟永祥任副书记主持分校党委工作。电化局还选派人员担任分校党、政干部，选留第一届毕业生42人留校工作，并调入一些专任教师。根据全国高等学校专业一致的要求，并结合铁路电气化工程技术人才的需要，分校开设的专业改为电力铁道供电、铁道信号和铁道有线通信3个，学制四年。电化局于海淀区海淀公社颐和园路操场乙2号租地11亩（含地上建筑面积3598平方米）做临时办学的地点。当年，分校招生120人。

1983年4月20日，分校与海淀公社签订了办学合同。按照合同，海淀公社于6月15日前将其原机关大院腾出，供分校使用，设施为四层楼房一栋共2760平方米、平房29间等。学校每年付给海淀公社费用40.5万元，每年4月、10月两次各半交

---

[1] 电化工程局现称中铁电气化局集团有限公司，成立于1958年9月，时称铁道部电气化铁道工程局，先后于1961年和1974年调整或合并过，1975年2月25日更名为铁道部电化工程局，1983年3月8日更名为铁道部电气化铁路工程局，1984年10月1日更名为铁道部电气化工程公司，1985年9月1日更名为铁道部电气化工程局。

付。1983年共付给公社20.5万元。筹备好新的办学地址后，分校于当年搬离海淀区北蜂窝，迁至颐和园路办学。

▲ 颐和园路校址校门前的留影

分校陆续调整并完善了机构设置和管理办法。1983年9月2日，分校党委、行政通过了新的体制及定员，教务处负责图书馆、电教（机构教务，管理总务）、生产实习科、实验室，总务处负责食堂、基建、医务室、汽车班，还设置保卫处、人事处（档案室）和财务科。11月12日，校长齐瑞昆与北方交通大学本校签订了要求本校承担教学任务的协议，按教学计划，所设大部分课程的讲授及实验工作均由北方交通大学承担，教务处负责人由葛九如担任。11月，分校制定了发文办法，规定了有关发文号；制定了公用乘车证申请、使用办法；成立了生活委员会；制定了《职工报考电大、夜大、函大的有关事项》《学生人民奖学金试行办法》《进修教师经费的开支》《关于学生人民助学金临时困难补助试行办法》等制度。

经过短短几年的发展，分校教职工从1981年的17人增至1983年的101人（其中专任教师47人）。至1985年，有教职工

135 人（其中专任教师 69 人）。从 1983 年起，分校每年持续招生，1983—1985 年共招生 349 人。

1984 年后，分校的校领导进行了调整。6 月，电化局任命佟永祥为分校党委书记，王武成为党委副书记。9 月 4 日，电化局派来张仲述任校长，免去黄时永兼任的校长职务。1985 年 3 月 7 日，新任命卓怀之、赵迪两位副校长。并在校务会上宣布了校长分工，张仲述校长抓全面工作并主管人事、财务、办公室；齐瑞昆副校长协助张校长抓全面工作并全面抓教务工作；卓怀之副校长抓总务、服务公司并介入管保卫、基建、人事科劳资方面工作；赵迪副校长抓教务工作。4 月 26 日，分校召开首届党员大会，选出了由佟永祥、王武成、张仲述、卓怀之、潘鸣 5 位同志组成的分校新党委会。

1985 年，北京市委、市政府决定将 12 所市办大学分校组建为北京联合大学。北交大分校不在 12 所大学分校中。铁道部电气化工程公司于 4 月 23 日向北京市政府递交了申请加入北京联合大学的报告，市政府办公厅于 5 月 14 日函复同意。北交大分校并入北京联合大学，与北方交通大学终止合同关系，并改名为北京联合大学电气化铁道学院。1978—1984 年，分校累计招收 3 届 760 余名本科生，为社会输送 510 余名本科毕业生。

资料主要来源：

①北京市档案馆馆藏档案
②北京联合大学档案馆馆藏档案
③《北方交通大学志》
④《北京联合大学志 1978~2000》

（整理：王岩 审核：姜素兰）

北京航空学院第三分院

1978—1985 年

北京航空学院第三分院（以下简称"北航三分院"）创办于 1978 年年底，是当年北京市创办的 36 所大学分校之一。按照 1978 年制定的《扩大招生方案》，北航三分院主管单位是第七机械工业部[1]（以下简称"七机部"）第一研究院（以下简称"一院"），设置系统工程、航空材料及工艺 2 个专业，计划招生 100 人，校址设在当时位于南苑东高地的七机部一院院内。

北京航空学院现名北京航空航天大学，创建于 1952 年，由当时的清华大学、北洋大学（今天津大学）、西北工学院（今西北工业大学）、厦门大学、华北大学工学院（今北京理工大学）、西南工业专科学校（今重庆建筑大学）、四川大学、云南大学 8 所院校的航空院系合并而成。1977 年恢复全国高等学校统一招生，1978 年又恢复研究生招生，1978 年北京航空学院按六大类 21 个专业在全国招收本科生 736 人，1988 年经国家教委批准改为北京航空航天大学。

北航三分院由七机部一院建立和负责管理，不同于北京航

---

[1] 1982 年，第七机械工业部更名为航天工业部（以下简称"航天部"）。1988 年，与航空工业部合并为航空航天工业部。1993 年，航空航天工业部被撤销，成立中国航天工业总公司及国家航天局。1999 年，中国航天工业总公司改组为中国航天科技集团和中国航天科工集团。七机部一院今名为中国运载火箭技术研究院（又名中国航天科技集团有限公司第一研究院）。

空学院第一、二分院，不属于北京航空学院正式建制。1978年9月7日，在七机部邯郸教育工作会议期间，七机部一院向副部长陆平和市高教局领导建议在南苑地区一院内开办一所大学。11月15日起，北京市就大学扩大招生问题多次召开工作会议。21日，七机部一院决定办一所大学分校，与北京航空学院挂钩，学生全部走读，专业为航空材料及机械制造工程，招生名额100人。23日，七机部一院李明实院长与北京航空学院周天行副书记商谈有关办学问题。12月5日，七机部一院召开建校筹备工作会议，将校名定为北航三分院，成立北航三分院筹备工作小组，筹备组工作至1979年2月21日。12月11日，七机部一院将702所党委书记杨宏声调来北航三分院负责党的工作。

1979年1月24日，北航三分院召开成立大会并举行首届学生开学典礼。时任七机部部长程连昌、北京市国防工业办公室副主任林巍、北京航空学院副院长王明敬、七机部一院院长李明实、副院长张镰斧等出席大会。分院首届招收学生105人，开设系统工程、高分子材料2个专业，为四年制本科，设置三处一室，即教务处、政治处、总务处和院办公室，建有使用面积600平方米的图书馆。分院仅有从七机部一院所属单位抽调来的10名工作人员和6名专职教师，大部分的专业课和专业基础课是由从七机部一院所属单位聘请的兼职教师讲授。3月19日，七机部发文批复七机部一院，同意在南苑地区成立北航三分院。

1979年，分院增设计算机软件、电子仪器及测量技术2个专业，高分子材料专业停招，系统工程专业招生35人，计算机软件专业招生28人，电子仪器及测量技术专业招生34人，3个专业共招收本科生97人。

1980年2月26日，七机部副部长陈平视察分院，明确提出北航三分院要办下去，面向七机部一院的需要，专业设 2—3 个，专业课师资可依靠厂、所，规模为 400—500 名学生。当年，分院的建设问题被列入七机部 1981 年基建计划。1980 年，分院仅电子仪器及测量技术一个专业招收了本科生 35 人。8 月 13 日，七机部教育司就办好北航三分院有关问题请示郑天翔部长，得到"学校要办下去"的答复。

1980 年 11 月 17 日，七机部一院转发七机部政治部《关于杨宏声、李英任职的通知》，任命杨宏声为分院党委书记、李英为分院副书记。12 月 13 日，七机部政治部任命丁继昌为分院副校长。1981 年 3 月，分院召开首届团代会，大会讨论通过了团委的工作报告，选举产生了共青团北航三分院第一届委员会，康小平为团委书记，委员 5 名，团支部 7 个。当月，分院还召开了首届学代会，选举产生首届院学生会，选举主席张贵庭，委员 4 名。8 月 27 日，一院党委决定成立中共北航三分院临时委员会，杨宏声任党委书记，李英任副书记，朱桂芳、丁继昌、李墨卿为党委委员。9 月 12 日，七机部一院党委任命朱桂芳为北航三分院副院长。1982 年 1 月 28 日，七机部一院党委任命乔进为北航三分院副院长。

1981 年 11 月 5 日，七机部一院党委向部党组请示北航三分院有关问题：北航三分院要继续办下去并附设中专。1982 年 12 月，北京市发文调整大学分校，北航三分院不在拟保留的大学分校之列，原则上在现有学生毕业后将停办。

1981 年和 1982 年，分院因归属未定、校舍紧张等停止招生。1983 年 1 月，北航三分院首届学生毕业。分院于 1 月 22 日举行了首届毕业典礼，航天部一院副院长梁思礼、党委书记李明实出席并讲话。

1983 年 3 月底，航天部一院党委常委决定：北航三分院继续招生，同时承担干部正规培训任务，教育经费为每年 20 万元，请航天部拨付。5 月 19 日，航天部致函北京市政府，商谈北航三分院继续招生问题。6 月 1 日，北京市政府复函同意继续招生。8 月 10 日，航天部一院印发《关于北航三分院任务及有关问题的通知》，明确了分院的性质、建制、专业、规模、任务以及机构设置等问题。8 月 15 日，航天部一院党委任命杨宏声为分院党委书记，朱桂芳、梅相岩、杨沛松、罗法坤为副校长，免去李英党委副书记职务，免去丁继昌、乔进副校长职务。分院于 1983 年起兼办专科，学制二年至三年。当年，分院计算机软件专业招收专科生 47 人。

从 1982 年起，分院教职工队伍建设进入迅速发展时期。分院根据工作急需、计划调配的原则进行教职工队伍建设。到 1982 年年底，陆续抽调各类专业人员近 40 名，教职工总数增加到 80 名（其中专职教师 33 名）。除继续从航天部一院所属单位调入部分科研、管理骨干充实教工队伍外，分院还从全国有关重点院校招收一定数量的优秀毕业生（研究生、本科生）。分院依靠航天部一院的技术和人才优势，开创高等院校与科研所联合办学的新路，从 1983 年起先后与航天部一院所属有关单位达成联合办学协议，部分专业课由联合办学单位长期从事运载火箭技术研究的工程技术人员讲授。为提高职工队伍的整体素质，分院重视职工培训工作，每年按工资总额 1.5% 留出培训专项费用，有计划地选送部分青年教师到国内重点高校接受半年至二年的专业进修或攻读学位。分院对青年教师实行"四定"（即定业务方向、定工作任务、定目标要求、定指导教师），以老带新，并选派青年教师到航天部一院有关科研生产单位实习，参与课题研究，使授课内容更好地与航天科研生产实际相结合。同时，分院不定期邀请专家、学者来院进行专题讲座，积极争取公派出国指标,选送骨干教师出国进修和当访问学者。

1983年11月10日,航天部一院向航天部呈报《关于成立北京第一航天工业学校的报告》。1984年3月14日,航天部批复同意一院成立附属北航三分院的中等专业学校——北京第一航天工业学校(以下简称"附属中专"),不另设机构和编制,学制四年,开设机械设计及制造、无线电技术、热处理和计算机应用等专业。附属中专成立大会于9月6日北航三分院开学典礼时召开,时任航天部教育司副司长张秀峰、航天部一院副院长王永志、丰台区教育局局长李英威等出席并讲话。

1984年7月12日,分院成立学士学位评定委员会,由9人组成,主任为朱桂芳。当年,分院增设机械设计及制造、无线电2个专业。从1984年开始,分院参加北京市高校招生办公室在天坛公园组织的全市招生咨询活动。分院电子仪器及测量技术和计算机软件2个专业招收专科生69人。

1984年7月16日,航天部基建局批准北航三分院教学楼基建计划,投资177万元,建筑面积5294平方米。

为了加速分院的建设、提高教学质量,学院从1984年2月开始进行全面整顿。经过一年多的紧张工作,进一步明确了方向任务,调整、健全了组织机构,充实、加强了两级领导班子,整顿了劳动组织,制定和完善了岗位责任制,进一步调动了全校教职工的积极性,教学质量和管理水平都有不同程度的提高,校风、校纪、校容、校貌均更为好转。为适应国家经济体制改革和教育体制改革的需要,分院调整了专业设置,将本科专业设置调整为机械设计及制造、电子仪器及测量技术、计算机软件、工业管理工程4个专业。

1985年2月6—7日,北航三分院召开首届党员大会,选举产生中共北航三分院党委会。3月26日,航天部一院向航天部报送《关于北航三分院恢复本科招生的请示》，于4月13日获航天部批复同意。

1985年，北京市委、市政府决定将12所市办大学分校组建为北京联合大学。北航三分院不在12所大学分校中。航天部一院于1985年3月26日向北京市政府致函（1985）院技字第271号，申请北航三分院加入北京联合大学。5月14日，北京市政府复函同意，并指出北航三分院定名为北京联合大学航天工程学院，学院仍由航天部一院主办。5月25日，"北京联合大学航天工程学院"校名正式启用。

1985年，北航三分院有教职工190余人，在校学生227人。1979—1984年，分院先后获市高教局拨付经费60万元，航天部一院拨付经费100万元。学院共招生513人，其中本科生237人、专科生116人、中专生160人。有3届本科生228人毕业，其中209人获得学士学位，有77%毕业生分配至航天部一院工作、18%毕业生分配至航天部一院以外单位，学生分配后能较快地适应工作，表现较好，受到用人单位的好评。

资料主要来源：

① 《北京联合大学志（1978~2000）》
② 北京联合大学档案馆馆藏档案
③ 北京市档案馆馆藏档案
④ 《北京地区普通高等学校概况》

（整理：王岩　审核：姜素兰）

清华大学第一分校

1978—1982 年

清华大学第一分校（以下简称"清华一分校"）创办于 1978 年年底，是当年北京市创办的 36 所大学分校之一。按照 1978 年制定的《扩大招生方案》，清华一分校主管单位为东城区，由仪表局和电力局协办，设置电子技术和电力工程专业，计划招生 1000 人，校址选于当时位于东城区黄化门街 5 号的 91 中学。按有关文件精神，清华一分校的教学工作由清华大学负责，分校将主要依靠本校的教学资源办学。

清华大学前身是始建于 1911 年的清华学堂，1912 年更名为清华学校，1928 年更名为国立清华大学，后历经搬迁、合校等调整，1977 年、1978 年为学校恢复整顿阶段。1978 年，清华大学在全国录取本专科学生 1267 人，其中本科生 1050 人。

1978 年 11 月，经市委同意，建立了清华一分校临时领导小组，孙涛任领导小组第一负责人，钟铮、邝守仁、李军、郝广友、杨玉荣、刘国瑞为领导小组成员。临时领导小组负责分校党政工作，下设校办公室、政治处、教务处、总务处、学生工作组。在东城区委的大力支持下，腾出了 91 中学的校舍作为清华一分校的校舍。当时的 91 中学占地面积 6400 平方米，总建筑面积 5424 平方米，院内有四层教学楼一栋共 4300 平方米，有平房 40 多间共 1124 平方米。

经过短期筹建，1979 年 2 月，分校正式开课，首届开设了

25个班，其中电力专业招收5个班。分校未设系，直接由清华大学相应系办专业并配备教师和教学管理干部，执行清华大学相关专业的教学计划。

清华一分校实行学生走读制，节省了学生宿舍需要占用的面积；采用学生包伙制，节省了建食堂需要占用的面积。两项措施大大节省了场地，有效缓解了办学面积捉襟见肘的困难。为了解决当时招生人数多而师资力量紧缺的问题，分校建立了电教室，让学生坐在各自教室里收看电视直播或教学录像，学生还有机会收看到名师的授课。尽管办学场地紧张，分校还是拿出70平方米建了图书馆，以便给学生提供更多的学习资源。

清华一分校边办学边建设，逐步完善了办学机构。1979年4月开始筹建工会，7月决定成立学生工作组。1980年11月，经市委批准，清华一分校建立临时党委，孙涛任临时党委副书记，何作涛任副校长，委员有孙涛、何作涛、杨玉荣、邝守仁。12月，分校临时党委第一次会议研究决定成立教务处、总务处、党委办公室、校长办公室。1981年6月，分校成立数学、物理、外语教研组、电子实验室。1982年4月，分校成立毕业生分配办公室。

同时，分校还努力逐步改善教学条件。1981年，利用联合国教科文组织的贷款筹建物理实验室，先后购置仪器设备300多台（套）（价值20余万元）。调配专职教师3名、实验员3名。1982年正式成立物理实验室，面积240平方米，可以每年开出18组实验，给本专科8—12个班上课。逐步扩大图书馆面积至380平方米，1982年馆藏图书达到5万册。

校史的故事

▲ 广播操比赛　　　　　　▲ 做早操

清华一分校在 1978 年年底招收第一届学生后三年未招生，1982 年招收了第二届学生，为电子技术专业的 2 个班。

1979—1981 年间，受师资、校舍、设备等条件限制，多所大学分校招生出现了大起大落。北京市委、市政府进行调查和论证，提出集中力量办好几所大学分校的思路。1982 年 9 月，清华一分校和清华大学第二分校（以下简称"清华二分校"）召开了第一次联合办公会议，市委教育部副部长谭元堃到会，传达市委关于两分校合并的精神。随后的两个月内，两分校又召开了 4 次联合办公会议，分别研究合并后的机构设置问题、接受联合国贷款在沙子口建北京职业大学问题及职业大学的一系列问题。12 月，北京市委、市政府正式发文调整大学分校，提出将清华一、二分校合并为清华大学分校，培养工科机、电方面的通用技术人才，规模为 1200 人。1983 年 1 月起，大学分校的调整工作开始落实。

资料主要来源：

① 《北京联合大学志（1978~2000）》
② 北京联合大学档案馆馆藏档案

（整理：王岩　审核：姜素兰）

清华大学第二分校

1978—1982 年

清华二分校创办于 1978 年年底,是当年北京市创办的 36 所大学分校之一。按照 1978 年制定的《扩大招生方案》,清华二分校主管单位为崇文区,由汽车工业公司和建工局协办,设置机械工程和建筑工程专业,计划招生 1000 人,校址选在当时位于崇文区永定门外安乐林路的沙子口小学。按照有关文件精神,清华二分校的教学工作由清华大学负责,分校将主要依靠本校的教学资源办学。

当年,在清华大学的支持和帮助下,北京市共创办了清华一、二两所分校,此为其二。1978 年年底,经市委同意,建立了清华二分校临时领导小组,马乐清任领导小组组长。临时领导小组主持全校的党、政、后勤、共青团等工作,下设三处一室,即政治处、教务处、总务处和办公室。临时领导小组带领着数量不多的教职工,按上级要求的时间,夜以继日,团结奋战,修整校舍、平整校园,边筹建边招生。原沙子口小学占地面积约 5800 平方米,总建筑面积 4406 平方米,院内有一栋约 4200 平方米的四层教学楼、206 平方米的平房。院内唯一的教学楼建成于 1961 年,在 1976 年唐山地震时受到破坏,经检测被鉴定为危险建筑物。将清华二分校校址选于此时,教学楼主体待加固问题尚待解决,但时间紧迫,也只好先使用再逐步解决。市、区房管局派来的工人师傅们冒着严寒紧张地施工 20 天,终于在 1979 年元旦前将教学楼一至四层粉刷油饰一新，将楼内教室门窗装齐，原沙子口小学的旧校舍焕然一新。

1979 年 2 月，清华二分校正式开课，首届招收了 24 个班，1000 多人，设机械制造工艺及设备、民用建筑 2 个专业。分校未设系，直接由清华大学相应系办专业并配备教师，执行清华大学相关专业的教学计划。清华二分校有在编教师 8 人，外聘了部分兼课教师，还有清华大学派来兼课的教师。

用一所小学的校址办大学，容纳千余名学生学习，同时还有师资不足、教学仪器设备缺乏等困难，可谓困难重重。但是无论多简陋的条件都没有让教职员工们丧失信心，他们始终坚持艰苦奋斗的创业精神，自力更生，教职工积极参加义务劳动，自己动手建设分校。在改善办学环境的过程中，分校能自己动手的工程项目就自己动手，自己组织力量去施工。全校教职工和校领导都不同程度地参加了义务劳动，为建分校贡献力量。领导小组组长马乐清曾任北京军区炮兵某独立师副师长，是 1937 年就参加革命的老同志。在 1979 年全校大会上，他用宏亮的声音对师生们讲："艰苦奋斗的创业精神，是无产阶级的本色，它来自无产阶级的伟大胸怀和崇高目的，从民主革命时期到社会主义建设时期，革命和建设的实践证明——只有发扬艰苦奋斗的精神，才能使我们战胜困难，夺取一个又一个的胜利……我们不能买一个'四化'，也不能等一个'四化'，我们只有发扬艰苦奋斗的精神，'四化'才会有希望。"同时，清华二分校积极想办法解决暂时的困难：部分课程通过电教室播放教学录像、学生们坐在各自教室里用电视机观看的方式进行；将辅导课安排在晚上，解决教室不足问题；安排学生集体乘车到清华大学的实验室做实验；实行学生走读制，节省建宿舍需要占用的面积；获得附近的北京第一师范学校的支持，接纳学生在此上体育课；与附近的餐馆合作，为学生提供午餐……

同样，清华二分校的学生也没有因为学校条件的简陋而丧失学习的热情。他们依靠看电视、听广播，借助清华大学教师的辅导，如饥似渴地学习着。他们中有许多人是上山下乡的知识青年，有人做过工厂车间的一线工人，还有人曾是穿军装的军人，有些人已过而立之年。学生们夏天冒着酷暑，冬天顶着风雪，从北京城的四面八方赶到安乐林路来上课。为了不迟到，路太远的就在附近租房住，家庭经济困难的就在居民院里搭木头房子住。由于学习勤奋刻苦，1978级学生取得了较好的成绩，第一学期平均及格率96.6%，第二学期是94.2%，第三学期是91.8%，第四学期是96.3%，第五学期是94.9%（所有及格率统计均未计算补考后及格的成绩）。

1980年11月，经市委批准，清华二分校成立了临时党委，领导全校的党、政、群工作，教学工作仍由清华大学具体负责。北京市委教育部根据市委的精神，任命郭霖为党委书记，委员还有汪行、罗延秀、刘新月。

清华二分校在1978年年底招收第一届学生后，连续三年未招生，1982年招收了第二届学生，为机械设计与制造专业的2个班。同年，分校开设了二年制专科，设置锅炉安全与检测技术专业和模具设计与制造专业，各招收1个班。

1979—1981年间，受师资、校舍、设备等条件限制，多所大学分校招生出现了大起大落。北京市委、市政府经过调查和论证，提出集中力量办好几所大学分校的思路。1982年9月，清华一、二分校召开了第一次联合办公会议，市委教育部副部长谭元堃到会，传达市委关于两分校合并的精神。

1982年12月，北京市委、市政府正式发文调整大学分校，提出将清华一、二分校合并为清华大学分校，培养工科机、电方面的通用技术人才,规模为 1200 人。同时,明确大学分校仍为市属单位,由市委、市政府直接领导;党的日常工作由市委大学工作部负责管理,行政业务由市高教局主管;分校的教学工作仍然依靠大学本校;师资实行专、兼职相结合,基础课师资逐步做到专职为主。1983 年 1 月起,大学分校的调整工作开始落实。

资料主要来源:

①北京市档案馆馆藏档案
②北京联合大学档案馆馆藏档案

(整理:王岩 审核:姜素兰)

北京邮电学院分院

1978—1985 年

北京邮电学院分院（以下简称"邮电学院分院"）创办于1978年年底，是当年北京市创办的36所大学分校之一。按照1978年制定的《扩大招生方案》，邮电学院分院主管单位为海淀区，由电信局和长途局协办，设置无线电技术和通信2个专业，计划招生800人，校址选于位于海淀区双清路的双清路中学。按照有关文件精神，邮电学院分院的教学工作由北京邮电学院负责，分院将主要依靠本院的教学资源办学。

北京邮电学院现名为北京邮电大学，创建于1955年，是中华人民共和国第一所邮电高等学府，隶属国家邮电部，1960年被国务院确定为全国重点高校之一，1978年在全国招收本科学生653人，其中在京招生150人，1993年更名为北京邮电大学。

1978年11月，北京市委决定成立邮电学院分院领导小组，实行党政合一的领导。丁龙潜任领导小组负责人，成员有王立江、胡勋申、李继先、周景泉、王滨友。领导小组下设三处一室，分别为教务处、总务处、政治处和院长办公室。

1979年2月，分院正式开学，首届招收学生825人。

建校初期，分院仅有教职工25人，教师严重缺乏，仅有1名主抓群体活动的体育教师。分院成立了电教中心，所有课程均由教师通过电视直播进行授课。分院没有实验室和实验设备，实验课和教学中需要演示的内容均求助于北京邮电学院等院校

校史的故事

完成。大部分体育课需聘请林业学院、农机学院等校教师来校教授。为此,分院积极引进教师,1979年专任教师达到41人,教学形式逐步由闭路电视授课变为面授。

1980年11月,北京市委决定组建邮电学院分院临时党委。丁龙潜任院临时党委书记,委员有王立江、胡勋申、王滨友、赵宗英、李继先。分院先后增设人事处、财务科。

自建院起,分院就十分重视体育工作。在场地和设施缺乏的情况下,充分利用校园内零散空地,坚持学生上课间操的制度,并着重建设了女子排球队和篮球队。分院的男子和女子排球在北京市高校比赛中战胜清华大学、北京航空学院、北京钢铁学院等强队,多次获奖。分院自1980年起每年有组织地进行一年一度的篮球和排球班级男女联赛,适时地组织冬季象征性长跑活动,并组织冬季长跑比赛。由于学院重视师生的群体活动,曾受到市高教局的表扬。

▲ 1981年女排获联赛亚军

1982年11月,邮电学院分院搬离双清路,迁入位于海淀区五道口的原暂安处小学校址办学。

▲ 邮电学院分院五道口校址校门

1982年12月，北京市发文调整大学分校，提出将北京工业学院第二分院并入邮电学院分院，培养无线电技术人才，规模为800人。

1983年2月，北京工业学院第二分院实质性并入邮电学院分院。原北京工业学院第二分院1979级、1980级两个年级140名学生转入邮电学院分院学习。1983年9月，北京医学院分院并入邮电学院分院，三校合并后校名仍为邮电学院分院，办学地址仍在五道口。

1983年1月，邮电学院分院首届学生毕业。分院自建院以来，一直连续招生，1979—1982年招收4届共636个本科生。1983年，分院招生143人，其中包括首次招收的专科生37人。1984年分院招收本科生111人。

分院努力克服困难，逐步改善办学条件。继1982年下半年建立学生食堂后开始逐步建设实验室，并不断添置教学实验设备。1983年，自筹资金建成了北平房，利用市高教局拨款建成了面积260多平方米的大教室，有效缓解了学生没有地方上课的压力。

▲ 邮电学院分院 7912 班毕业合影

自 1983 年以来，分院先后成立了无线电技术系、自动化控制系、基础部、马列主义教研室和德育教研室。

1985 年，北京市组建北京联合大学，邮电学院分院作为 12 所组建大学分校之一，加入并更名为北京联合大学电子工程学院。至 1984 年年底，邮电学院分院占地面积 15 亩（合 1 万平方米），有教职工 259 人，其中专任教师 144 人，在校学生 511 人。1978—1984 年，邮电学院分院累计招收 7 届本专科学生 1715 人，为社会输送 1180 名本科毕业生。

资料主要来源：

① 《北京联合大学志（1978~2000）》
② 北京市档案馆馆藏档案
③ 北京联合大学档案馆馆藏档案

（整理：王岩　审核：姜素兰）

北京工业学院第二分院

1978—1983 年

北京工业学院第二分院（以下简称"工业学院二分院"）创办于 1978 年年底，是当年北京市创办的 36 所大学分校之一。按照 1978 年制定的《扩大招生方案》，工业学院二分院主管单位为仪表局，由纺织局协办，设置电子技术专业，计划招生 500 人，校址选于位于西城（区）象来街的西城电子元件厂。按有关文件精神，工业学院二分院的教学工作由北京工业学院负责，分院将主要依靠本院的教学资源办学。

北京工业学院现名为北京理工大学，前身是 1940 年成立于延安的自然科学院，历经晋察冀边区工业专门学校、华北大学工学院等办学时期，1949 年迁入北京并接收中法大学校本部和数理化 3 个系，1952 年定名为北京工业学院，成为新中国第一所国防工业院校。"文革"开始后，学院停课，1972 年开始招收"工农兵"学员，至 1977 年共招收 5 届学生 3822 人，此外还招收进修生 857 人、短训班学员 1085 人。1977 年，学校 34 个专业招收本科生 510 人。1978 年，学校由"封闭型"办学转向"开放型"办学，经上级批准实行对外开放，为学校的发展和提高提供了新的机遇和挑战。1988 年，学校更名为北京理工大学。

工业学院二分院成立初期，由于校舍是由仪表局的电子元件工厂厂房改造而成，除了学生上课的教室外，没有实验室、没有桌椅，一个破旧的长条桌和一条长凳就是分院的全部设施。这还是在工厂一边生产一边移交，学生一边上课，房屋一边维修和改造的情况下完成的。面对办学上的困难，工业学院二分院一切从培养人才出发，有了困难去克服，有了问题去解决，积极发动教职工和学生，在上级领导的支持下，自力更生，艰苦奋斗，勤俭办学，以教学为中心开展各项工作，努力为教学创造了必要的物质条件。分院自己动手先后做了讲课桌、实验桌、仪器柜、制图桌、书架等500余件教学设备，价值约26 740余元，而实际费用仅8000元，更重要的是及时地满足了教学及其他工作的需要，推动了教学及各项工作的开展。特别是，为了保证顺利完成教学计划制图课绘制大图的教学环节，钳工师傅加班加点仅用三天做了两套制图桌，仪表局、北京工业学院纷纷支援所需角铁，三位师傅日夜加班赶制出120套制图桌，满足了教学的急需。为了买到制图课需要的测绘模型，一位女制图老师牺牲假期休息时间到浙江、福建中学工厂求援，几经交涉感动了对方，在他们也没有富余模型的情况下匀出了一部分给分院。由于建校晚，错过了仪器设备的订货时间，全院职工一齐出动，东奔西跑到处求援购买教学急需的实验仪器，先后求购了800余台仪器。就是靠着这样一点一点的努力，分院逐步建立了工科院校培养学生实践动手能力所需的制图室、化学实验室、物理实验室、电工实验室，并都按计划开出了实验。

为了保证电视教学的播放质量，分院电教组因陋就简，并采取各种措施不断改进。自己动手制作共用天线改善收看效果，克服了校舍前面对前三门大楼群，反射强、电视重影严重的困难；用无线话筒代替电容话筒，克服了闭路电视房间墙壁没有吸音材料，回音大，听不清楚的困难；用标准信号发生器代替调制器，解决了调制器不好导致的图像不清晰的问题，有效保证了学生的观看效果，为教学创造了条件。

由于分院是在工厂厂址基础上改建的，没有操场和空地。为了增强学生的体质、保证要求不降低，教职工和学生自己动手清理了院内上百吨的水泥板、碎砖烂瓦、灰木沙石，清理出一块篮球场大的地方作为运动场。地方还不够，就利用夹道、通道、马路、本院等地上体育课，不能进行课间操，就组织学生沿马路长跑。通过积极想办法，不仅因地制宜地上了多节体育课，还有效地保证了学生的健康。

全体教职工的共同努力为保证教学工作正常进行创造了条件，使各项工作都有了一定的进展。在教师的热心帮助下，学生努力学习，绝大多数学生的学习成绩大体达到或接近一般大学的水平。分院的教学质量和水平得到了家长的认可，解除了不少人的担心和疑心，教师们获得了信心，分院坚定了继续办好的信心和勇气。这所由工厂改造的工业学院二分院校舍，虽然建筑面积只有 2000 多平方米，却实现了连续 3 届招生 660 余人，教职工增至百余人。

分院的发展离不开各方的支持。市委教育部、市高教局、仪表局、北京工业学院领导先后从方针政策到具体工作都给了具体的指导和帮助，并从人力、物力、财力上都给了极大的支持。市委教育部、市高教局为办好分校，创造了必要的条件，及时给分校配备了电视机、闭路电视系统、仪器设备、汽车、课桌椅等，并在条件困难的情况下，拨给了分校教学经费，使各项工作得以顺利进行。仪表局为筹办分校，停办了工厂，挤出校舍，并派工程队施工达半年之久，在维修房屋和实验室建设中，从经费到材料都给予了很大支持。北京工业学院在分院四个学期的教学中共派了 300 余人次有多年教学经验的教师讲课、答疑、辅导，这是学生能够取得较好成绩的主要保障。此外，在实验室建设和其他工作中，北京工业学院在钢材、木材、汽油等方面也给予了具体的帮助。所有这些都对办好分院起了非常重要的作用。

  在分院办学过程中，从领导到普通教职工上下齐心。三个领导小组成员，虽然有的是临时关系，但始终想着分院是为国家培养人才，应打下一个好基础，在办学的主要问题上始终意见一致。分院领导小组和各处室负责同志都严格要求自己，和大家共甘苦，通力协作，顾全大局。分院有110多位教职工来自50多个单位，经历不同、性格各异、思想政治起点也不同，但大家始终团结一致，努力工作，不怕苦不怕累，只有办好分院一个目标。一位钳工师傅为了保证教学工作的需要，早来晚走，不计时间，不计报酬，把节假日都用在工作上，虽然已经60岁了，身体不好，大夫开了病假条，却从不交给领导，吃点药继续工作。在钳工师傅的影响下，一位木工师傅在做实验台时，电锯锯伤了手，包扎了一下又继续投入工作；一位工人师傅制作椅子加热弯扭铁管时，因为没有经验两手都烫出泡来，不叫苦不叫累，硬是完工后才休息；一位锅炉工在安装锅炉时扭伤了腰，大夫、领导都劝他休息，他硬是坚持指挥安装完才休息。为了建实验室，图书馆的同志从温暖的楼房搬到室温只有6摄氏度的新建的平房里，冬天几个人手脚都冻僵了，仍坚持开馆。阅览室一位女老师不管酷暑和严寒，早上6点多到校打扫卫生，整理资料，中午再早开馆一个小时，每天多工作两个多小时。分院的教师不仅要完成本身的教学任务，还要充当采购员、实验员，仪器设备没有专人去买，就自己去买，实验没有人安装、调试、辅导，就自己安装、调试、辅导。自己不熟悉，就到处去参观、去学习、去求教。化学实验室筹备好了，没有蒸馏水和各种溶液，教师就到工厂拿着几十斤重的桶，乘公共汽车搬来搬去。大家就是用这种精神来建设分校的，在各方的大力支持和全院上下的齐心努力下，分院的工作逐步走上正轨，朝着越来越好的方向发展。

1982年12月，北京市发文调整大学分校，提出将工业学院二分院并入邮电学院分院，培养无线电技术人才，规模为800人。1983年2月，工业学院二分院实质性并入邮电学院分院。

资料主要来源：

① 《北京联合大学志（1978~2000）》
② 北京市档案馆馆藏档案
③ 北京联合大学档案馆馆藏档案

(整理：王岩　审核：姜素兰)

北京医学院分院

1978—1983 年

北京医学院分院（以下简称"北医分院"）创办于1978年年底，是当年北京市创办的36所大学分校之一。按照1978年制定的《扩大招生方案》，北医分院主管单位为海淀区，由卫生局协办，设置医学、医学传染病专门化、医学精神病专门化、医学结核病专门化、卫生、口腔6个专业，计划招生500人，校址选于位于海淀区五道口的暂安处小学，部分远郊学生住读。按照有关文件精神，分院将主要依靠本院的教学资源办学。

北京医学院现为北京大学医学部，前身是国立北京医学专门学校，创建于1912年，是中国政府教育部依靠中国自己的力量开办的第一所专门传授西方医学的国立学校，1923年改建为国立北京医科大学校，抗战期间成为重组的国立北京大学下设的医学院，1946年北京大学在北平复校时为北京大学医学院，1952年全国高等学校院系调整时脱离北京大学，独立建院并更名为北京医学院。学院于1954年被确定为6所全国性重点大学之一，1960年北京市组建北京第二医学院时负责配备干部和教员，1966—1970年停课，1970年恢复招收三年制学生，1977年学院在全国13个省自治区直辖市共招收本科生494人。1978年后学院教学、科研、医疗工作重新走上正轨，当年招收学生513人。1985年，学院更名为北京医科大学，2000年与北京大学合并更名为北京大学医学部。

北医分院于1978年年底成立，当年借用的暂安处小学校址位于五道口百货商场以南，同在此办学的还有北京工业大学第二分校，北京工业大学第二分校借用的是原暂安处小学一栋二层小楼，北医分院借用的楼房在小楼的对面，后来建成的单双杠场地北面。用一所小学的校址办两所大学分校，在使用面积上的捉襟见肘可见一斑。1979年年初，分院正式开学。由于招收了部分需要住宿的远郊区县学生，分院还在泄水湖建了住宿部（位于现海淀区教堂）。

1981年暑假，北京工业大学第二分校迁出五道口校址。

1982年11月，邮电学院分院从海淀双清路迁来此处办学。

1982年12月，北京市发文调整大学分校，北医分院不在拟保留的大学分校之列，原则上在现有学生毕业后将停办。

1983年9月，北医分院并入邮电学院分院，办学地址仍在五道口。

▲ 北医分院校门前合影

资料主要来源：

① 北京市档案馆馆藏档案
②《北京联合大学志（1978~2000）》

(整理：王岩　审核：姜素兰)

北京航空学院第一分院

1978—1982 年

北京航空学院第一分院（以下简称"北航一分院"）创办于1978年年底，是当年北京市创办的36所大学分校之一。按照1978年制定的《扩大招生方案》，北航一分院主管单位为一轻局（北京市第一轻工业局），由二轻局（北京市第二轻工业局）协办，开设电子技术（含计算机和自动化）专业，计划招生600人，校址选于宣武区留学路一轻局所属的缝纫机总厂内。按有关文件精神，分院将主要依靠本院的教学资源办学。

当年，北京市共创办了北京航空学院第一、二、三3所分院，此为其一。1979年2月，首届学生正式上课。建校初期，北航一分院领导小组下设办公室、人事处、教务处、总务处，有3个党支部，群众组织有工会和共青团，并设立学生会。分院领导小组由夏阳和张锡圣负责。党的关系隶属于一轻局党委，行政上接受一轻局和市高教局的双重领导。

1981年以前，教学工作主要由北京航空学院承担，教学计划基本上是依据北京航空学院的模式制订的，1982年为了适应一轻局系统的需求，对教学计划做过一次较大的调整。分院未设立系。在教务处下设计算机教研室、自动化教研室、电子仪器及测量教研室负责教学工作。1981年成立基础部。

北航一分院办学时期，由于缺乏师资，分院没有专任教师，就聘请外校教师授课（主要是北京航空学院的教师），每天上下午都派车接送来校上课的教师。后根据办学的需要,陆续调入一些骨干教师,加上市里分派来校和毕业留校的青年教师。随着分院的发展和师资队伍的建设,教学工作逐步由分院自身承担,至1982年,教师增多,授课方式改为课堂讲授为主。

由于师资匮乏,分院主要运用电化教学设备,采用电视教学的方式上课:一种是由主讲教师在演播室讲课,通过闭路电视向各教室播送;另一种是直接收看电视台的有关课程。这期间,电教室发挥了巨大的作用,除承担了大量的教学实施任务之外,还为专业课教师制作各类幻灯片。分院只设大学本科,学制四年,每学年两个学期,未实行学分制。学生进校只是根据专业进行分班,分院创办时只设置计算机和工业电气自动化两个专业。1979年开学后,由于每个专业人数太多、高年级实习、实验有困难以及轻工业对人才需求量大等因素,分院将专业调整为计算机及应用、工业电气自动化、液压传动及自动控制、电子仪器及测量技术、系统工程与管理5个专业。

根据专业学习的需要,学生在理论学习之余,还需要进行大量的实验,但是分院的实验室简陋,条件很差,只能开设极少的简单的实验项目,大部分专业实验要到外校去做,主要还是去北京航空学院完成这些实验项目。

除各种专业课的相关教学外,分院亦设置体育教研室,组织学生开展各种体育活动。体育教研室隶属于基础部,有体育教师5名。师生可利用学院内的大教室(约200平方米)进行乒乓球、武术活动。体育课的教学按照北京航空学院的体育教学大纲和体育课实施方案施教,具体上课地点则主要借用宣武、东单、天坛体育场进行,同时分院每年利用体育场召开一次田径运动会。

分院设有图书室,但是空间狭窄,且内部图书多是北京航空学院的赠书。根据后勤社会化的要求，分院未设学生食堂。学生的午餐由学院与附近的饭馆、食堂联系提供，后因就餐时间长、饭菜价格贵、质量不好等问题难以得到妥善解决，学院逐步承担起学生的就餐工作。

分院成立之后，人事处由主管行政工作的院长直接领导，接受一轻局的领导。职工主要是从一轻局调进，少数从北京航空学院和市高教局、人事局调进，招生工作由教务处负责。之后几年的招生工作由教务处和人事处负责。1979年、1980年均未招生，1981年恢复招生。学生工作由院领导小组负责人夏阳主管，1978级学生按专业由党支部负责管理，院团委配合，由5名干部担任学生辅导员工作。1981级新生入学后，由新筹建的基础部派干部负责学生管理工作。

北航一分院的群团组织包括工会、共青团和学生会。分院存立期间，未召开工会会员代表大会，由党组织指派干部负责兼管工会工作，总务处副处长陈万显负责工会工作。学院团委的主要干部亦由党组织任命，团委书记为孙权，副书记为夏颖颖。分院未召开团员代表大会。1979年学生入学后，分院成立了学生会，第一届学生会主席为孙寒江，1980年召开首届学代会，选举曲学利为主席。学生会作为在党委领导、团委指导帮助下的学生群众性组织，配合院团委在学生中做了大量的工作。

1980年，分院筹建校办厂。分院与留学路小学共建校办厂，由小学提供厂房150平方米，分院提供启动资金、雇用临时工、生产钣金件等。1981年校办厂扩大规模，厂址迁至朝阳区三间房。1982年，校办厂又相继与北京市机械局供销公司、无线电研究所签署联合办厂的协议，为了适应生产需要，厂址又迁至朝阳区十里河。

1982年12月，北京市发文调整大学分校，提出将北航一分院、北京航空学院第二分院合并为北京航空学院分院，培养轻工技术人才，规模为 800 人。两分院合并后，北航一分院的教学设备移交给新成立的北京航空学院分院，其余资产留给一轻局职工大学。至此结束了北航一分院的办学历史。

资料主要来源：

①《北京联合大学志（1978~2000）》
②《心中的记忆——纪念北京联合大学（大学分校）建校 30 周年》

（整理：张宇　审核：姜素兰、王岩）

北京航空学院第二分院

1978—1982 年

北京航空学院第二分院（以下简称"北航二分院"）创办于 1978 年年底，是当年北京市创办的 36 所大学分校之一。按照 1978 年制定的《扩大招生方案》，北航二分院主管单位为二轻局，由一轻局协办，设置机械工程（含机械设计、机制工艺、金属材料及热处理、空气循环制冷）专业，计划招生 400 人，校址选于当时在朝阳区八里庄二道沟河北岸的朝阳塑料制品厂。按有关文件精神，分院将主要依靠本院的教学资源办学。

当年，北京市共创办了北京航空学院第一、二、三 3 所分院，此为其二。1979 年 2 月，学生正式开始上课。

北航二分院筹建之初，成立了党政合一的领导小组，由张奇生和王俊奎主持工作。领导小组下设办公室、政治辅导员办公室、人事处、教务处、总务处，有 8 个党支部。群众组织有工会、共青团。分院党的关系隶属于二轻局，行政则受二轻局和市高教局的双重领导，人事处由主管行政工作的院长直接领导，接受二轻局的领导。

校史的故事

▲ 校门

新筹建的分院坐落在朝阳区八里庄二道沟河北岸的朝阳塑料制品厂。最初仅有1个三层楼的大厂房和1个大仓库，另还有办公楼、食堂等，占地约70亩。筹建伊始亟需解决的是原厂人员的安置问题，在各方的努力下，经过协商，绝大部分的职工由二轻局另行安排了工作，留下约90人，大部分安排在机关和后勤部门工作。因为没有学校工作的经验，还曾经闹出了笑话，有一天一位管理后勤工作的同志气呼呼地找到了院领导，说："……这知识分子的事真不好办。他们还要两间大衣室，你说咱们的大衣往哪里放不行啊，为什么非要专门放大衣的屋子？"后来经过院领导的解释才知道，任课的教师是想要两间可供给学生答疑的答疑室。

原厂人员安置问题解决了，接下来需要做的就是校舍的改建问题，把现有的房舍按照学校标准进行改建，如把厂房改建为教室，把仓库改建为大课堂兼小礼堂等。开学后，党政干部更是齐上手，为学生修建了可供活动的篮排球场和简易跑道。引得学生也加入其中，增进了师生之间的感情，可以说是意外之喜。能同时解决几百人吃饭的厨房灶炉最初是没有的，根据分院后勤社会化的要求，分院未设学生食堂，学生的午餐由分院与附近的饭馆、食堂联系提供，后因就餐时间长、饭菜价格贵、质量不好等问题难以得到妥善解决，分院逐步承担起学生的就餐工作。

建校初期，办学条件是十分简陋的，师资也是匮乏的，为了提高教学质量，分院专门设立电教室，充分利用电化教学手段，主要通过电视教学。一种是由主讲教师在演播室讲课，通过闭路电视向各教室播送；另一种是直接收看电视台的有关课程开展教学。电教人员不但承担着大量教学实施任务，同时还为专业课教师制作各类幻灯片。至1982年，教师增多，授课方式改为课堂讲授为主，才稍微得以缓解。

北航二分院没有建立系，设有基础教研室、自控教研室、机械教研室、材料教研室，供教学工作的开展。教学计划基本上是依据北京航空学院的模式制订的，1982年为了适应二轻系统的需求，对教学计划做过一次较大的调整。建院时设置材料科学与工程、机械工程与自动化、工业自动控制3个专业。同时分院设体育教研室，有教师5人、器材保管员1名。体育教学按照北京航空学院的体育教学大纲和体育课实施方案施教。利用场地，分院组织学生不定期地开展秋冬季拔河比赛、长跑等，以及辅导师生练太极拳（剑）、健美操等，丰富课余生活。

北航二分院的群团组织包括工会、共青团和学生会。分院存立期间，未召开工会会员代表大会，由党组织指派干部负责兼管工会工作，人事处处长王孟文负责工会工作。学院团委的主要干部亦由党组织任命，团委书记为陈辉，副书记为吕燕雄。分院未召开团员代表大会。1979年学生入学后，分院成立了学生会，首届学生会主席为吕燕雄（兼）。学生会作为在党委领导、团委指导帮助下的学生群众性组织,配合院团委在学生中做了大量的工作。

北航二分院学生管理工作由院领导小组负责人张奇生主管,具体工作由辅导员办公室和院团委负责。1978—1979级设学生党支部,由辅导员兼任党支部书记。教学班设辅导员,全面负责学生的日常管理工作。建校初期,职工主要从二轻局调进,少数从北京航空学院和市高教局、人事局调进。

1982年12月,北京市发文调整大学分校,提出将北航一、二分院合并为北京航空学院分院,培养轻工技术人才,规模为800人。两分院合并后,北航二分院的资产留给了二轻中专。至此结束了北航二分院的办学历史。

资料主要来源:

①《北京联合大学志(1978~2000)》

②《心中的记忆——纪念北京联合大学(大学分校)建校30周年》

(整理:张宇　审核:姜素兰、王岩)

北京第二医学院第一分院

1978—1983 年

北京第二医学院第一分院（以下简称"二医一分院"）创办于1978年年底，是当年北京市创办的36所大学分校之一。按照1978年制定的《扩大招生方案》，二医一分院主管单位为宣武区，由卫生局协办，设置医学、医学眼科专门化、医学耳鼻喉科专门化、医学妇产科专门化、口腔5个专业，计划招生500人，校址选于位于宣武区盆儿胡同的141中学，部分远郊学生住读。按照文件精神，分院将主要依靠北京第二医学院的教学资源办学。

北京第二医学院创办于1960年，"文革"期间遭到破坏，1977年恢复招收五年制本科学生，1978年招收本科学生371人，1985年更名为首都医学院，1994年更名为首都医科大学，2001年北京联合大学中医药学院、北京医学高等专科学校和北京职工医学院并入。

1978年，北京市共创办了北京第二医学院第一、二2所分院，此为其一。1978年12月，二医一分院成立领导小组，负责全院的党政工作。分院党的关系受市委领导，行政关系隶属于市高教局，领导小组下设办公室、政治处、教务处、总务处，和经过选举产生的工会委员会、共青团委员会、学生会。

分院领导小组由张昌黎、马荣成、张光德、王镇、张希功、章中卿6名同志组成，张昌黎为负责人。1982年9月张昌黎被任命为分院党委书记。这 6 名成员有的来自于工厂，有的是部队转业的，有的是原中学留下来的，也有一位成员是北京第二医学院系党总支书记。虽然这些成员来自于不同的地方，但是都有一个共同点，除这位来自本校的系党总支书记外，其他人都没有高校工作的经验。同时分院没有自己的师资队伍。分院成立之初，仅有的二十几名工作人员，大多是中学留下来的职工，后来根据办学的需要，又陆续调入部分教师、教辅人员和其他职工，最多时有 50 多人。在这样的条件下，领导小组在工作中发扬民主、集思广益，团结全院教职工，调动他们的积极性和主动性，群策群力、齐心协力，在艰苦的条件下，努力为学生创造条件，按照教学大纲，培养出合格的毕业生。

建院之初，学院的办学条件是十分简陋的。校舍方面，原 141 中学占地面积不足 5000 平方米，校舍建筑面积 3241 平方米，没有正规的操场，仅有一个篮球场大小的活动场地。总计 8 间且每间约 10 平方米的办公室分布在一幢老式木结构的二层小楼里，院领导和院办公室、政治处、教务处都是挤在此处。分院内没有食堂，师生均是在露天的厨房窗口前排队买饭。为了更好地培养学生，分院为学生开辟了图书室，方便学生借阅学习资料。分院成立之初教职工有 25 人，其中北京市派来 4 人、原 141 中学留下 21 人。1979 年后陆续调入部分教职工，到 1981 年已有教职工 80 人，主要是机关工作和后勤服务人员，教师只有 9 人，授课任务由北京第二医学院派教师承担。1984 年 2 月并入北京航空学院分院前，部分教职工陆续被调走，留下的 41 名转到北京航空学院分院。

二医一分院首届招生 486 人，除远郊区县的 20 余名学生住校外，市区学生全部走读。分院未设系，分为 12 个教学班，每班配政治辅导员 1 人，负责学生的思想政治和行政管理工作，由政治处领导。12个教学班中医疗专业8个班328名学生（含北京第二医学院第二分院在本院学习的30名学生）、口腔专业2个班74名学生、妇产专业1个班51名学生、耳鼻喉和眼科专业1个班53名学生（耳鼻喉专业26人、眼科专业27人）。根据教学计划，分院的学生学制五年，教学上共分为三个阶段基础课教学（1979年2月—1982年7月）、临床课教学（1982年8月—1983年2月）、生产实习（1983年3月—1983年12月）。受办学条件限制，分院只招收了1978级1届学生。1983年12月，经过三个阶段的学习，分院共有476名学生完成学业，毕业后绝大部分学生被充实到区县级医院，现在不少学生已成为医院的业务骨干或者担任了领导职务。

1982年12月，北京市发文调整大学分校，二医一分院不在拟保留的大学分校之列，原则上在现有学生毕业后将停办。且学院部分教职工陆续调离。1983年12月，北京市委、市政府进一步决定，将已经停办的二医一分院和北京师范学院第二分院部分教职工连同原有校合并入北京航空学院分院。二医一分院于当年并入北京航空学院分院。

资料主要来源：

① 《北京联合大学志（1978~2000）》
② 北京联合大学档案馆馆藏档案

（整理：张宇　审核：姜素兰、王岩）

北京师范学院第二分院

1978—1983 年

北京师范学院第二分院（以下简称"师院二分院"）创办于 1978 年年底，是当年北京市创办的 36 所大学分校之一。按照 1978 年制定的《扩大招生方案》，师院二分院主管单位是宣武区，由教育局协办，设置中文、历史、数学、物理、化学、生物、地理 7 个专业，计划招生 600 人，校址选于当时位于宣武区南横街的 76 中。按照有关文件精神，分院将主要依靠北京师范学院的教学资源办学。

北京师范学院现名为首都师范大学，1954 年在北京教师进修学院的基础上筹办，1960—1964 年间华北人民大学、北京工农师范学院、北京体育师范学院、北京艺术师范学院、北京师范专科学校部分院系先后并入，1992 年北京师范学院分院并入，学院更名为首都师范大学。

建院之初，成立了分院领导小组，负责筹建并领导全院党政工作。领导小组由高平、马驰、吴纯性、丁自祥、范长胜 5 人组成，由高平、马驰负责。分院设政治处、教务处、总务处和办公室。1981 年 6 月成立分院临时党委，任命高平为党委副书记，负责全院领导工作。分院党委下属 6 个党支部，其中系党支部 3 个。系党支部负责学生的思想政治工作和行政管理工作。

师院二分院首届招收 15 个班，其中中文系 6 个班、数学系

4个班，其余5个系各招收1个班。因教室和师资不足，中文系在第二学期合并为4个班。

1979年1月23日学生报到，2月5日正式上课。由于受办学条件的限制，1979年和1980年未能招生。1981年，为了贯彻中央提出的"调整、改革、整顿、提高"的八字方针，市高教局决定对大学分校进行调整，分院不再招生。

1982年12月，北京市发文调整大学分校，师院二分院不在拟保留之列，原则上在现有学生毕业后将停办。

办学期间，师院二分院共有教职工92人，其中原76中留下的有22人。因停办、调整等原因，教职工先后调走66人，未调走的26人并入调整后的北京航空学院分院。

1983年12月，北京市委、市政府进一步做出决定，将已经停办的师院二分院部分教职工连同其原有校舍并入合并后的北京航空学院分院，师院二分院使用的校舍于1984年退还给宣武区教育局。

资料主要来源：

① 《北京联合大学志（1978~2000）》
② 北京联合大学档案馆馆藏档案

（整理：张宇　审核：姜素兰、王岩）

北京工业大学第一分校

1978—1985 年

北京工业大学第一分校（以下简称"北工大一分校"）创办于1978年年底，是当年北京市创办的36所大学分校之一。按照1978年制定的《扩大招生方案》，北工大一分校主管单位为机械局，设置机械制造和自动化2个专业，计划招生500人，校址选于当时位于朝阳区三里屯的北京市机电研究院内。按有关文件精神，北工大一分校的教学工作由北京工业大学负责，分校将主要依靠本校的教学资源办学。

北京工业大学创建于1960年，创建时设机械、电机、无线电、化工、数理5个系。1961年，北京建筑工程学院、北京工业学院、北京师范大学部分学生先后划转北京工业大学，学校成立土建系。1966年，北京工业大学因"文化大革命"停课。1971年，机械、电机、无线电、土建4个系招收三年制普通班或一年至二年制进修班。1972年，北京工商管理专科学校并入。1977年，国家恢复高考后，北京工业大学恢复招收四年制本科生。1978年，招收本科生504人。

1978年12月，北工大一分校筹建工作领导班子——临时领导小组成立，袁永厚任组长、陈仁高任副组长。教职工主要是来自于市机电研究院的原北京工业学校的干部和教师。分校受市高教局领导，党组织与市机电研究院为同一党委，团委的隶属关系也在市机电研究院。分校设立教务组、学生组，建立图书馆、电化教育研究室,购置黑白电视机 50 台,并开始修建体育场。

经过紧张筹建,分校初具办学条件。1979 年 1 月,首批招收新生 510 人。其中,机械制造专业 9 个班,自动化专业 3 个班。

建校初期,北工大一分校的办学得到了市机电研究院的大力支持。分校没有食堂,师生到市机电研究院食堂就餐、使用市机电研究院电话总机、与市机电研究院合用车辆、市机电研究院选派人员担任管理干部及后勤服务人员、机械系的生产实习在市机电研究院进行。分校最初没有专任教师队伍,师资力量主要依靠北京工业大学,与电大同步课程的辅导、答疑及自开课程的教学基本上由北京工业大学派来的兼职教师承担,大部分实验也是在北京工业大学实验室内由北京工业大学的老师带着完成的。体育课教学全部由北京工业大学体育教师承担。

▲ 分校时期校门

两个月的筹建时间对于创办高等院校来说毕竟很短,当时的条件十分有限,用"艰苦"二字来形容建校初期的情况恰如其分。市机电研究院内部门多、环境杂、噪音大。办学使用的教学楼是与市机电研究院共用的,临时拼凑了一些房间作为教室和办公室,教室与市机电研究院的车间、检验室、图书馆、娱乐室、技校等交叉分布。楼的供暖设施不太完善,冬天的时候很冷,师生们上课要忍受冬日的寒风。为了多腾出教室办学,校领导和两名系主任共用一间办公室,全校两个系和基础部的教师们挤在地下室一个稍大些的房间里。实验室筹备人员则在楼前的工棚里办公,夏季战酷暑、冬季战严寒,其他行政科室也是同样的工作条件。此外,还面临着教学和实验设备不足、教师缺乏的困难。1978级的学生上午随中央电视大学听基础课电视教学,下午由北京工业大学的教师进行电视课辅导答疑,并讲授电视大学没有开设的马列主义理论、画法几何、工程制图等课程。分校操场面积较小,几乎没有什么体育设备,操场内只有两个篮球筐。打篮球是当时很多学生体育娱乐的方式。尽管如此,师生们并没有被当时的困难吓倒,从领导到教职工的干劲丝毫没有受到影响,大家都非常珍视这来之不易的机会,"恢复高考,早出人才"已经不是什么空洞的口号,它们就像战斗的号角一般呼之欲出,不停地激励大家努力工作、奋发图强。学生们格外珍惜这来之不易的学习机会,充分利用一切时间刻苦学习,大部分学生每天晚上都要在教室学习到九点以后,大家在教室看书、写作业、讨论解决学习过程中遇到的问题,学习氛围十分浓厚。在完成自己功课的前提下,学生们还参加分校组织的义务劳动,擦玻璃、打扫楼道、打扫厕所等,力所能及地帮助分校工作人员克服困难。

▲ 学生打篮球 　　　　　▲ 学生参加建校劳动

▲ 教师教研 　　　　　　▲ 学生绘图

1979年2月，分校成立机械工程系和自动化系（自动化系于1982年更名为电气工程系），机械工程系设机械设计及制造、金属材料及热加工2个本科专业，自动化系设电气自动化、电机与电气2个本科专业。同年，分校设立教务处、教务科、总务科、学生科和校办公室。

1980年，分校归属市机械局领导，市机械局党委委托市机电研究院党委代管。同年6月，分校建立党总支，由方志来任党总支书记。

分校办学条件也得到逐步改善。1981年，由市高教局投资的近8000平方米的实验楼竣工并投入使用。1982年，学校建立演播室，可直播本校教学节目，电视机也换成了彩色电视机，可以进行多学科电化教育，包括政治理论课、外语课、专业技术课及专业实习课，成为学校重要的教学环节。1983年，市机械局为学校腾出 13 间教室。

  分校加紧进行教师队伍建设，自 1980 年起，先后从全国高校调入有教学经验的教师近 40 名。市人事局逐年为分校分配本科毕业生或硕士研究生毕业生担任教师，1983 年从 1978 级和 1979 级毕业生中选拔出一批品学兼优的毕业生补充教师队伍，使得教师年龄逐步合理化。至 1984 年，分校有专任教师 194 人，占授课教师总数的 84.54%。教师配备已经基本上能满足教学科研任务的需要。

  为加强计算机课程建设，1982 年分校把得到的第一笔外汇拨款用于购置 20 台计算机，之后又增至 40 台，以增加学生上机课时，使当时的学生上机课时数超过一些"老牌"学校。

  分校实验室和实践基地经历了从无到有、从小到大的艰难发展过程。建校初期没有实验室。分校集中财力、物力，因陋就简用临时活动房建立金工实习车间，面积约 200 平方米，配备金属切削机床、焊机、电炉等设备 30 台（套）。另在地下室开辟钳工车间，设操作台位 40 个。同时，配备 15 名金工实习指导教师，开设金属工艺学课程，满足了学生金工实习的需要。1980 年，分校金工教研室获批一间旧教室，教研室全体教师一起打扫、布置设备，不到一周就建成了金相实验室。1981 年，实验楼建成后，分校领导把有限的办学经费主要都集中用在了配置实验室上。分校领导要求实验人员精打细算、货比三家，尽量向市机械局所属单位求援，尽最大可能完善实验设备。如金相实验室的电子显微镜是外单位的报废设备，经过教师、实验人员精心修复，很快能正常使用，其性能甚至超过某些学校的电镜设备。

  1983 年 11 月，分校成立业余教育科。1984 年，为北京市属工业企业、市机械局举办干部专修班，30 多名后备干部获得大专学历。

  北工大一分校是 36 所大学分校中为数不多能够连续招生的分校之一。1978—1984 年间，除 1978 年招收本科生 510 人（1979 年 1 月入学）、1980 年招收本科生 120 人外，1979 年、1981 年、1982 年招生稳定在 200 人左右，1983 年招生 285 人（含专科学生 36 人），1984 年招生 243 人。1983 年，1978 级和 1979 级共有 699 名学生先后毕业，分校于 1 月 31 日在市机电研究院礼堂隆重召开了首届毕业生毕业典礼。1984 年，又有 119 人毕业。两年毕业 800 余人，其中就业于企业 770 人、科研机构 26 人、机关 11 人、学校 11 人。

▲ 1978 级学生毕业设计答辩

  1985 年，北京市组建北京联合大学，北工大一分校作为 12 所组建大学分校之一，加入并更名为北京联合大学机械工程学院。1978—1984 年，分校共招收了本专科学生 1700 余人，向社会输送 800 余名本科毕业生。

资料主要来源：

  ①《北京联合大学志（1978~2000）》

②《心中的记忆——纪念北京联合大学（大学分校）建校30周年》

③北京联合大学档案馆馆藏档案

(整理：王锐、王岩　审核：姜素兰)

北京大学第一分校／北京大学分校

北京大学第一分校 1978—1983 年
北京大学分校 1983—1985 年

  北京大学第一分校（以下简称"北大一分校"）创办于 1978 年年底，是当年北京市创办的 36 所大学分校之一。按照 1978 年制定的《扩大招生方案》，北大一分校主管单位为西城区，设置数学、物理、化学、生物、地理、中文、历史、图书馆学（文、理）8 个专业，计划招生 1200 人，校址选于位于阜成门外的 183 中学。按有关文件精神，分校依靠北京大学的支持创办和办学。1983 年，经北京市委、市政府批准，北大一分校更名为北京大学分校。

  北京大学创办于 1898 年，初名京师大学堂，是中国近现代第一所国立综合性大学，1912 年改名为国立北京大学，抗日战争时期南迁至长沙，并与国立清华大学、私立南开大学组成国立长沙临时大学，后迁至昆明，更名为国立西南联合大学，1946 年迁回北平（现北京），1952 年经全国高校院系调整成为一所以文理基础学科和研究为主的综合性大学，"文革"期间曾停止招生，1978 年在全国招生 1900 余人（其中本科生 1800 余人）。

  1978 年，北京大学响应北京市号召，积极组织力量创办北京大学的分校。市委指派胡聚长、王岳、关兆兰、黄耘、彭幼华 5 人组成北大一分校的领导小组，负责分校的筹建及日常工作,胡聚长任领导小组组长。分校职工主要是来自北京大学、原183中学和从北京市党政机关调来的部分人员。原183中学全校师生从大局出发,按照统一部署,在两周的时间内,将近千名的教学人员和学生有序地输送到了附近中学授课和就读,尽快腾出了校舍。当时的183中学使用的是原北京归国华侨学生中等补习学校(以下简称"北京华侨补校")的部分校舍,只有一座6000平方米的五层教学楼,建成于1953年,年久失修,要在短短两个月时间内改建成一所高等学校,并非易事。筹建小组请来了修建队,把整个教学楼粉刷一新。教学楼内没有大教室,就借用院内原北京华侨补校的一间大仓库,粉刷后改建成教室,可容纳100多人。靠着自行车和仅有的一辆三轮摩托车为交通工具,领导小组成员和大家一起奋战,连1979年春节大家都没有休息。经过两个月的紧张劳动,因陋就简,给学生创造了可以上课的条件。

1979年2月,在这个直径不到100米的校园里,北大一分校学生开始正式上课。首届招收学生1262人,其中理科生934人、文科生328人。北大一分校为局级编制的市属普通高等学校,实行党政合一的领导体制。根据1979年北京市委有关文件精神,北大一分校的党务工作由市委负责,行政工作由市高教局负责,教学工作由北京大学负责。分校设立党政办公室、政治处、教务处、总务处、保卫组,设有数学、物理、化学、生物、地理、中文、历史、图书馆学8个系并开设相应的8个专业,其中6个理科系,包括了数学、物理、化学、生物、地理等主要的自然科学门类。北京大学对分校从办学方向、专业设置、课程建设、干部配备、师资培养及实验室设备等方面都给予了很多支持与帮助,为分校的初期建设和长远发展奠定了坚实的基础。分校的办学模式、培养目标和专业设置都与北京大学一致。建校初期，教学任务由北京大学承担，主要依靠北京大学的教师进行教学。尽管如此，分校的师资仍然缺乏，无法实现教师到每个班面授。于是，分校依靠教学的辅助工具——闭路电视，采用了电视教学与面授相结合的教学形式。市里统一为分校配备了电视网络的全部设备，每个班级配有两台24英寸的黑白电视机。一个老师在学校的演播室内讲课，许多班级在教室内收看，或者把授课先录下来，根据需要给学生播放。分校没有实验室，全部实验课程均在北京大学进行，由北京大学统一派车将学生拉到本校，在各系实验室内完成。

　　短时间内改建的大学，办学环境很是艰苦。学生用的课桌椅都是附近中学淘汰下来的，高低大小各不相同，颜色也各种各样，连讲台都是用参差不齐的木板钉成的，老师走上讲台时常感"如履薄冰"。仓库改建的大教室为了能容纳更多的学生，只能摆椅子，而且是没靠背的长条凳，有的已摇摇晃晃，坐上去嘎嘎作响，甚至有学生因体重过大，坐上去连人带椅塌了下来。学生虽然全部走读不住校，但中午需要在学校就餐。分校没条件办食堂，就到附近的饭馆订餐，每天中午饭馆用三轮车把饭送到学校。学生们冬天在教室或楼边，夏天在院内，欢乐地吃着简单的饭菜，从没有一人有过怨言。从大街到校门口，有一条长约50米的甬路，每逢下雨就泥泞不堪，很难行走。分校发动学生一起，把土路铺上砖头，变成了砖路。由于没有操场，上体育课就像打游击战，有时到月坛体育场，有时就在院内只有双杠的小空场上，后来又到位于分校正西的北京轻工业学院，还到北京师范大学、北京工业学院上过游泳课。分校的首届运动会也是在北京大学的五四操场召开的。分校的图书馆是在原183中学图书馆的基础上建的，只有一间20多平方米的屋子，用来存放图书和借书，图书全是北京大学各系支援的。

校史的故事

虽然环境简陋、条件艰苦,但学生们的学习劲头丝毫不减。"要把十年损失的宝贵时光夺回来,也要把走读路上耽误的时间夺回来",这是当时学生们共同的心声。早上六七点钟,就有学生到校学习了。有的同学说:"无论你去得多早,走得多晚,总会有同学比你去得更早,走得更晚。"学生们在路上坐车时看书,骑车时念外语或背单词。当时来授课的都是北京大学的一流教师,大多是四五十岁的中年人。他们凭借着对学问的满腔热忱,对学生谆谆教诲、循循善诱。课堂里,讲台上下交织着相互的交流,使学生感觉上课听讲是一种享受。学生们十分珍惜这难得的学习机会,都如饥似渴地吸收各方面的知识,上课认真听讲、做笔记,下课抓紧时间请教老师。晚上大多数学生都自觉在校复习,每晚到九点多,值班老师要到教室催促多次,学生才勉强离校。

在北京大学支持下,分校逐步建立了自己的师资队伍。1979年时,分校只有12名专职青年教师,是来源于北京大学的毕业生,占全校教职工的10.1%。1979年以后,分校陆续引进教师,主要来源还是北京大学,其中包括研究生学历的有11人,还有部分本校毕业生留校任教。北京大学安排留校任教的青年教师来校进修,不用交培养费,只交答辩费。教师的学历结构得到很大提高,分校的授课方式得以全部改为课堂讲授。

受办学条件限制,北大一分校1979—1981年未招生,1982年招收了第二届学生178人,其中文科生78人、理科生100人。

▲ 北大一分校（1982年）

1982年12月，北京市发文调整大学分校，提出将北京大学分校保留，培养文、理、法科的中等教育师资和专门人才，规模为1200人。1983年，经市委、市政府批准，北大一分校正式更名为北京大学分校。

早在1981年，由于社会需求，分校就增设了法律系，并于1982年增设法律专业，开始具有了综合的特点和优势。经过建校几年的实践和总结，分校逐步明确：作为市属院校，不应照搬北京大学基础性文科和理科的模式，而应该和北京市四化建设和社会发展结合起来，在为北京市服务中办出自己的特色。从1982年开始，分校按照面向北京、服务北京的方向，在深入调查、反复论证的基础上，着手对原有的专业及方向进行了调整和改造，逐步实现由基础型、单一学科型向应用型、复合学科型转变。1983年，分校逐渐确定了"侧重发展应用学科"，培养"应用专门人才"的方针。1983年，按照培养应用理科人才的办学方向，分校将化学系更名为应用化学系，生物系调整为食品生物化学及营养学和生物医学电子学2个专业，地理系设置了城镇规划与管理专业。其中，食品生物化学及营养学专业的建立，填补了当时国内综合性大学生物学科设置应用专业的空白。

1983年1月，首届学生1106人毕业（1981年，为适应北京市人才需求，有很多历史系和中文系学生转学法律专业，这部分学生推迟半年毕业）。当年，分校招收了第三届学生336人，其中79人为分校首次招收的专科学生。

分校的领导机构日益完善。继1980年年底经市委组织部批准建立临时党委，1983年分校建立了正式党委，市委大学部批复同意胡聚长、李椿、曹芝圃、贾世起、吴代封、彭幼华、关兆兰为党委委员。同年7月，市委组织部任命胡聚长为分校党委书记，曹芝圃为党委副书记，李椿为校长，贾世起、吴代封为副校长。同年，分校撤销政治处，设立组织部、宣传部、学生工作部。1984年，撤销党政办公室，设立校长办公室、党委办公室、人事处、保卫科、财务科。

由于1981年复校的北京华侨补校要收复校园，分校重选了办学地址。1983年，北京市计划委员会批复同意北大一分校从北京华侨补校迁出，另选新址进行建设，总建设规模面积控制在11 000平方米以内，总投资控制在600万元以内。分校在海淀区土城北路征地43.3亩（合2.8万余平方米）建设新校舍，于1984年临时搬迁至海淀区后八家于庄子双清路原双清路中学旧址办学。

双清路校址曾是另一所大学分校——邮电学院分院1978年创办时的办学地址。1982年，邮电学院分院搬离了此处，迁至海淀区五道口办学。1984年北京大学分校搬入时，校区周围仍是一望千米远的稻田，建筑物较少，交通条件很差，从距离最近的公交车站八家站步行，至少需要半个小时才能走到。为了解决交通困难，分校租来302路公共汽车接送学生上下学，部分家住得太远的学生就在八家村租民房住。交通的不便使走读式的求学更为辛苦。学生们每天一大早起床从北京的四面八方汇聚到平安里和动物园赶班车,如果下午没课,为了搭班车回城,中午常常要饿肚子。双清路的教学楼是一座小楼,上大课通常是在简易平房的大教室里。教室墙很薄,冬天西北风从田野里吹来,呼啸的声音从门窗的大小缝隙钻进来,人少是不敢待在教室里的。尽管条件差,但老师们很敬业,也少有学生逃课,大家对这种境况调侃得多、抱怨得少。但是,偏远的校园也有它独特的美好之处。因为周围是农田,人也不多,所以上课的时候很安静,是一个难得的学习之所。中午休息的时候,遇上好天气,去周围散散步,春天的稻苗、夏天的稻穗、秋天的田野,都有城里看不到的美景、感受不到的乐趣。

1985年,北京市组建北京联合大学,北京大学分校作为12所组建大学分校之一,加入并定名为北京联合大学文理学院。根据教育部批复的精神,在一段时间内仍保留"北京大学分校"校名,分校为相对独立的事业法人单位,局级编制不变。自此,分校的发展迈入新的阶段。1978—1984年,分校累计招收4届2100余人,为社会输送1200余名毕业生。

资料主要来源:

①《北京联合大学志(1978~2000)》

②《心中的记忆——纪念北京联合大学(大学分校)建校30周年》

③北京联合大学档案馆馆藏档案

(整理:王岩 审核:姜素兰)

中国人民大学第二分校

1978—1985 年

中国人民大学第二分校(以下简称"人大二分校")创办于1978年年底,是当年北京市创办的36所大学分校之一。按照1978年制定的《扩大招生方案》,人大二分校主管单位为西城区,设置哲学、政治经济学、国际共产主义运动史、中共党史、法学、国民经济计划、统计学、财政金融、财务会计、商业经济、工业经济、农业经济、中国文学、新闻、档案15个专业,计划招生880人,校址选于位于西城区丰盛胡同的162中学。按有关文件精神,人大二分校的教学工作由中国人民大学负责,分校将主要依靠本校的教学资源办学。

▲ 人大二分校时期校门

当年，在中国人民大学的支持和帮助下，北京市共创办了中国人民大学第一、二两所分校，此为其二。中国人民大学响应北京市号召，积极支持人大二分校的筹办工作，在建立专业、制订教学计划、开设课程、配备教师等方面提供了帮助。1978年12月3日，市委宣布成立人大二分校领导小组，由顾炎、傅瑞峰、王兆庸3人组成，顾炎为负责人。12月4日，市委教育部指示成立人大二分校党的领导小组，负责学校的筹建工作和决定学校的重大事情，领导小组组长为顾炎，副组长为傅瑞峰，成员为朱德明、牛世英、王兆庸。建校初期设政治处、教务处、总务处和办公室，政治处下设组织组、宣传组、人事组、工会筹备组和保卫组，并领导团委工作。

在大家共同的努力下，顺利完成分校筹建和招生工作，首届招收了22个班901人。1979年2月2日，分校首届开学典礼在地质礼堂举行，901名学生和78名教职工参加。领导小组负责人顾炎在讲话中鼓励学生，要继承和发扬中国人民大学艰苦奋斗的光荣传统，克服困难，努力学习。中国人民大学副校长胡林昫到会并讲话。2月3日，全体学生和教职工参加了北京市36所大学分校在首都体育馆举行的开学典礼。分校将22个教学班分成四个"片"管理：一是政治理论片，包括哲学、中共党史、政治经济学、国际共产主义运动史专业7个班；二是社会科学片，包括新闻、中国文学、法学、档案专业4个班；三是经济管理一片，包括工业经济、农业经济、商业经济、国民经济计划专业6个班；四是经济管理二片，包括财务会计、统计学、财政金融专业5个班。2月5日，学生正式上课。政治理论课和公共基础课以广播教学为主，英语课实行电视教学，收看电视大学英语课。分校采用人民大学的教学大纲，且分校基本没有专任教师，主讲教师主要由人民大学的教师担任，借用人民大学的实验室做实验。

在短时改建的校舍办学,条件非常艰苦。原162中学校园内只有两排平房、一个小操场和一座四层的教学楼,仅有4500平方米的校舍却要容纳近千名师生学习和生活。学生们拿着油印的提纲,跟着闭路电视学英语,跟着黑板上方的广播喇叭学政治,100多人挤在简易板房中上大课;每天早出晚归,在水泄不通的公交车上挤到学校,放学后又挤回家;步行半个多小时去月坛体育场上体育课;每天要自己打扫教室,没有人有任何抱怨的情绪。老师来自四面八方,有来自人民大学的、北京师范大学的,还有来自北京大学的;有正式的、临时的、代课的、实习的,还有从退休教师里聘来的,但教学都很热情、投入。没有人因校舍的狭小和设备的简陋而抱怨。多学知识,丰富自己,锻造本领,为祖国四化多添砖、多加瓦,这是当时很多学生真挚的想法。师生的共同愿望营造出浓郁的学习气氛和融洽的师生关系。

首届招生后的四年里分校招收学生并不多。1979年,只有财政金融专业招收了42人;1980年未招生;1981年,科技档案专业招收了1个班;1982年法学、文书档案专业各招收了1个班。

与此同时,分校也在努力建设自己的教师队伍。1980年,调入一批以工农兵大学生为主的人员,其中有专任教师18名。1983年1月,从1978级毕业生中择优留校一批学生作为专任教师,分校开始形成自己的教师队伍,专任教师达到71人。但在1983—1985年期间,这批留校的学生只担任助教,主要任务是进修,人民大学的教师仍是分校教学工作的主体。

1980年11月17日,经北京市委决定,学校成立临时党委,任命顾炎为党委书记,刘正业为党委副书记兼副校长。

分校自建校伊始,根据社会需求,确定办学指导思想为:适应首都社会主义建设需要,培养有理想、有道德、有文化、有纪律、掌握现代科学技术和技能、从事经济管理和政法工作等方面的专门人才。为适应经济建设和社会发展的需求,分校不断调整培养目标和专业设置。1981年,分校确定以培养文法类、管理类人才为主,调整教学管理组织,将四个"片"改为两个系,设立一系、二系,一系设政治理论、社会科学等8个专业,二系设经济管理等7个专业。

1982年12月,北京市发文调整大学分校,提出将人大二分校保留,培养法律、档案方面的专业人才,规模为800人。从1983年开始,在广泛调查、反复论证的基础上,分校确定了从基础型学科向应用型、复合型学科转变的发展方向,建立了一批有特色的应用文科专业,并形成了明确的办学指导思想:适应首都社会主义建设需要,培养有理想、有道德、有文化、有纪律、掌握现代科学技术和技能,从事法律、档案、文秘、新闻、编辑、行政管理、公共关系等方面的应用型专门人才。1983年2月,分校成立法律系、档案系,建立基础课和政治理论教研室,之后设置了法学、文书档案、科技档案、汉语言文学、行政管理专业及政治理论专修师资班。

为提高教学质量,分校不断修订教学计划和大纲。1983年10月起,教务处组织各系研究并修订各专业教学计划,压缩课时,减少理论课、增加应用课,减少必修课、增加选修课,文科增设数学课,加强社会实践,制订了有自己特色、适应北京市对应用人才需要的教学计划。将社会实践纳入教学计划,使学生参加社会实践活动制度化、规范化。1984年,分校组织制定了具有本校特色的教学大纲,同时,对教师备课提出一系列要求,开展教学法的研究,要求每门课认真精选内容,力求做

校史的故事

到概念明确、条理清楚、重点突出、讲清基本内容，使课堂教学取得更好的效果；提出双考勤制度、加强课堂纪律和对学生作业的要求及检查、加强教师对学生阅读教学参考书的指导、深化考试改革等措施。

1984年，因原有教学楼属于危险楼房，分校于3月上报市规划局，拟重建新校舍。为此，分校在海淀区红联东村租借两所学校校舍临时办学，于当年暑假，组织全体教职工完成了搬迁。1984年8月6日，丰盛胡同13号的旧校舍开始被拆除。12月13日，新教学楼破土动工。尽管临时租借校舍办学条件有限，但分校仍是想尽一切办法，保证教学质量。院长邹家炜亲自上课，历史课老师带全班同学住到承德避暑山庄里进行实习考察……充分利用周围体育场馆，保证学生体育课的质量，此外，租借月坛体育场上体育课，冬天到北京语言学院上滑冰课，夏天去总政游泳馆上游泳课。

▲ 学生在红联东村临时办学点留影

1985年，北京市组建北京联合大学，人大二分校作为12所组建大学分校之一，加入并更名为北京联合大学文法学院，学院仍为相对独立的事业法人单位，局级编制不变。1978—1984年，人大二分校累计招收6届本专科学生1600余人，为社会输送934名本科毕业生。

资料主要来源：

①《北京联合大学志（1978~2000）》
②《心中的记忆——纪念北京联合大学（大学分校）建校30周年》
③北京联合大学档案馆馆藏档案

（整理：王岩、原迪　审核：姜素兰）

北京师范大学第一分校

1978—1982 年

北京师范大学第一分校（以下简称"师大一分校"）创办于1978年年底，是当年北京市创办的36所大学分校之一。按照1978年制定的《扩大招生方案》，师大一分校主管单位为朝阳区，协作单位为朝阳区教育局，设置中文、政治理论、历史3个专业，计划招生680人，校址选于当时位于朝阳门外东大桥的东大桥小学，实行部分远郊学生住读。按有关文件精神，分校依靠北京师范大学的支持创办和办学。

北京师范大学前身为创办于1902年的京师大学堂师范馆，1908年独立为京师优级师范学堂，1923年升格为国立北京师范大学校，1952年全国高校院系调整时辅仁大学主体并入，1959年被确定为首批全国重点大学，1966年因"文革"停招，1973年起连续四年招收工农兵学员，1977年恢复高考招生，1978年从全国29个省、市、自治区招收了本科生1034人。

1978年11月底，北京市革委会与北京师范大学协商，组建北京师范大学第一、二分校，分别为北京市普通教育培养文科和理科师资，属于普通高等师范教育，隶属市高教局。很快，师大一分校党政合一的领导小组成立，负责筹建分校全面工作。陈之光（后赵先）任组长，汪馥郁（负责教学工作，由北京师范大学委派）、李莉（负责思想政治工作，由市委委派）、章文（主管总务、后勤工作，由朝阳区教育局委派）为成员。分校正式进入筹备阶段。教学机构的负责人由北京师范大学派出，教务处负责人为许根宛、尹耀庭。专业设置、教学计划、课程设置、教学大纲、教科书等均照搬北京师范大学的模式。分校任课教师全部由北京师范大学委派。教职工有来自原东大桥小学的部分干部和职工，也有从教育系统、机关、工厂调来的，还有的是面向社会招聘的。

1979年2月初，首届学生入学，共招收本科生668人，其中中文专业269人、历史专业170人、政治教育专业229人。学生培养采用"三同"方案——与北京师范大学同系同级学生，同一教师、同一教材、同一试卷。同时，北京师范大学配合各系陆续招聘教师，为分校建立教师队伍。

▲ 师大一分校校门

在千头万绪之中，分校一个月内组成班子，招进学生，两个月内在小学的校址上办成一所正规的高质量的大学。这是中外教育史上所少见的，靠的就是政治觉悟。教职工来自五湖四海，教学与管理中业务不同，归属也不同，没有和衷共济的精神、没有求同存异的宗旨是很难协调一致的。当时的办学条件非常艰苦，分校仅有一幢2000平方米的三层教学楼、几间平房和临时搭建的简易木板房。没有操场、没有宿舍，为保证教学，分校将教室、电化教室、教学设备都安置在楼里，办公室、图书馆、食堂等一律都在简易木板房里。教师没有教研室和办公室，只在系办公室里放几张桌椅，供老师们临时歇脚。木板房通风效果很好，但四面漏风，冬寒夏热难挨难挡。春秋季刮风时，办公桌上就会有厚厚一层沙尘；夏天漏雨，用脸盆临时接水；冬天靠生煤球炉子取暖，室内寒气袭人，非常容易感冒。尽管如此，大家还是将不多的财政拨款用到了更急需的地方。有限的拨款大家理解，待遇的低廉仅够糊口，对身体的透支几乎到了极限，所有这些困难，都被一个共同的、崇高的目标克服、战胜，即为这些曾经失学的学子广开一条求学之路，为国家经济建设解决燃眉之急。因此，办学条件虽差，但是从学校领导到普通师生的精神面貌都很好，大家以抗战时期的西南联大和延安抗大为榜样，条件越差，越能激发报效祖国的豪情壮志，更加奋发有为。那时，大家拧成一股绳，不分职责分内分外，只要是有利于学校建设，就主动挑起重担努力去做。比如给学校采购图书，学校图书馆藏书甚少，满足不了师生借阅的需要，中文系的几位教师便利用业余时间积极为学校图书馆采购价格低廉的旧书，并淘到不少很有价值的参考书。

由于师资少而学生多，北京市为师大一分校拨款，建立了一整套包括摄录像在内的闭路电视系统，每个教室配备有2台电视机，共有50多台。只要本校一位教师到一个教室去上课，其他几个班通过闭路电视就可以同时听课。闭路电视每天开出4套教学节目，每套节目设6节课，一天共24课时，大多为现场直播，这样的条件在当时全国高校中是屈指可数的，成为许多兄弟院校参观取经的样板。当时拍摄下的一些知名人士授课录像，如今已成为宝贵的资料片，如侯宝林先生谈相声，启功先生讲书法，方成先生说漫画，以及许嘉璐、邱汉生、王愿坚、李燕杰等先生的授课、讲演。学生也非常珍惜这来之不易的学习机会，自觉学习，加倍努力，上课精神分外集中，看闭路电视时很少有打盹的现象。

▲ 分校领导在开会

▲ 学生们在上课

分校实行教师"走教"，每天早上8点用小面包车，从位于北京西北方向的北京师范大学本校穿越整个市区，把任课教师接到位于北京东南方向的分校来上课，来回路上要花费近一个半小时。虽然需要不辞辛苦两边跑，教师们负担很重，但教师们对自己的要求丝毫不放松，讲课水平高，对学生要求也很严格。比如中文系的老师对作文和考卷中的一个病句、一个错别字、一个标点都不放过。正是这种一丝不苟的精神，潜移默化地教育和影响了学生。学生全部走读，由于不可能都是就近入学，远道的要骑车、转车一两个小时，往返需要长达三四个小时。即使如此，他们依然充分利用时间，骑在自行车上背单词，坐在公共汽车上看教材。这在当时公交车上成了一道风景线。家里没有读书环境的，就连轴转，留在学校上自习，一直到晚上九点才回家。白天自修，缺少自习教室，他们就到市区的图书馆、阅览室去，幽静的公园、绿地随处都可以看到分校学生自习的身影。

由于没有教室，1979年师大一分校招收人数大幅下降，仅中文和历史两个专业招收了本科生159人；1980年和1981年暂停招生；1982年9月，师大一分校恢复招生，中文系、历史系、政教系共招收本科生124人。1983年2月，首届学生（1982届）毕业，同年7月第二届学生（1983届）毕业。

1982年年底，北京市发文调整大学分校，提出将北京师范大学第一、二分校合并为北京师范大学分校，培养中等教育师资，规模为1000人。1983年9月，两分校实质性合并，合并后的北京师范大学分校办学地点在原北京师范大学第二分校所在的外馆斜街5号。

资料主要来源：

①《北京联合大学志（1978~2000）》

②《心中的记忆——纪念北京联合大学(大学分校)建校30周年》

③《与改革开放同行——建院30周年回顾》

(整理:王岩、武英杰　审核:姜素兰)

北京师范大学第二分校

1978—1982 年

北京师范大学第二分校（以下简称"师大二分校"）创办于1978年年底，是当年北京市创办的36所大学分校之一。按照1978年制定的《扩大招生方案》，师大二分校主管单位为东城区，协作单位为东城区教育局，依靠北京师范大学的支持创办师大二分校，设置数学、物理、化学、生物、地理专业，计划招生520人，校址选于当时位于东城区安定门外黄寺的外馆中学，实行大部分学生走读、部分远郊学生住读。按有关文件精神，分校依靠北京师范大学的支持创办和办学。

1978年11月底，北京市革委会与北京师范大学协商，组建师大一、二分校，分别为北京市普通教育培养文科和理科师资，并成立分校的领导小组，负责筹建和分校全面工作。师大二分校党政合一的领导小组组长为冀民，孙煜（负责教学工作，由北京师范大学委派）、王雷（负责思想政治工作）、李继续（负责总务工作）为成员。分校设三处一室，即政治处、教务处、总务处和办公室，负责党政日常工作；设物理系、化学系、生物系、地理系及数学教研室，开设物理、化学、生物、地理、数学5个专业。教学机构的负责人由北京师范大学派出，教务处由管甲仁、王杰负责（日常教务工作由张炳辉主持），并同时管理图书馆和电教室。系主任由北京师范大学相应各系主管教学的系副主任兼任。专业设置、教学计划、课程设置、教学大纲、教科书等照搬北京师范大学的模式，属于普通高等师范教育。任课教师全部由北京师范大学委派。分校的教务管理、电教管理、后勤管理、图书馆及实验工作和食堂、医疗保健等工作，由原外馆中学部分留下的干部和职工，从教育系统、机关、工厂调入人员和面向社会招聘的人员承担。

经过短短几个月的筹建，分校具备了办学条件。1979年2月初，首届学生入学，共招收本科生526人。学生培养采用"三同"方案——与北京师范大学同系同级学生，同一教师、同一教材、同一试卷。

可以说，分校创立的过程，也是师生们共同艰苦奋斗的过程，分校时期这种艰苦奋斗的精神，成为分校的优良传统和宝贵的精神财富。

分校最初的办学条件是艰苦的。1978年时占地面积6933平方米，建筑面积不足5000平方米，仅有一座四层的教学楼。而这座仅有的教学楼需要与外贸分院合用，师大二分校使用一、二层，外贸分院使用三、四层。由于没有操场、缺少体育器材，都是向附近中学或小学租借操场开展体育教学。分校没有实验室，各系的学生实验课都到北京师范大学相应系去做实验。

由于校舍有限、学生众多，除少数远郊区县的学生被批准住校，绝大多数学生都要走读，学生们利用自行车和公共汽车每天往来于家和学校，一些家住得较远的学生在附近租住民房。但学生并没有抱怨每日在家校之间奔波，而是把走读生活视为接触社会、倾听百姓声音的机会。在路上时时将所学的知识应用到现实生活中，比如会随时注意路边的植物，想想它们的界、门、纲、目、科、属、种；看到工厂的大烟囱，会联想到微积分原理；看到青年湖里大量的鱼死去，会联想到鱼类生活的习性。

校史的故事

为了解决学生们的吃饭、住宿、教学安排等问题,分校的领导和老师们克服重重困难,千方百计地想办法解决,使学生们能够安心学习。老师们也是想尽办法把学生教好,北京师范大学的老师学问渊博,热爱学生,教书育人,诲人不倦,对教育特别精心。他们人人都有绝招,让学生不得不爱听课,让学生觉得听这些老师的课是一种享受,比如:学生们被带到绚丽多彩的大自然之中,体会大自然的秀美;被带到显微镜下,观察动植物的细微结构,直到分子水平,体会科学的魅力。老师们为学生树立典范和学习的榜样,以高尚的师德、渊博的知识、严谨治学的精神给学生们留下极深刻的印象。在老师们的教育和影响下,学生们认真刻苦地学习,既学习理论,也接触实践,既积淀了较为深厚的科学文化知识,也培养了良好的学习能力。

与此同时,分校的专任教师也经历了从无到有的过程。建校伊始,北京师范大学配合各系陆续招考教师,陆续引进了专业教师。新进的教师,其中绝大多数是业务基础好,有一定教学经验、年富力强的中年人,缓解了师资紧缺的压力。

1979—1981年,由于没有教室,师大二分校暂停招生。1982年9月,师大二分校恢复招生,数学系、物理系、化学系、生物系共招收本科生124人。1983年2月,首届学生(1982届)毕业,同年7月第二届学生(1983届)毕业。

1982年12月,北京市发文调整大学分校,提出将师大一、二分校合并为北京师范大学分校,培养中等教育师资,规模为1000人。1983年9月,两分校实质性合并,合并后的北京师范大学分校校址定在原师大二分校所在的外馆斜街5号。

资料主要来源:

①《北京联合大学志(1978~2000)》

②《心中的记忆——纪念北京联合大学(大学分校)建校30周年》

③《与改革开放同行——建院30周年回顾》

(整理:王岩、武英杰 审核:姜素兰)

北京第二外国语学院分院

1978—1985 年

北京第二外国语学院分院（以下简称"二外分院"）创办于1978年年底，是当年北京市创办的36所大学分校之一。按照1978年制定的《扩大招生方案》，二外分院主管单位为东城区，设置英语、日语、法语3个专业，计划招生500人，校址选于东四十条豁口外的73中学。按有关文件精神，分院将主要依靠北京第二外国语学院的教学资源办学。

北京第二外国语学院成立于1964年，是周恩来总理亲自提议、在原新华社外文干部学校基础上建立的，1966年学校停课，1971年复课，1977年面向全国招生，1978年招收本科生224人。

二外分院借用原北京市第七十三中学（以下简称"73中学"）旧址办学，占地仅4000平方米，建筑面积3957平方米。"这是我见到的最小的袖珍学院；当时办学条件十分艰苦，小小一点点，办公区、教学区、图书馆、电教室都挤在一座楼里；上体育课就在那半个篮球场大小的空地或有老师领着学生绕胡同跑步；教室中除了黑板、小课桌以外没有其他教学设备"，有些老师回忆时说。但就是在这样简陋和艰苦的环境下，老师们仍然兢兢业业地教书，学生们依旧认认真真地学习。

1979年2月，二外分院正式开学，招收了第一批学生——英语、日语、法语3个专业1978级学生490名，当年又招收了1979级学生60名，共550名。当时的教学业务由市高教局指导，教师队伍由北京第二外国语学院委派的少数骨干讲师和青年教师组成，约40人，年龄普遍在25—28岁，使用北京第二外国语学院的教学计划和教材。机关工作人员由部分原73中学留下的人员与北京市委下派的、北京第二外国语学院总院支持的人员一同组成，约30人。

建院初期，北京市委批准聘请了13位外籍教师，其中英语专业教师6人、法语专业教师2人、日语专业教师5人。这13位外籍教师中，只有一位日语教师是男性，其余都是女性。女性中年龄最大的60岁，最小的24岁。这些外籍教师有些是外国工商界驻京代表机关负责人或工作人员的妻子，有些是从国外来京的华裔、华侨家属。

▲ 老校舍与教师

1980年年初，随着我国旅游事业的不断发展，国家需要大批的旅游专业人才，1980年9月，市政府决定，在二外分院的基础上筹建北京旅游学院，以便为首都旅游事业的发展培养高级专门人才。全国人大常委会副委员长、国务院旅游工作领导小组副组长廖承志同志亲笔题写了"北京旅游学院"的校名。

二外分院从此以"北京旅游学院"的名义对外开展工作，成为国内第一所培养旅游专业人才的高等学府。

原北京第二外国语学院副院长兼任二外分院院长李越然撰写的申办旅游学院及旅游管理专业的报告得到国家旅游局、北京市旅游局的大力支持和充分肯定。1980年下半年，旅游管理专业的筹备工作紧张有序地开始了。李院长带领团队根据我国高等教育的要求，参考美国、瑞士、德国和日本等国资料，通过实地考察、调研设置了专业课程，初步形成了第一个旅游管理本科专业教学计划。学院聘请了社会各界能人志士组成专职教师队伍；先后请到了刘振礼、刘德谦、张汝昌、岳祚莆、刘尔夫等多名专家，分别担任各门课程的专业教师。教材采用的是王洪滨主编的《旅游学概论》、谢鹤林编写的《旅游文学》、于学谦编写的《旅游经济学》、岳祚莆编写的《旅游心理学》、焦承华编写的《旅游法规》及穆柯编写的《旅游数学》。1982年旅游管理系的第一批学生顺利毕业。

1985年，北京市组建北京联合大学，二外分院作为12所组建大学分校之一，加入并更名为北京联合大学旅游学院。

资料主要来源：

①北京联合大学旅游学院档案室档案
②《北京联合大学志（1978~2000）》
③北京联合大学旅游学院校友访谈录
④《学旅情游——纪念北京联合大学旅游学院建院30周年》
⑤辛涛访谈：业内四海如宾至 桃李芬芳自手栽
⑥于平访谈：于潇潇风雨 平荆棘之路

（整理：田夏、王培雅　　审核：姜素兰、王岩）

北京工业学院第一分院 / 北京工业学院分院

北京工业学院第一分院 1978—1982 年
北京工业学院分院 1983—1985 年

    北京工业学院第一分院（以下简称"工业学院一分院"）创办于 1978 年年底，是当年北京市创办的 36 所大学分校之一。按照 1978 年制定的《扩大招生方案》，工业学院一分院主管单位为纺织局，由仪表局协办，设置机械工程专业，计划招生 500 人，校址选于当时位于朝阳区十里堡路南端的北京印染厂技工学校内。按有关文件精神，工业学院一分院的教学工作由北京工业学院负责，分院将主要依靠本院的教学资源办学。

▲ 工业学院一分院校门前合影

当年，北京市共创办了工业学院一、二两所分院，此为其一。1978年12月14日，确定工业学院一分院为主要面向北京市纺织行业服务的市属高等工科院校，培养纺织工程方面专门人才。1978年12月19日，经市委同意，工业学院一分院领导小组成立，组长由时任市纺织局党组书记李昭兼任，成员有阎宪章（纺织工业局党校校长，主持日常工作）、杨述贤（北京工业学院，负责教学工作）等。随后，市纺织局调集来十几名干部，北京工业学院也选派了部分干部和教师共同进行筹建工作。

学院借用的北京印染厂技工学校教学楼是一栋前临马路、后靠厂房的三层小楼，借用其中两层（两层中有三间房仍由北京印染厂技工学校使用），总建筑面积约1400平方米。依据办学需要，设置了教室、办公室、图书室、医务室、仓库、教学实验室、教研组活动室、教师休息室等用房，并紧急购置课桌椅500套。

经过短期筹建，1979年2月8日，学院正式开课，首届招收了487人，分为10个班，开设机械工程专业。北京工业学院选派干部负责组织制订分院的教学计划、进行教学管理，并选派教师承担基础课教学任务。市纺织局选派所属各厂具有本科以上学历并具有多年工厂生产技术管理经验的工程师担任专业课教师。市纺织局从机关及所属企、事业单位选派人员负责党政工作。同时，为了解决师资不足的问题，部分课程采用电化教学，市高教局给每个班配备了2—3台电视机，学生在教室里看闭路电视。为此，分院于1979年成立了电教中心，为1978级学生电视授课服务。

建院初期的办学条件很是艰苦，给师生的教学和生活带来诸多不便，但大家不但没有被各种困难吓倒，精神面貌反而很好。在市委、市政府和市纺织局的大力支持下，大家齐心克服困难、保证教学质量、努力改善办学条件。房屋和桌椅不足，老师们就两三个人合用一张旧办公桌；没有食堂，师生们就分散到京棉一、二、三厂和北京印染厂职工食堂就餐；没有学生活动场地，学生们就在校外的马路边上体育课，下雨天改到走廊里上课；没有实验室，学生实验就请外单位帮助解决。为了解决师资不足问题，学院向天津纺织工学院（现天津工业大学）、西北纺织工学院（现西安工程大学）等高校聘请教师教授专业课，并积极培养青年教师，先后选派10余人到华东纺织工学院（现东华大学）进修。为了给学生提供更多的学习资源，建院初期分院即开始筹建图书馆，在有限的空间中拿出10平方米的房间存放书籍和提供借阅。

但是，办学条件的有限还是限制了分院的发展。1979年，分院仅招收了33名针织工程专业的本科生，使用的是当时北京市一所半工半读的学校——第一纺织工业学校的校舍。1980年，分院根据北京市纺织工业发展的需要，将专业调整为毛纺、棉纺、机织和机械4个，但当年没有招收新生。1980年2月，分院致函纺织工业局党组，希望尽快解决制图教室等用房问题。随后，北京印染厂技工学校所用二层3间房和三层楼的所有房屋转给分院使用，办学面积扩大到2080平方米。1981—1982年，分院招生规模都没有超过4个班，1981年招收纺织工程专业本科生94人，租用了慈云寺中学教学楼一层6个教室开展教学，1982年招收本科生100人。老师们为上课、开会经常奔波、往返于十里堡和慈云寺之间，很是辛苦。

1981年，为提高教学质量，分院修订了教学计划，保证高等数学和普通物理等重要基础课教学，使学生具有扎实的基础理论知识、较广泛的专业知识、较强的操作技能和独立工作能力。

校史的故事

1982年6月，在市纺织局和市高教局的大力支持下，分院在朝阳门外道家村征菜地30亩，准备建设新校舍，其中除现有建筑外，还有二期工程（图书馆、实验楼），但因种种因素暂未实施，此处只是作为分院的一个分部暂时启用。

1982年12月，北京市发文调整大学分校，提出将工业学院一分院更名为北京工业学院分院，培养纺织技术人才，办学规模为800人。1983年5月，北京工业学院分院印章正式启用，并更换了校徽及学生证。

1983年1月11日，分院成立党委会，程槐卿任党委书记，杨光世任院长。3月28日，分院成立院改革领导小组，院长杨光世任组长。在总结前几年创业办学工作基础上，开始着手新一轮的建设与改革工作。1983年，分院先后毕业了两届学生，当年招收本科生125人。分院除扩大本科生招生规模外，1984年开始招收专科生，1984年招收本科生121人、专科生83人。1983年和1984年接受纺织工业部委托举办了全国毛纺企业厂长培训班。1984年，与中国机械工程学会、机械设计与传动学会联合举办了齿轮传动电子计算机辅助设计培训班。

到1983年10月底，教师达到了82人。1983年，还接收了33名农民，转为工人后主要从事后勤工作。

1984年，分院在朝外道家村新址用活动房建立了200平方米的图书馆，设置了书库和阅览室。

1985年，北京市组建北京联合大学，北京工业学院分院作为12所组建大学分校之一，加入并更名为北京联合大学纺织工程学院，办学主要地址仍在朝阳区十里堡，征得的新址为学院的分部。除专业设置由北京联合大学统一规划外，仍为相对独立的办学实体，要求学院在办好四年制本科的同时，积极发展多种形式的二、三年学制专科，以及夜大学和进修班。1978—

1984年，分院共招收本专科及委培学生1100余人，向社会输送本科毕业生500余人。

资料主要来源：

①《北京联合大学志（1978~2000）》
②北京联合大学档案馆馆藏档案
③《心中的记忆——纪念北京联合大学（大学分校）建校30周年》

（整理：王岩　审核：姜素兰）

北京中医学院分院

1978—1985 年

北京中医学院分院（以下简称"中医学院分院"）创办于 1978 年年底，是当年北京市创办的 36 所大学分校之一。按照 1978 年制定的《扩大招生方案》，分院的主管单位为东城区，协办单位为东城区卫生局，设置中医、中药 2 个专业，计划招生 400 人，校址选于位于东城区和平里蒋宅口的和平北街小学。按有关文件精神，分院主要依靠北京中医学院办学。

北京中医学院现名为北京中医药大学，始建于 1956 年，是国务院批准最早创办的高等中医药院校，1960 年被中央确定为全国重点高校，"文革"期间教学、科研工作停顿，1970 年年底开始恢复招生，1971 年与中国中医研究院合并，1977 年两院分开，恢复独立办学，1978—1984 年仅中医学和中药学两个专业招生，1978 年在全国招生 160 人，其中中医学 110 人、中药学 50 人。1993 年，学院更名为北京中医药大学。

1978 年 11 月，北京市成立中医学院分院领导小组，中医学院分院实行党政合一的领导体制，高敏（原北京齿轮厂党委书记、厂长）任领导小组组长，张铣（原北京中医学院教务长）、张宝仁、俞平（原北京市交通局处长）、吕文甫（原北京市化工局[1]职业病防治所及疗养院领导小组组长）为组员。

经过短短三个月的筹备，1979年1月9日，分院招生，录取了第一批新生414人，其中中医专业（五年制）本科生335人，中药专业（四年制）本科生79人。分院设三处一室，即教务处、政治处、总务处和办公室，仅有党政干部和工人23人。

建院初期，分院办学条件较为艰苦，仅有一幢建筑面积2580平方米的三层楼房用于教学和办公，图书馆面积只有50平方米；没有一名教师、不具备实验条件，教学和实验教学任务均由北京中医学院承担，执行北京中医学院的教学计划，在大教室合班上课；没有学生食堂，只有供应教职工午餐的简陋食堂，学生午餐由街道办的食堂提供。为保证教学，分院于1979年8月建成了初具规模的闭路电视系统，为9间教室全部安装了闭路电视，使中医专业本科8个班得以采用闭路电视授课。中药专业仍采用大班面授。为激励师生艰苦奋斗、勤俭办校，分院开展了"发扬党的光荣传统，恢复党的优良作风"的思想教育。

1979年，为了解决好500多名学生的午餐问题，分院安装了近50平方米流动板房用作食堂，还成立了司机班和医务室。10月，分院召开第一次工会会员代表大会，选举产生第一届工会委员会，卢凡元当选为专职工会副主席。

为尽快组建队伍、开展教学，市委教育工作部从北京市主要是东城区的一些党政机关、中学和企业调入一批干部担任院、处两级领导干部；从东城区中小学调入一批行政管理干部做一般性管理工作；从哈尔滨医科大学、山东石油学院、内蒙古、

---

[1] 市化工局全称为北京市化学工业局。1984年4月，改建为北京市化学工业总公司。1991年5月，以骨干企业为核心，组建为北京化学工业集团公司。1996年5月，改组为北京化学工业集团有限责任公司。

河北等地调入教师。据1979年11月统计，分院教职工达到73人。1980年5月，分院教职工增至102人，其中教师17人。1979—1981年，先后调入教师28人，分院逐步建立了自己的师资队伍。教学方式也改为分班面授，并逐步增加了讨论式、启发式教学，增设了幻灯、投影仪等电化教学和标本等辅助教学。

1980年7月，分院体委成立，同时建立了体育教研室。10月4日，分院召开首次团员代表大会，出席代表97人。1981年3月21日，分院召开首次学生代表大会。

1980年以后，分院逐步建起实验室，1981年年初筹建人体解剖学、组织胚胎学、医学微生物学实验室，1981年年底筹建药理学、病理学、生物化学实验室。

至1981年年初，分院校舍建筑面积2485平方米，有教职工106人，开设中医、中药两个专业。中医专业1979年未招生、1980年招生46人，中药专业因师资及实验室不足等问题难以解决，1980年以后暂停招生。

1982年12月，北京市发文调整大学分校，提出将中医学院分院保留且不做调整，主要培养中医人才，办学规模为200人。

1983年，分院的教职工队伍得到进一步充实，分院从中医专业和中药专业首届毕业生中挑选了13名品学兼优的学生留校任教，挑选了6名学生充实到思想政治工作岗位上。分院学生利用专长开展社会服务，院团委在学生自发组织的基础上，积极引导成立了学生耳针协会，并利用节假日开展耳针义诊活动。分院的教学条件得到进一步改善，5月，市卫生局决定由北京中医医院承担分院的中医内科、外科等临床教学工作；12月，获批宣武中医医院、崇文中医医院为临床教学医院。分院的机构根据需要进行了调整，1984年撤销政治处，成立了党委办公室、人事保卫处、学生科，将组织工作划归党委办公室。

1985年，北京市组建北京联合大学，中医学院分院作为12所组建大学分校之一，加入并更名为北京联合大学中医药学院。1978—1984年，分院累计招收本科生615人，为社会培养两届413名本科毕业生。

资料主要来源：

①北京联合大学档案馆馆藏档案
②《北京联合大学志1978~2000》

（整理：王岩、闫夔　审核：姜素兰）

北京化工学院第一分院／北京化工学院分院

北京化工学院第一分院 1978—1983 年

北京化工学院分院 1983—1985 年

北京化工学院第一分院（以下简称"化工学院一分院"）创办于 1978 年年底，是当年北京市创办的 36 所大学分校之一。按照 1978 年制定的《扩大招生方案》，化工学院一分院主管单位为化工局，设置化学工程、化工机械、化工分析、自动化 4 个专业，计划招生 400 人，校址选于位于西城（区）什刹海的化工学校。按照有关文件精神，化工学院一分院同时接受北京市和市化工局的双重领导，其教学工作由北京化工学院负责，分院将主要依靠本院的教学资源办学。

北京化工学院始建于 1958 年，由北京大学、天津大学等院校的化学系科部分合并组建，是新中国为"培养尖端科学技术所需求的高级化工人才"而创建的；1966—1970 年中断招生 5 年；1971 年，北京化学纤维工学院并入，学校大幅度调整，停办全部尖端绝密专业，增设若干新专业，开始招收三年制工农兵学员；1977 年，恢复统一高考招生制度；1978 年，在全国招收本科生 250 人。

1978 年年底，在北京化工学院的支持下，市化工局开始筹建化工学院一分院。市委任命赵庆合（时任市化工局党组书记兼局长）为分院领导小组负责人，成员有高致民（曾任化工三厂、职防院党委书记）、李一枫（时任化工二厂副厂长）和蔡耀宗（时任化工学院副院长、基础部主任），由高致民主持日常工作。分院设置三处一室，即政治处、教务处、总务处和院办公室。最初，临时领导小组办公地点设在槐柏树街市府大楼市化工局办公楼内，12月29日进驻分院，搬迁至前海东沿50号的分院办学地点办公，带领着40余名教职工开始了紧张的筹建工作。12月31日，全体筹备人员围坐在一间教室里，召开了分院的第一次全体教职工大会。

分院的办学校舍占地面积只有3.8亩（合2533余平方米），建筑面积仅3267平方米，狭小的院落里仅有一栋二层教学小楼和十几间高低错落的平房，在这里办大学，真可谓是"袖珍大学"。但没有人气馁，大家有的反而是小小的激动和撸起袖子加油干的热情。接到了布置的工作任务，所有人立即投入筹备建设工作。全体人员兵分四路，有人负责采购设备，有人负责修缮校园，有人负责招生，有人负责人事。人人干劲十足，干起活来不分干部职工，也不分男女老少。需要往院里拉教学设备和基建材料时，大家齐动手，女同志抬桌椅，男同志搬砖瓦。和泥砌墙、整修庭院也人人都参与。经过大家努力，小院一天一个样，只用了两个月的时间，就基本具备办学条件了。

在北京化工学院的帮助和指导下，经统一招生，分院首届招收了14个班575人。1978年2月3日，分院的全体1978级新生参加了在首都体育馆举行的北京市36所大学分校首届新生开学典礼。2月5日，分院正式开始上课。

由于缺乏师资，分院教学以电视教学为主、面授辅导为辅，以北京化工学院教师为主，由北京化工学院和分院教师共同承担教学和辅导工作。人才培养模式、教学计划、教学大纲和内容基本上按北京化工学院的模式安排，实验教学环节完全在北京化工学院进行。市高教局为分院提供了一批21英寸的彩色电视机，学生可以同期上电视大学的公共课程，课后由教师辅导。上课的时候，正面是黑板，背后是电视，需要前后转来转去。即使是这样的学习方式，学生们的学习热情也丝毫不减，学习自主性非常强，对知识的渴求使他们根本不在意学习条件的简陋。

由于校舍太小，仅有的 14 间教室全部用于首届学生教学。受办学场地限制，1979—1982 年，分院一直没有招生，直到 1983 年首届学生毕业，才招收了第二届学生。首届学生和第二届学生之间间隔了四年，送走一批才能招收下一批，由此还引出了一句顺口溜："烟袋斜街抽烟袋，抽完一锅再一锅"，形象地反映出当年办学的艰苦。

分院没有因为办学条件简陋而降低教书育人的标准，学生认真执着的求学精神也鼓舞着教师们。当时的口号是：办学条件差，教学质量不能差。在这个小小的院落里，师生相互激励，克服学业和事业上一个又一个的困难。分院通过各种渠道为学生寻找工厂和科研院所实习，部分学生表现优秀，毕业后被实习单位直接录用。学生的毕业设计都是真题真做，标准严格。很多学生因为离家较远，为了节省时间就在教室里搭地铺睡觉，早上醒来简单洗把脸，继续进行毕业设计。虽然不具备正规实验室，但这并没有阻碍专业教师对科学研究的热情，他们坚持以科研促进教学、丰富教学、支撑教学的理念，在简易楼里开辟出几平方米的实验室，不断进行学科前沿的研究工作。分院于 1979 年成立了第一个实验室——化学实验室，面积仅 100 平方米，承担着无机化学、有机化学、分析化学等基础化学实验教学工作。

▲ 1983年1月《北京日报》对分院毕业设计的报道

1982年12月，北京市发文调整大学分校，化工学院一分院不在拟保留的大学分校之列。市化工局根据对化工人才的需求情况，向北京市委、市政府递交了关于化工学院一分院继续办学的请示。1983年10月28日，北京市委教育部、市高教局联名函复市化工局，同意分院继续办学，并更名为北京化工学院分院，由市化工局自办和管理，地位、待遇与其他大学分校相同，办学经费由市化工局提供，教学工作由北京化工学院继续协助。分院领导仍由高致民（主持日常工作）、李一枫、蔡耀宗3人组成，机构设置同建校初期。

分院虽然保留下来了，但是想坚持下去并且办好，就必须进一步改善教学条件，就必须扩大校舍。为了分院的发展，自建院初期开始，市化工局和分院领导就为易地建校问题多次向市政府反映和请示。但是，由于1984年市化工局改建为北京市化学工业总公司，原来的政府拨款没有了，企业为分院拨款的渠道也不顺畅，办学立刻陷入窘境，易地建校无法启动。

1985年，北京市委、市政府决定将12所市办大学分校组建为北京联合大学，北京化工学院分院不在12所大学分校之列。

北京市化学工业总公司向市政府递交了《关于北京市化工学院分院加入北京联合大学的请示》，获批复同意。北京化工学院分院加入并更名为北京联合大学化学工程学院，原定待遇不变，仍由北京市化学工业总公司主管，所需的基建投资和事业经费继续由北京市化学工业总公司自筹解决，在教学上继续依靠北京化工学院的支持和帮助。分院业务方面的工作，包括审定招生计划、检查教学质量、授予学位、评定职称、教学研究、学术交流以及改革试验等由北京联合大学统一协调管理。分院的办学地址仍在前海东沿50号。1978—1984年，北京化工学院分院招收了3届862名本科生，向社会输送本科毕业生567人。

资料主要来源：

① 《北京联合大学志（1978~2000）》
② 《心中的记忆——纪念北京联合大学（大学分校）建校30周年》
③ 北京联合大学档案馆馆藏档案

（整理：王岩、李敬　审核：姜素兰）

清华大学分校

1982—1985 年

清华大学分校（以下简称"清华分校"）的成立酝酿于 1982 年，其前身是创办于 1978 年年底的清华一分校和清华二分校。1982 年 12 月，北京市委、市政府发文调整北京地区大学分校，提出将两分校合并为清华分校，培养工科机、电方面的通用技术人才，规模为 1200 人。清华分校延用原两分校的办学地址，于当时的东城区黄化门街 5 号和崇文区永定门外安乐林路 18 号两址办学。分校的教学工作仍然依靠大学本校。师资实行专、兼职相结合，基础课师资逐步做到专职为主。

合并后的清华分校设置两系一部，即电子技术系、机械系和基础课教学部。电子技术系设在黄化门校址，设置应用电子技术和自动控制 2 个专业，1983 年各招收了 1 个班；机械系设在沙子口校址，设置电子精密机械、机械设计与制造 2 个专业，1983 年各招收了 1 个班；基础课教学部下设物理教研组、实验物理教研组、基础数学教研组、应用数学教研组、中文教研组和外语教研组，另有 8 个物理实验室。

1983 年 2 月，分校首届学生 2000 余人毕业，其中原一分校 1026 人、原二分校 1017 人。

1983 年 5 月，分校召开全体教职工会议，顾理昌副校长宣布了分校各机构人员名单，郭霖、何作涛分别就合并问题讲话。6 月，分校成立工会，刘新月任主席，许霞任副主席。11 月，任命王克斌为分校团委书记。1984年3月,分校召开首届学生代表大会,选举张小军为学生会主席,盛强为副主席。9月,市委任命罗林为分校副校长。

1983年9月,市政府决定成立北京市职业大学(专科),下设经济管理学院和机电学院,规模为各800人。清华分校承办机电学院,加挂"北京市职业大学机电学院"牌子,与机电学院为两块牌子一个办学实体。同时,接受世界银行短期大学项目贷款130万美元,用于机电学院发展。机电学院设置应用电子技术、电子设备结构、模具设计与制造、锅炉安全与检测4个专业,学制二年至三年,为收费制,学生走读,不包分配。为办好职业技术教育,分校增设职大处。同年9月16日,机电学院举行首届新生开学典礼。时任市高教局副局长许德贵、马淑珍、市委教育部秘书长陈大白、市劳动局副局长王风录、机械工业部自动化所副总工程师曾英出席。

▲ 清华分校黄化门校址　　▲ 清华分校沙子口校址

1984年,从清华大学计算中心抽调田淑清等若干名骨干教师,还从校内、外抽调了部分教师和实验人员创建了清华分校计算中心,中心拥有近20台产权属于市高教局的TRS-80微机。同时,为适应电子技术专业的实验和课程设计教学需求,清华分校在黄化门校址建立了模拟电子技术实验室和数字电子技术实验室，先后购置了稳压电源、示波器、晶体管测试仪、失真度测试仪等仪器仪表和测试设备共 100 台（套）。

1984 年 1 月，清华分校有教学人员 152 人、管理干部 104 人、工人 58 人，总在编教职工 314 人。

1985 年，北京市组建北京联合大学，清华分校作为 12 所组建大学分校之一，加入并更名为北京联合大学自动化工程学院。

资料主要来源：

①《北京联合大学志（1978~2000）》
②北京联合大学档案馆馆藏档案

（整理：王岩　审核：姜素兰）

北京航空学院分院

1982—1985 年

北京航空学院分院(以下简称"北航分院")前身是创办于 1978 年年底的北航一分院和北航二分院,由两分院合并成立。合并缘于 1982 年 12 月北京市委、市政府调整北京地区大学分校,提出将两分院合并为北航分院,培养轻工技术人才,规模为 800 人。合并之初,分院暂使用原址办学。

合并后,分院党的关系改属北京市委领导,行政归市高教局领导。合并之后的北航分院以夏阳为党委书记、张锡圣为院长。北航一分院直接改称为一分部,北航二分院改称为二分部。1983 年 2 月,基础部迁至宣武区西砖胡同 55 号(原为师院二分院校址)办学。1984 年 2 月,北航分院由原来的办学地点迁至宣武区盆儿胡同 55 号和西砖胡同 55 号。原北航一分院的校址退交一轻局办职工大学,原北航二分院的办学校址退交二轻局办中专。1984 年 3 月,将西砖胡同 55 号退交给宣武区教育局办宣武区师范学校,同时学院租借宣武区 131 中学部分教室用于解决办学教室不足问题。

1982 年 11 月,经北京市委批准,北航分院建立了党委,书记由夏阳担任,副书记为焦定禄,委员有张锡圣、张继堂、韩银铸,顾问为王俊奎。1983 年 12 月,北航分院进行第二次调整,北京市委决定成立北航分院临时领导小组,对全院党政工作实施统一领导。领导小组成员包括北航分院原党委副书记焦定禄、院长张锡圣、副院长张继堂、二医一分院党委书记张昌黎、师院二分院党委书记高平。其中焦定禄任代理书记，张继堂任代理院长。

调整后的北航分院主要培养轻工技术人才，校址定在盆儿胡同 55 号，并以此为基础逐步开展建设。

北航分院成立后，设立了办公室、教务处、人事处、财务科、组织部、宣传部、校办厂以及纪律检查委员会、工会、共青团等。根据发展的需要和分院的现状，专业调整为高分子材料、机械制造与设计、工业电气自动化 3 个专业。1984 年，增设制冷设备与低温技术专业，学制二年半，后来改为三年。同年 3 月，成立基础部，下设数学教研室、物理教研室、物理实验室、化学教研室、化学实验室、外语教研室。新成立的基础部除承担基础课教学外，还负责一、二年级学生的管理工作。分院建立了体育运动委员会，主任为张继堂，副主任为陈永发、王道丰，负责领导全院的体育运动和体育教学工作。

学生管理方面，北航分院成立后，学院的学生管理工作由院党委书记焦定禄主管，具体工作由院团委负责。西砖胡同的办学点由基础部负责管理，八里庄办学点由辅导员办公室负责。1984 年，撤销辅导员办公室，辅导员划归宣传部，学生工作由宣传部负责，院团委配合。1985 年 2 月，由白炳琦主管学生工作，一、二年级由基础部负责，三、四年级由各系负责。

为了便于更好地管理学生，学院于 1983 年 1 月，制定了《学生学籍管理办法》；6 月，制定了《关于考试考查制度的补充规定》《北航分院有关教学纪律的规定》；1984 年 6 月，制定了《有关我院学籍管理细则的补充规定》。

学院的图书馆 1984 年由北航一分院、二医一分院、师院二分院的图书室合并，为院直属科级单位，有馆长 1 名，工作人员 9 名，分设采编、阅览、流通 3 个组。因学校用房紧张，经常搬迁，图书几经大捆，几乎无法开展图书阅览业务。

学院的招生工作由教务处和人事处负责，就业分配工作初由院分配工作小组领导，具体工作由分配办公室和政治指导员办公室负责。1985年后就业工作主要由人事处负责。

1984年，受北京广播电视大学委托，分院举办电大自学视听班，开设工业电气自动化和机械设计与制造2个专业，学制三年，1987年毕业学生111人。

人事管理上，1982年，北航一分院和北航二分院合并为北航分院之后，职工总数近300人，人事工作归市高教局领导，因当时两地办学，机构未作合并。1983年12月，正式成立北航分院人事处。1984年再次调整时，原市一、二轻局所属均返回一、二轻局，同时学院接收了原师院二分院和二医一分院的部分职工。1984年年底，北航分院职工总数为135人。1984年4月，分院制定了《北航分院职工守则》。同年，根据国家劳动人事部和劳动局的有关规定精神，分院开始改革用工制度，改为劳动合同制，实行定期考核。

资产方面，1984年分院实体合并时，原二医一分院和原师院二分院的物资全部移交北航分院。原北航一分院的教学设备移交北航分院，其余留给一轻局职工大学，原北航二分院的物资全部留给了二轻局中专。合并后的物资分别由教务处和总务处负责。

1985年，北京市组建北京联合大学，北航分院作为12所组建大学分校之一，加入并更名为北京联合大学轻工工程学院。

资料主要来源：

《北京联合大学志（1978~2000）》

（整理：张宇　审核：姜素兰、王岩）

北京师范大学分校

1982—1985 年

北京师范大学分校（以下简称"师大分校"）前身是创办于1978年年底的师大一分校和师大二分校，1982年北京市委、市政府发文调整北京地区大学分校，将两分校合并为师大分校，培养中等教育师资，规模为1000人。师大分校使用师大二分校位于外馆斜街5号的地址办学，建筑面积约7000平方米。

1983年9月，师大一、二分校实质性合并，隶属市高教局。合并后，成立了统一的领导小组，负责党政日常工作。赵先任组长，冀民任副组长，孙煜、章文、王雷、李继续为小组成员。分校行政机构增设人事处。

合并后，除原师大二分校的地理专业停办外，其他7个原有专业继续开设。1983年，师大分校招收本科生268人，其中中文、历史、政教3个文科系招生120人，数学、物理、化学、生物4个理科系招生148人。1984年，分校政教、数学、生物3个系暂停招生，其余4个系招收本科生166人，其中中文系和历史系招生84人、物理系和化学系招生82人。教学上，分校依然执行北京师范大学的教学计划，因暂未完全建立自己的师资队伍，许多课程仍请北京师范大学的教师来承担，课程设置、教学大纲、教材仍同北京师范大学的完全一样。合并后，分校有教室37间，实验室、车间共15个。分校于1984年建起了生物实验室和计算机房。

校史的故事

20世纪80年代中期，随着改革开放的推进，国内教育形势发生了变化，从恢复教育体制发展到进一步的教育改革，国家要求教育事业要服务于社会主义现代化建设，包括大力发展职业技术教育。教育部制定的五年规划中，为解决职业技术教育师资紧缺问题，提出了建设一些职业技术师范院校，以满足职教师资的需求。当时，北京的中等学校中，职业高中数目已超过普通高中。合并后的师大分校沿袭原两分校初办时的专业设置、教学大纲及教学管理形式，基本复制本校人才形式，因此与本校一样，是普通高师型的办学模式。分校领导班子根据国家的教育方针和政策，分析了北京市培养师资的高师院校布局与分校的情况，向市教育主管部门汇报了分校从普通高师转型为职业技术高师的设想。1984年9月，北京市委61号文件批准了师大分校转向培养职业技术教育教师的建议。分校开始筹备从普通高等师范教育向高等职业技术师范教育的转变，按照为中等职业教育培养师资的要求，有计划、有步骤地进行学科专业调整，改造原有专业，增设新专业。

1984年12月，北京市委调整充实了分校领导班子，成立了师大分校党委，任命李式蕙为党委书记、尹金翔为党委副书记。同时，撤销政治处，组建了党委组织部、宣传部和团委。

1985年，北京市组建北京联合大学，师大分校作为12所组建大学分校之一，加入并更名为北京联合大学职业技术师范学院。学院办学地址不变，仍为安定门外外馆斜街5号。更名初期，"师大分校"名称仍可继续使用。从1982年年底，北京市发文将师大一、二分校合并为师大分校，到1985年加入北京联合大学，师大分校先后招收了2届430余人，750余名学生毕业。自加入北京联合大学起，分校发展步入了一个新的更快发展的阶段。

▲ 师大分校时期校门前的合影

资料主要来源:

① 《北京联合大学志(1978~2000)》
② 《心中的记忆——纪念北京联合大学(大学分校)建校30周年》
③ 《与改革开放同行——建院30周年回顾》

(整理:王岩 审核:姜素兰)

二

1984年，北京地区大学分校的调整基本结束。5月上旬，中共北京市委教育工作部、市高教局组织召开大学分校会议，总结工作、交流经验，就大学分校如何进一步依靠大学、面向北京、培养人才，如何进一步改革、适应新形势、开创新局面，以及如何进一步做好基础工作，办出水平、办出特色等问题，进行探讨。8月17日，北京市政府向教育部提交《关于在大学分校的基础上成立北京联合大学的函》，提出将12所大学分校组成一所联合大学，以便统一规划专业设置，调剂使用教学力量和学科之间的交叉渗透，北京联合大学各学院保持相对的独立性，并继续接受各有关大学的支持帮助，对各学院的管理采取三种形式：一是直接管理，二是同有关业务部门双重管理，三是同有关大学双重管理。同有关大学双重管理的，既是联合大学的学院，又是有关大学的分校。

1985年1月11日，教育部发布（85）教计字002号文，同意建立北京联合大学，由北京市政府领导。3月6日，北京市政府发文《北京市人民政府关于建立北京联合大学的通知》（京政发〔1985〕38号），在12所大学分校的基础上建立北京联合大学，是一所市属的、多学科的综合性大学，简称北京联大，在校学生总规模近期为1.2万人，设12所学院：经济管理学院（人大一分校）、外国语师范学院（北京外国语学院分院）、自动化工程学院（清华分校）、电子工程学院（邮电学院分院）、轻工工程学院（北航分院）、机械工程学院（北工大一分校）、文理学院（北京大学分校）、文法学院（人大二分校）、职业技术师范学院（师大分校）、旅游学院（二外分院）、纺织工程学院（北京工业学院分院）、中医药学院（中医学院分院）[1]。

按照文件精神，北京联合大学各学院仍为相对独立的实体，其级别和待遇不变，各学院专业设置由北京联合大学统一规划。现有短期职业大学机电学院和经济管理学院及郊区的10所大学分校一并纳入北京联合大学统一协调管理。

1985年5月，经主办单位申请和北京市政府批准，北航三分院、北交大分校和北京化工学院分院加入，分别更名为北京联合大学航天工程学院、北京联合大学电气化铁道学院和北京联合大学化学工程学院。

---

[1] 学院顺序为书中顺序，非文件顺序。

北京联合大学经济管理学院

1985—1990 年

北京联合大学经济管理学院前身是创办于1978年年底的人大一分校。1985年，北京市组建北京联合大学，人大一分校作为12所组建大学分校之一，加入并更为此名。学院办学地址不变，仍在崇文区夕照寺街14号。

1985年，学院占地面积13.31亩（合8873余平方米），校舍总建筑面积16 809.64平方米，其中，教室7341.4平方米、实验室400平方米、图书馆1633平方米、系行政用房4795.26平方米。有职工430人（其中专任教师214人、外籍专家6人），在校学生2502人，其中本科生1515人。图书馆藏书20万册，其中外文书5000册、期刊596种。学院设置对外经济贸易系、计划统计系、工业企业管理系、商业经济管理系、财会金融系5个系，开设本科专业9个。

随着世界银行贷款的陆续到位和相应项目的完成，学院的硬件设施日益完备。学院利用40万美元世界银行贷款购买了一套美国戴尔公司小型计算机，建起了当时北京市少有的计算机房和计算机教室，同时配备青年教师参加管理和教学，并派其中两人到美国戴尔公司参加计算机技术培训；与国家有关部门合作创办了计算机软件公司（定名为中国国际软件工程公司）；利用专款和世界银行贷款10万美元陆续购置了较先进的电教设备、电化教学资料，逐步建成了设备齐全、技术先进的电教中心，不仅可以将名教授学者讲课或者是专题讲座进行录音，还能整理出专题片，录制资料片，还可以自己编制教学需要的软件和专业片、专题片等系统的教学片，除满足本校需要外，还供给兄弟院校使用；利用世界银行贷款10万美元，购置外文书刊；利用世界银行追给的15万美元，购置书刊资料和电教设备。1985年，学院又建成两个学生食堂和一个职工食堂以及附属设施，总面积1300平方米，为当时2500余名学生和400余名职工提供了就餐场地，同时为食堂配备了15吨级冷库、各类冰箱4个。

为了进一步适应北京市的经济建设和社会发展的需要，学院不断进行教育教学改革。为使教学内容更适应经济建设的需求，在专业课程设置上做了调整，增加了房地产、公共关系等课程。为了获得第一线专家对教学工作的意见，学院聘请了当时担任燕山石化总公司党委书记的吴仪、汽车工业总公司的总工程师吴一超为客座教授，请他们来校讲课，并听取他们对教育教学的意见。为提高教学质量，学院还聘请了人民大学的胡华、李宗正、高光礼、夏光仁等30多位专家学者任学院的客座教授。

学院于1985年成立了艺术教研室，初期有书法、绘画教学与研究人员4人，后陆续引进摄影、文学、音乐等教师16人。1987年年底，艺术教研室更名为文学艺术研究室，主要承担学院部分系的语文课，财会、统计、法学专业的书法、硬笔书法必修课，广告摄影专业的必修课，以及全院各类文学艺术选修课，还广泛进行国内外学术交流活动，多次在国内外举办绘画、书法、摄影展览，并有多部学术著作、论文发表。对学生素质教育及群众性的文学艺术活动起到了推动作用。

学院的科学研究工作发展很快。学院教师木柱副教授撰写的《中国的第一批统计表》，在1985年荷兰阿姆斯特丹召开的国际统计年会上被宣读，并得到公认。1987年，经北京市主管部门批准，学院与民盟北京市委合作创立了社会科学研究所，这是国内第一个民办科研机构，还与国家邮电部、有色金属工程公司等组建了"中国国际软件工程公司"；1988年建立了新技术研究所，在城建部、国土局有关专家支持下，创办了国内第一个房地产研究所。

1988年，学院实行按类招生、分段教学的改革，开始按外语类、管理类和文法类招生。入学后，第一阶段（即本科一、二年级）部分专业以基础课、专业基础课和基本训练为主，二年级结束后，根据学生学习情况选择专业。第二阶段以专业课为主，进行专业实习和实践教学。

为了发展对外学术交流，学院与美国、加拿大、日本、英国、法国等国家和地区的20多所大学建立了联系，部分达成双边交流协议，互派专家学者、交换留学生、交换图书资料。1985年以后，学院招收了日本、法国、荷兰等进修生来校学习汉语、经济等专业课程。1988年2月，经市高教局批准，学院开始接收自费留学生。7月，学院举办英国援华英语教师的汉语培训班，接待了第一批来自英国海外志愿服务社的教师22人，为他们进行了为期28天的汉语培训，培训后赴中国各地担任英语教师。从那以后，学院每年均在寒暑假接待该组织的学员，先后共培训127人，同时还与荷兰马城签署了校际合作关系，1990年开始每年接收近20名学生来院学习汉语。

1989年，学院设有六系二部一室二中心，即政治法律系、工业企业管理系、财会金融系、对外经济贸易系、计划统计系、商业经济系，基础部、社科部，艺术教研室，资料中心、计算机中心。

经过不断进行师资队伍建设和引进人才，至1990年学院教师已达340人，其中具有高、中级职称的占总数的60%以上。

青年教师中研究生、留学生毕业的占 30%，基本形成了一支以中青年为骨干、素质较高、结构合理的师资队伍和管理人员队伍。学院教师已承担了全院课程的 90% 以上，此外，还聘任了相对稳定的高素质的兼职教授 30 余位。

到 1990 年，学院已有通用教室 46 个、大教室 4 个、外语专用教室 12 个、600 座的小礼堂 1 个、小体育馆 1 个、招待所 1 个、生活服务设施多个（如托儿所、印刷所、车队等），基本保证了教学与师生生活需要。

1990 年 9 月，北京市政府办公厅发布（1990）厅秘字第 34 号文通知：从 1990 年 9 月 1 日起，北京联合大学经济管理学院（含北京职业大学经济管理学院）整建制并入北京工业大学，北京联合大学经济管理学院即行撤销。学院的 6 个系与北京工业大学管理工程学系合并调整为管理工程学系、对外经济贸易系、应用经济系。

至 1990 年 9 月，学院有专任教师 340 人（其中教授 4 人、副教授 19 人、副研究员 3 人、高级工程师 3 人），具有中级职称的有 155 人。自 1985 年以来学院共招本科生 1200 余人、专科生近 2000 人。学院设有 6 个系，开设 19 个专业。从 1985—1990 年，学院培养了具有本、专科水平的各类专业人才 3200 余人，服务于北京市、中央党政机关、企事业的各个岗位上。

资料主要来源：

① 《北京联合大学志（1978~2000）》
② 《李德良回忆录》
③ 北京联合大学档案馆馆藏档案

（整理：王岩　审核：姜素兰）

北京联合大学外国语师范学院

1985—1993 年

北京联合大学外国语师范学院前身为创办于 1978 年年底的北京外国语学院分院，1985 年北京联合大学成立，经市政府批准加入并更为此名，主要任务是为北京市培养中学英语师资，适当培养其他的外语人才。学院办学地址不变，仍在海淀区阜成门外白堆子。

1985 年，学院占地面积 101 亩（合 6.7 万余平方米），校舍总建筑面积 3.1 万余平方米，有教职工 405 人（其中专任教师 155 人），外籍专家、教授 13 人，在校本科生 585 人、专科生 75 人，另有成人教育学生 356 人。学院设置三处（教务处、人事处、总务处）两室（院长办公室、外事办公室）两科（保卫科、财务科）五系（英语系、日语系、法语系、德语系、西班牙语系）五教研室（俄语教研室、马列教研室、汉语教研室、体育教研室、史地教研室），另有图书馆和音美组。学院于 1 月召开首届工会会员代表大会，选举产生了院工会委员会、工会主席和副主席。

1985 年确定为师范性质后，学院培养目标由培养普通型外语人才变为主要培养外语师资。学院改名后第一次招生，生源较困难，采取降分录取的学生很多是服从分配的考生，共招收本科生 205 人、专科生 35 人。同其他外语院校相比，新生的文化基础较差，学院调整教学指导思想，适当考虑学生知识结构的同时，大力加强外语基本功和其他文化基础知识培养，英语专业还开设了教育学、心理学、教学法、教育实习等课程。学院积极开展同国内外高校的交流，8月与美国教育访华协会、美国卫斯理学院联合举办"如何教美国人学汉语讨论会"，11月承办京津沪三所外语院校（北京联合大学外国语师范学院、天津外国语学院、上海大学外国语学院）英语教学学术讨论会，进行英语基础课教学和教学法的经验交流与研讨。

▲ 1985年11月英语教学学术讨论会与会人员合影

同时，学院在原有基础上积极建设，继续完善软硬件设施建设，加强师资队伍建设，提高教学质量，鼓励学生参加外语类竞赛和社会服务，实行多层次办学，扩大对外交流与合作，得到上级领导的多次关怀。

学院自筹资金修建西小院轻体结构房和电话总机房。1987年起，先后开辟图书馆中、外文开架书库，购置电化教学设备，加大伙食方面的人力、物力、财务投入。至1992年，学院图书馆面积800余平方米，设有中文、外文、合订期刊、报刊和视听5个阅览室，近200个阅览座位，藏书17万余册，中外文书刊540多种。电化教学设备初具规模，有语言实验室7个，其中4个是分别配有录像机和电视投影机，具备视、听、说功能较齐全的综合教室，还配有卫星接收、录音、演播、电影放映、照相、幻灯等多种电化教学设备，基本满足了口语、听力、口译、视听说、同声传译等教学活动的需要。

  1986年，学院建立职称改革领导小组和院专业技术职称评审组，开始进行专业技术职务聘任工作。同年，学院还设立了"教学成果奖"，制定了《教学成果奖励办法》，此后学院学术委员会每两年评选一次教师教学成果奖，并推荐到学校和北京市参评，1988年学院教师两项教学成果获北京市一等奖，1992年获市二等奖。1987年，学院设立教材成果奖，制定《教材成果奖励办法》，此后每两年评选一次。为了培养师资、创造外语环境，学院每年从美国、英国、日本、法国、德国、苏联等国家聘请10余名教授、学者来院授课。1985—1992年，学院先后聘请外国专家和教师130余人。1986年1月及1989年6月，先后聘请美国卫斯理大学中文系主任戴祝金教授、美国纽约州立布法罗大学端耐特博士为学院名誉教授。外国专家、教师是学院教师队伍组成中不可缺少的一部分，在教学和科研中发挥了重要的作用。学院安排他们教授基础阶段的口语课，训练学生良好的语音语调和一定外语语感、开设进修课培训学院教师独立或与学院教师合作编写教材、辅导学生第二课堂活动。此外，1988年前后，学院连续三年从重点院校接收优秀毕业生，充实学生工作队伍，改变年龄结构和知识层次。学院教师队伍在办学的过程中也逐步成长，教师结构和职称结构逐步趋向合理化，至1992年，学院有教师145人（其中教授3人、副教授29人、讲师80人、助教29人），有高级职称的占教师总数的22%，35

岁以下的青年教师 62 名，约占教师总数的 43%。

▲ 在学院任教的外国专家在辅导学生

教学中，学院围绕培养合格外语人才这一中心，在"严格"和"熟练"上下功夫，从专业结构、课程设置、教材内容、教学方法等诸多方面进行探索。学院重视外语基础课教学，尤其是语音语调的训练和听说能力的培养，坚持让外国专家教授基础阶段口语课，为语音阶段教学把关。1987 年，学院总结办学经验，制定《北京联合大学外国语师范学院课程设置总表》，明确教学指导思想，规定课程设置范围和要求，必修课要精，选修课须广，并允许学生选择所学外语的课程和时间，第二门外语是外语专业学生的必修课，其教学地位与基础外语课相同。学院广开选修课提高学生外语应用能力，开设报刊分析、文学选读、文学阅法指导、各国概况、外国地理、外国历史、科技外语、旅游外语等近 20 门外语类选修课，结合外语教学开设国内外文学类、历史类、政治类、哲学类、计算机基础类、音美欣赏类公共课选修课 20 多门；开展多种形式的第二课堂教学和课外活动，组织外语活动日、戏剧表演、朗读比赛、演讲比赛、外语知识比赛、对外校际联系、书法比赛、作文比赛等；带领学生走入社会实践课堂，组织学生参加中学外语教学实习，担任外语家庭教师、参加国际会议和展览会的翻译工作、参加亚运会服务工作、接待外国友好代表团、实习旅游陪同翻译、实习出版单位的外文编辑工作等活动。学院学生多次在比赛中获得重要奖项，在社会实践中获得好评。1986年，在北京地区首届高校日语讲演比赛中，日语系学生郑萍从北京大学、人民大学、北京外国语学院等9所高校参赛选手中脱颖而出，夺得冠军，被《中国教育报》《北京日报》专题报道；1991年，法语系学生排演的莫里哀喜剧《屈打成医》，获北京地区高校法语戏剧比赛剧本和女主角一等奖；1992年，在北京市申办2000年奥运外语讲演比赛决赛中，法语系学生郝忠伟获得法语类总分第一名、演讲内容第一名，俄语系学生季彤获得最佳内容奖。1990年，院党委副书记杜仲声先后带领760多名师生参加亚运会服务工作，为中外人员制证、亚运会读卡验证及提供亚运会交通岗和卫生监督岗服务，受到亚运会组委会、市委领导和中外人士的好评，《人民日报》《光明日报》《北京日报》《人民公安报》《科技报》《北京晚报》及中央电视台、北京电视台对学院师生良好的服务工作进行了报道。亚运村闭村时，北京市市长陈希同、亚运会组委会执行主席伍绍祖等领导与学院最后一批撤离师生合影。

配合教学和各项工作需要，学院进行了机构设置的微调。1987年，经北京市政府批准设立成人教育办公室；1988年，建立思想教育教研室，将分散在各系的政治辅导员编制划归学生处（青年部），统一负责学生的思想政治教育和管理工作；1989年，教务处与成人教育办公室联合办公，负责全院教学和教务工作；1991年，将史地教研室并入马列教研室，实行学生处

(青年部）和团委联合办公，形成三块牌子一套工作班子的学生工作体制，5月起学院实行内部管理体制改革，从11月开始全院各单位同时进行改革。

▲ 学院红十字会捐衣活动　　▲ 围棋比赛

更名后的最初几年，学院的招生工作遇到困难，继1985年降分录取后，1986年没有完成招生计划。学院根据北京市的政策和需求不断进行调整，继续开办外国人短期中文学习班和北京市高校英语培训，并积极开办夜大学和外语培训班，承办外语类考试，学院还是北京市职工中级外语考试组织单位之一。1987年，学院开始招收保送生；创办三年制专科夜大学，开设英语、日语、德语、法语4个专业，主要培养外语基础扎实、能从事一般口译和笔译的初级外语人才；首次承办北京市高中毕业生报考一般外语类院校考生的外语口试任务。1988年，学院开始招收自费生，1987、1988年两年北京师范类院校提前招生，英语系参加提前招生，1989年根据北京市政策改回全国统招。1989年，学院承担解决北京市远郊农村中学外语师资缺乏问题任务，从远郊农村落榜的高中毕业生中招收预科生，次年经考核可直升英语专科。1990年，学院减少了小语种公费生的招生名额，扩大了自费生招生人数，当年北京市政府动员优秀高中毕业生报考师范专业，学院生源质量有很大的提高。1991、1992年，西班牙语专业暂停招生。1985—1992年，学院共招收本科生1182人、专科生301人；1987—1992年，招收夜大学生793人，有3届303人毕业；为河北省、江苏省、浙江省、福建省、黑龙江省和北京市等省市及空军、海军、航天部、核工业部等单位举办了翻译班、强化班、科技班、初级班、中级班、口语班、成人高考辅导班、师资培训班等。自1981年开办北京市高校英语培训中心以来，有来自20余所北京市属高校的600余名教育工作者参加培训；自1982年开办外国人短期中文学习班以来，有来自哈佛大学、耶鲁大学、圣安德鲁斯大学、俄勒冈大学等近20所大学的2000余名学生和来自日本、法国、德国等国家的506人获得中文培训中心的结业证书。

▲ 学院参加高考咨询活动

学院依据北京市对人才的需求先后调整毕业生就业政策。1986年起，实行两种分配方法：一是作为师范生的英语专业毕业生仍实行国家指令性计划统一分配，全部当教师，本科生30%到大中专院校任教，70%到中学任教；二是小语种专业的毕业生调整为国家指导性计划，实行双向选择。1989年，学院将所有语种专业的毕业生分配均纳入改革范围，实行一定范围内的双向选择，对学生在校期间的德、智、体进行综合评估并与毕业分配挂钩。英语专业的师范生性质不变，分配方向仍是教育口。

学院重视对外交流，积极开展学术交流，先后同美国、英国、德国、日本的10余所高校和教育机构建立定期交流关系。1987年，学院邀请美国亚利桑那州吐克松少年男声合唱团来院演出；1990年，与美国纽约州立布法罗大学共同举办"国际英语教学讨论会"；1990年5月，承办京津沪三校（北京联合大学外国语师范学院、天津外国语学院、上海大学国际商学院）第五次协作会议；1991年10月，召开了庆祝北京联合大学外国语师范学院与美国纽约州立布法罗大学学术交流十周年纪念大会；1992年3月，学院召开了"外语教学研讨会"，组织中外教师交流外语教学经验；1992年3月，日本商业高等学校吉他俱乐部来院举行吉他演奏会。

北京联合大学外国语师范学院的发展得到了各级领导的关心和支持。1986年11月，北京市政协高等教育组10名政协委员来学院视察师范教育；1988年2月，北京市副市长张百发带领市规划局副局长、市建委计划处处长来院观察；1989年3月，北京市教育局局长陶西平来院作毕业生就业指导报告；1989年6月，国家教委副主任朱开轩在市高教局局长陈忠陪同下来院视察；1990年4月，北京市副市长陆宇澄带领市文教办主任王晋、市高教局局长陈忠、副局长林浦生和马淑珍及市计委、财政局、教工委等有关负责同志10人来院视察。

1992年，为了促进市属高等学校的发展，更好地为北京市经济建设和社会发展服务，解决市属高校布点多、多数学校规模小、办学效益不高的问题,北京市决定调整市属院校的布局,于1月和3月分别形成市属高校调整报告和补充报告,于5月致函国家教育委员会,其中拟将北京师范学院、北京师范学院分院、北京联合大学下设的外语师范学院和职业技术学院合并为一所,更名为首都师范大学。6月,国家教委发文同意北京市的调整方案。1993年3月,北京市政府发文《关于北京计算机学院整建制并入北京工业大学、北京联合大学外国语师范学院整建制并入首都师范大学的批复通知》,将北京联合大学外国语师范学院整建制并入首都师范大学,北京联合大学外国语师范学院建制撤销。并入后,北京联合大学外国语师范学院更名为首都师范大学外国语学院。

资料主要来源:

① 《北京联合大学志(1978~2000)》
② 北京联合大学档案馆馆藏档案

(整理:王岩　审核:姜素兰)

北京联合大学电气化铁道学院

1985—1989 年

北京联合大学电气化铁道学院前身为创办于 1978 年年底的北交大分校，1985 年北京联合大学成立后，经市政府批准加入并更为此名。学院办学地址不变，仍在海淀区颐和园路操场乙 2 号。

1985 年，北京市委、市政府决定将 12 所市办大学分校组建为北京联合大学。北交大分校不在 12 所大学分校之列。1985 年 4 月 23 日，铁道部电气化工程公司[1]向北京市政府递交了申请北交大分校加入北京联合大学的（85）电铁教字第 280 号报告，5 月 14 日获北京市政府办公厅函复同意。复函中指出，北交大分校并入北京联合大学，定名为北京联合大学电气化铁道学院；学院的隶属关系不变，仍由电气化工程公司主办，其领导班子、师资队伍由学院负责配备，基建投资和事业经费继续由铁道部电气化工程公司自筹解决，日常工作由学院负责管理；电气化铁道学院的教学业务，包括审定招生计划、检查教学质量、授予学位、评定职称、教学研究、学术交流以及改革试验等由北京联合大学统一协调管理；学院的毕业生每年应根据需要分配给北京市一部分。

随后，原分校与北方交通大学的合同终止。学院开设的专

---

[1] 1985 年 9 月 1 日，铁道部电气化工程公司更名为铁道部电气化工程局。

业调整为铁道电气化、多路通信、交通信号与控制3个，办学地址仍在颐和园路操场乙2号。经校务会决定，定5月14日为学院校庆日。

1985年时学院有教职工135人（其中专任教师69人），有在校学生349人。学院总占地面积11亩（合7333余平方米），校舍建筑面积3480平方米，其中教学和行政用房2700平方米、图书馆120平方米，藏书2万册，期刊180种。

▲ 1985年校院领导等合影

1985年4月26日，北交大分校召开首届党员大会，选出由佟永祥、王武成、张仲述、卓怀之、潘鸣5人组成的党委会。5月24日，中共铁道部电气化工程公司委员会批（85）电铁党组字第15号文同意党委会组成，佟永祥任党委书记，王武成任党委副书记，张仲述、卓怀之、潘鸣为委员。1985年7月1日起，学院启用"中国共产党北京联合大学电气化铁道学院委员会"和"北京联合大学电气化铁道学院"印章，原印章作废。9月18日，学院召开校务扩大会议，宣布干部的任命和机构的调整，12月进行教学机构调整，从专业基础部分出电信系和供电系2

个系，与部、教务处平级，其中电信系设通信教研室和信号教研室，供电系设供电教研室。当年学院还成立了校工会和体委。

至 1986 年，学院设有院长办公室、人事科、财务科、学生科、保卫科、基建科、教务处、总务处、科研处、通信与控制工程系、电气化工程系、图书馆、科技公司。7 月 3 日，铁道部电气化工程局局长李子明、书记彭佟生到学院召开院中层以上干部会议，宣布学院领导班子的调整：院党委书记佟永祥调任电气化工程局党校、王武成任院党委书记，院长仍由张仲述担任，学院实行院长责任制。1986 年，学院有教职工 138 人，其中专任教师 74 人。学院重视教学与科研相结合，1986 年完成科研项目 7 项，其中 4 项申请了专利。

▲ 学生在电气化铁道牵引变电所参观实习

1986 年，学院停止招生。1987 年 3 月 2 日，铁道部电气化工程局向北京市政府报送（87）电铁教字第 136 号《关于调整北京联合大学电气化铁道学院的请示报告》，5 月 19 日获北京市政府批复同意。根据批复同意的调整意见，北京联合大学电气化铁道学院 1987 年继续停止招生，对在校的 1983 级学生培养至毕业，1987年暑假分配工作；对1984年和1985年入学的在校生按专业分别委托西南交通大学和兰州铁道学院代培至毕业。

1987年，学院毕业学生105人，其中79人获得学位。当年，经铁道部基建总局同意，学院调整，只保留必要的办学机构及少量的教学和管理人员。

1988年，有93名学生毕业，其中61人获得学位；1989年，有107名学生毕业，其中78人获得学位。至1989年暑假，北京联合大学电气化铁道学院在校生全部毕（结）业并分配了工作。铁道部电气化工程局于9月12日，报北京市政府《关于撤销北京联合大学电气化铁道学院的报告》（电铁教字〔1989〕第623号），申请撤销学院，并提出撤销后公章、教职员工及档案资料，以及学生补考发证、毕业证补发、学习成绩开具等事项的安排方案。获北京市政府批准后，12月16日，铁道部电气化工程局发文《关于撤销北京联合大学电气化铁道学院的通知》（电铁劳字〔1989〕第853号），决定自即日起撤销北京联合大学电气化铁道学院；学院撤销后，现有教职工由电气化工程局人事处妥善安置，档案资料及相应物品由局有关部门对口接收，其他善后工作由教育处等有关部门妥善处理。

资料主要来源：

①北京市档案馆馆藏档案
②北京联合大学档案馆馆藏档案
③《北方交通大学志》
④《北京联合大学志1978~2000》

（整理：王岩　审核：姜素兰）

北京联合大学航天工程学院

1985—1992 年

北京联合大学航天工程学院前身为创办于 1978 年年底的北航三分院，1985 年北京联合大学成立后，经市政府批准加入并更为此名。学院仍由航天部一院[1]主办，办学地址仍在丰台区南苑地区航天部一院院内。

1985 年年初，北京市政府发文将调整后的 12 所市办大学分校组建为北京联合大学。北航三分院不在 12 所大学分校之列。航天部一院于 1985 年 3 月致函北京市政府，申请北航三分院加入北京联合大学。5 月 14 日，市政府复函同意。并指出，北航三分院定名为北京联合大学航天工程学院；学院仍由航天部一院主办，其领导班子、师资队伍由研究院负责配备，基建投资和事业经费继续由航天部一院自筹解决，日常工作由航天部一院负责管理；航天工程学院的教学业务，包括审定招生计划、检查教学质量、授予学位、评定职称、教学研究、学术交流以及改革试验等由北京联合大学统一协调管理；学院的毕业生每年应根据需要分配给北京市一部分。5 月 25 日，"北京联合大学航天工程学院" 的校名正式启用。

---

[1] 原名为七机部一院。1982 年，七机部更名为航天工业部，研究院随即改称航天部一院。1988 年 7 月，航天工业部与航空工业部合并，成立航空航天工业部，研究院随即改称航空航天工业部一院。1989 年 2 月，经航空航天工业部批准，研究院第二名称为 "中国运载火箭技术研究院"。

1985年，航天部一院拨给学院土地30.5亩（合2万余平方米）。自1985年起，学院开始基建。6月，建筑面积5294平方米的教学楼开工，于1986年2月竣工。1987年12月，建筑面积780平方米的办公楼开工，于1988年11月竣工。

学院把技术力量雄厚、实验设备先进和科学实验经验丰富的航天部一院所属有关研究所和工厂作为教学实验的强大后盾，走联合办学的新路。从1986年起，先后与航天部一院所属的102所、103所、703所、704所、11所、211厂等单位实行专业挂钩，联合办学，为学生实验、学习、毕业设计等提供了良好的条件。部分专业课由联合办学单位的工程技术人员面授，有的专业实验、实习、第二课堂活动及毕业设计是在科研生产单位进行，并由有关厂、所的技师、中高级工程技术人员担任生产实习和毕业设计的指导教师。既弥补了办学设施的不足，又为专业教学与科研紧密结合、理论联系实际、提高教学质量，为多出人才、出好人才创造了条件，形成了独特的办学模式。1986年10月，《中国教育报》以"取长补短、联合办学"为题，报道了学院与航天部一院科研所联合办学的情况。

1986年5月30日，航天部一院批复同意学院提出的教学机构调整方案。学院既负责大学、中专的教学和管理，又负责党政干部的培训。实行一个单位挂三块牌子（北京联合大学航天工程学院、中共航天部一院党校、北京第一航天工业学校），一套领导班子和管理机构。管理机构设办公室、教务处、总务处、政治处。教学机构设基础课教学部、电子工程系、机械工程系、管理工程系、马列主义理论教研室。教学辅助机构设图书馆、实习车间。学院实行院、系两级管理，教务处负责招生、新专业申报、专业评估、下达授课任务、编制校历和课表、制订教学计划及规章制度等，系部负责实施教学常规和学生管理。

▲ 学院参加市高招办举行的招生咨询活动

1986年，学院增招定向生，1987年增招委培生，1988年增招自费生。1988年年初，学院校风定为"勤奋、严谨、团结、进取"。学院被国家教育委员会确定为有资格举办高层次科技管理干部培训班——航天系统研究所所长岗位职务培训研讨班的院校之一，于当年5月和10月先后举办两期培训。8月，学院建筑面积370余平方米的汽车库开工。10月，建筑面积730平方米的学生食堂开工。

学院以教学、培训为重点，在全面完成上级所赋予的各项任务的同时，开展了科技开发和成人业余教育工作，取得了较好的社会效益和经济效益。同时改善了教学条件，提高了教职工的福利待遇。1988年，经批准，学院于4月成立集体所有制企业"思壮技术经营开发部"，于9月成立全民所有制企业"科技开发中心"（是学院高科技产品研制开发、技工贸结合的经济实体），于12月成立"综合技术贸易服务部"（代行劳动服务公司职能）。1988年11月，学院开始筹备夜大学部，于12月获市高教局复函同意开设大专层次日校已有专业的夜大学。

1989年，经航空航天工业部一院批准，学院实行校长负责制。学院的夜大学于当年开始招生。

1990年8月,建筑面积730平方米的学生食堂建成,学院配齐了设备及炊管人员,制定了食堂岗位责任制和管理办法,成立了学生伙委会和院文明劝导队,组织学生参与伙食管理。在改进食堂管理工作同时,提高饭菜质量、增加花样、制定合理价格,在北京联合大学后勤工作检查评比中受到了好评。

1990年,为贯彻国家教育委员会关于加强专科教育的精神和适应部内对专科人才的需求,根据北京市关于调整北京联合大学的通知,航空航天工业部决定将北京联合大学航天工程学院从北京联合大学划出,挂靠到北京航空航天大学,于当年6月向部内单位正式发文通知。挂靠北京航空航天大学后,学院改名为北京航空航天大学航天工程学院,开办高中后三年制专科和试办初中后五年制专科,在校生规模不超过1000人,主要面向航空航天工业部京区并适当兼顾京外单位的人才需求,专业设置可在现有基础上做适当调整和拓宽。学院是北京航空航天大学名下一个独立的办学实体,在教学工作方面接受北京航空航天大学的指导和帮助,在学院管理方面保留独立处置问题的职权。学院是航空航天工业部所属的一所高等专科院校,其专科教育事业计划纳入部教育发展规划,教学业务由部教育司归口管理。学院建制仍在航空航天工业部一院。航空航天工业部一院对学院的党团、行政管理,干部、人事管理,专业技术职务评聘等的领导关系不变。学院的行政事业费、职工福利、专科生以外的在校生经费以及职工培训有关的经费仍由航空航天工业部一院负责解决,学院继续承担航空航天工业部一院的职工培训任务。

1991年12月12日,国家教育委员会同意航天工程学院从北京联合大学划出,改名为北京航空航天大学分校。

1991年学院有专职教师102人,设有电子工程系、机械工程系、管理工程系、基础部、马列教研室、科研开发中心、实习工厂等。

1992年6月17日,学院召开北京航空航天大学分校命名大会。时任航空航天工业部教育司司长关敦宣读了国家教委《关于北京联合大学航天工程学院改变领导管理体制的复函》,副司长李志黎宣读了航空航天工业部《关于北京航空航天大学分校管理问题的通知》,校长俞殿军、市高教局副局长兼北京联合大学校长李煌果、北京航空航天大学副校长夏人伟、航空航天工业部一院院长沈辛苏、航天部白拜尔分别讲了话。出席大会的还有航空航天工业部副部长刘纪原、航空航天工业部一院党委书记肖东太、北京航空航天大学校长沈士团、书记朱万金。

1992年,学院已建设成为一所初具规模的高等工科院校暨中国运载火箭技术研究院干部培训中心。学院占地面积62亩(合4万余平方米),校舍建筑面积约1.7万平方米,固定资产1.157万元,有实验室25个,图书馆使用面积600平方米,馆藏图书5万余册、期刊762种。学院有教职工272人、在校学生750人、岗位职务培训和继续工程教育900人,设有电子仪器及测量技术、计算机及应用、计算机软件、应用电子技术、机械设计及制造、飞行器制造工程、工业管理工程7个专业。学院拥有一支以教学经验丰富和参加过我国运载火箭、卫星研制的中老年教师为主体及一批基础理论过硬的青年教师组成的师资队伍,为我国航天事业和社会主义建设事业培养人才做出了贡献。

资料主要来源:

①《北京地区普通高等学校概况》

②《北京联合大学志（1978~2000）》
③ 北京联合大学档案馆馆藏档案
④ 北京市档案馆馆藏档案

（整理：王岩　审核：姜素兰）

北京联合大学自动化工程学院

1985—1994 年

北京联合大学自动化工程学院前身是创办于 1978 年年底的清华一分校和清华二分校。1982 年 12 月，北京市发文调整大学分校，将两分校合并为清华分校。1985 年，北京联合大学成立，经市政府批准，清华分校加入并更为此名。学院办学地址不变，于黄化门和沙子口两址办学。

自动化工程学院是主要为北京市培养电子技术、计算机应用、自动控制、机械与模具设计制造、能源利用等方面高级工程技术人才的一所市属普通高等工科学院。1985 年 3 月更名后，清华分校的名称仍可继续使用，学院保持原级别待遇不变，并继续受市委教育部和市高教局的领导。学院仍设两系一部，原电子技术系更名为信息工程系（设在黄化门），原机械系更名为机械自动化系（设在沙子口）。学院试行院长负责制，设置院长办公室、教务处、人事处、职业教育处、学生处、院务处、基建办公室、保卫科、财务科以及信息工程系、机械自动化系、基础课教学部、马列教研室、思想政治教研室、体育教研室、函授中心、图书馆、计算中心、电教室。

1985 年，学院开始在黄化门校园内筹建新图书馆楼。信息工程系筹建第一个以微机（IBM PC/XT）为主要设备的计算机房，共有 8 台计算机，开设 DOS 磁盘操作系统、DBASE Ⅱ 等课程。学院开始进行师资队伍建设，由依靠清华大学办学向自主办学转变，先后从清华大学、北京航空学院等单位引进多名骨干教师。1985年，学院开始招收委培生，为北京电视大学设立视听辅导班。11月，学院启用自动化工程学院系、部、处（室）新印章。1986年，学院教师达到178人。

1986年3月，学院确定院风为"勤奋、严谨、求实、创新"。4月，市委、市政府决定不再使用清华分校的名称，由市高教局收回了清华分校的印章。12月，市成人教育局批复同意学院组建"北京国际科技与经济管理交流培训中心"，学院与昌平合办的"枫叶印刷厂"举行开业典礼。

1987年起，学院先后成立德育教研室、档案室、财务审计室、离退休干部办公室、校友会。

1988年1月，学院在黄化门筹建的图书馆建成投入使用。图书馆总面积为1200平方米，阅览室面积为659平方米，共分为五室二库，即综合阅览室、第一阅览室、第二阅览室、教师阅览室、视听室、过刊库、参考书库。此外，学院还先后在黄化门校园内建了食堂、车库、冷库、花房和锅炉房，完善了沙子口办学点的环境和硬件条件，先后扩建了食堂、图书馆，翻建（含扩建和新建）了锅炉房、配电室、木工房、冷库和自行车棚，在校园东侧和南侧的一层平房上又加盖了一层，用于学生就餐和合班上大课。

学院于1988年招收本、专科自费生。9月28日，院长办公会议研究决定在深圳市设立院智力与技术开发部深圳联络处。

1991年年底，学院召开自动化工程学院第一次选举党委、纪委党员大会，选举出学院第一届党委委员和纪委委员。大会以后，经市委批准学院的领导体制为党委领导下的院长负责制。

▲ 1986年部分毕业生黄化门校址门前的合影

经过几年建设，学院初步取得了一些成绩，在市属高校中具有了一定影响。1987年，学院教师谭浩强获得市级教学成果一等奖，后被中国科协评为贡献突出的优秀科普专家。1988年，学院与冶金部计算中心、清华大学、北京理工大学、北京工业大学并列为5个核心单位，共同承担亚运会电子工程的计算机工程。亚运会组委会任命学院教师林定基为第十一届亚运会计算机工程指挥部副总设计师兼设计部主任。学院毕业生娄壮获得"五四奖章"，受到市委书记接见，并被评为1988年北京市十大新闻人物。1992年，谭浩强教授被英国剑桥传记中心收入《世界名人录》第22版和《有杰出成就的人》第15版，并被选入1992年国际人物，谭浩强、田淑清编著的教材获国家教委优秀教材二等奖。

1993年，学院确定计算机应用为学院重点建设学科（专业），并开始对专科专业进行了改革试点，在学校率先试办计算机应用高职班，招收了来自北京三所中专相关专业完成三年学业的优秀学生35人。市教委给学校投资200万元进行高职重点建设专业试点。学院用此专款建了高职实验室。

1994年，机械自动化系改为工业自动化系。学院提出了"培养有社会主义觉悟的、适应首都机电领域建设需要的应用型高等工程技术人才和管理人才"的培养目标。

1994年，市高教局向市政府提交《关于北京联合大学所属学院调整合并有关问题的请示》。3月18日，市政府发文批复同意北京联合大学自动化工程学院和北京联合大学电子工程学院合并，成立北京联合大学电子自动化工程学院。

1994年，学院占地18.3亩（合1.2万余平方米），建筑面积为19 337平方米。学院有全日制学生1539人，其中，本科生702人、专科生837人。此外，还有夜大生374人。全院教职工468人（其中有教授8人、副教授55人、高级工程师4人），具有中级职称人员169人。设院长办公室（收发室、打字室、档案室）、教务处（教学科研科、教学行政科、夜大学办公室、招生办公室）、人事处（人事科、学生科、师资科、人才交流中心）、职称改革办公室（副处级）、离退休干部办公室（副处级）、学生处、院务处（总务科、膳食科、汽车队），直属单位有高教研究室、成人教育处（培训部）、监察小组、保卫科、财务科、审计室、院办产业管理办公室，教学与教辅机构有计算机与自动化系、工业自动化系、基础课教学部、图书馆、马列教研室、德育教研室、体育教研室、电教室。1985—1994年，学院招生4127人，其中招收本科生1706人、专科生2421人，毕业2055人，毕业生主要服务于仪器仪表总公司、电子、机械局、汽车工业总公司、公用局、首钢等市属厂矿企业，机电部、航天部、邮电部等辖属工厂科研单位，以及中关村高科技民办公司和三资企业等。

资料主要来源：

①北京市档案馆馆藏档案
②北京联合大学档案馆馆藏档案

（整理：王岩　审核：姜素兰）

北京联合大学电子工程学院

1985—1994 年

北京联合大学电子工程学院前身是创办于 1978 年年底的邮电学院分院，以及工业学院二分院和北医分院。1982 年 12 月，北京市发文调整大学分校，将工业学院二分院并入邮电学院分院。1983 年，停办的北医分院部分教职工和校舍并入。1985 年，北京联合大学成立，经市政府批准，邮电学院分院加入并更名为北京联合大学电子工程学院。学院仍在海淀区五道口暂安处小学校址办学。

电子工程学院是一所为北京电子行业和其他行业服务，培养具有较强适应能力的应用型电子类高级技术人才和管理人才的市属走读工科学院。1985 年，学院占地面积 15 亩（合 1 万平方米），校舍总建筑面积 1.3 万余平方米，有教职工 262 人（其中专任教师 112 人），全日制在校学生 582 人。更名为电子工程学院后，原分院无线电技术系更名为无线电工程系，开设无线电技术专业；原自动化控制系更名为信息工程系，开设通信工程专业和应用电子技术专业；新建了工业企业管理系，开设工业企业管理工程专业。学院设置院长办公室、教务处（含图书馆）、人事处、学生处、总务处（含校医院）、财务科、保卫科、基础部、社会科学教研室和科技办公室。

▲ 学院大门

1986年7月，学院召开全院党员大会，选举产生了第一届院党委会。8月，选举结果获市委批准，王希周任学院党委书记，王立江任学院党委副书记兼纪委书记，学院党委委员还有王文、孙文平、赵宗英、佟克克、尤克5人。刘天明任纪委副书记。

为保证学生的学习和生活用房的需要，学院租用生产队一块土地，在校园内空闲地方利用上级拨款并自筹大部分资金，修建简易校舍。1986年，建成640平方米的食堂和640多平方米的学生平房宿舍，于1987年建成面积400余平方米的图书馆、4个各能容纳125人的教室，将办公楼加盖成二层，增加建筑面积227平方米。1988年，新建的406平方米的计算中心和学生活动室竣工。

/ 校史的故事

▲ 1986年学生在计算机房　　▲ 1988年建成的计算中心

　　自更名后，学院以加强实践环节、培养应用型人才为重点，进行了全面调整，压缩理论教学，增加了电工电子实习、两次综合实验（课程实际）和计算机课程上机时数，毕业设计强调真刀真枪，一半以上学生到科研单位或企业完成。1988年，无线电工程系提出计算机、外语、实验教学四年不断线，专业实行模块式教学，管理上实行学年学分制，先行试点。

　　1988年，学院成立了"应用电子技术开发研究所"。1990年，信息工程系为北京人民广播电台研制的"数字声节目广播系统"在北京亚运会期间开通，为亚运会圆满成功贡献了力量，受到亚运会指挥部表彰。

　　1991年，无线电工程系的教学改革在全院推广。1992年，学院对应用电子技术专业进行小班试点，加大计算机课程，探讨如何加强实践环节，提高学生的动手能力。

　　由于学院专业设置适应性较强，毕业生在社会上反映较好，报考学院的考生逐年增多，考生质量逐年提高。自成立以来，学院连续招生，每年招生人数稳定在200人左右。1990年报考学院第一志愿的考生达700多人，是计划招生数的3倍多。

▲ 电子工程学院参加高考咨询活动

至1994年，学院取得了三项科研成果：计算机安全报警系统、广播中的数字声技术、工业过程控制。

1994年，学院试办高职二年制专科班，招收了1个应用电子技术专业班的学生。

经过不断建设，至1994年，学院已建成12间实验室，建筑面积1075平方米，配置价值305.81万元的教学科研实验仪器设备2148台（件），配备实验教学人员19名。一年开设8门共163个实验、354学时的实验课，学生上机总时数达8万学时。学院图书馆藏书近2万种共6万册，每年订购中文期刊240余种、外文期刊20多种、报纸46种。

1994年，北京联合大学对所属学院进行调整。3月，北京市政府办公厅（1994）厅秘字第14号文件批复《关于联合大学所属学院调整合并中有关问题的请示》，同意北京联合大学自动化工程学院与北京联合大学电子工程学院合并，成立电子自动化工程学院。合并后仍维持原两学院办学格局，电子自动化工程学院三址办学。

1994年，电子工程学院占地近1.4万平方米，校舍建筑面积 1.39 万平方米，其中教学和行政用房 6354 平方米、生活及福利附属用房 6148 平方米、其他用房 1398 平方米。有四层教学楼 1 座，除用于系和教研室办公外，有可容纳 50 人上课的小教室 15 间、可容纳 125 人上课的中教室 4 间、可容纳 240 人上课的大教室 1 间。学院行政机构设有院长办公室（文秘档案室、打字室、收发室）、人事处（人事档案室）、教务处（图书馆、体育教研室、电教室）、科技办公室（计算中心）、学生处（部）、总务处（膳食科、医务室、司机班、材料组、行政组、维修组、电话班）、财务科、保卫科（传达室）。学院有教职工 279 人（其中专任教师 113 人），全日制在校学生有 803 人。1985—1994 年，学院为北京市和中央在京单位输送了 10 届共 1900 余名毕业生。他们在科研、生产第一线发挥了积极作用，普遍受到用人单位的肯定和好评。

资料主要来源：

《北京联合大学志（1978~2000）》

（整理：王岩　审核：姜素兰）

北京联合大学轻工工程学院／建材轻工学院

北京联合大学轻工工程学院 1985—1986 年
北京联合大学建材轻工学院 1986—1998 年

北京联合大学轻工工程学院前身是创办于 1978 年年底的北航一分院和北航二分院。1982 年 12 月，北京市发文调整大学分校，将两分院合并为北航分院。1985 年，北京市组建北京联合大学，北航分院加入并更为此名。学院办学地址不变，在办学上仍旧作为相对独立的办学实体，党和行政关系依旧受市委教育部和市高教局领导。

▲ 北京联合大学组建初期学院校门

1985 年 2 月，根据北京市委教育部（85）5 号文件，任命焦定禄为学院党委书记、白炳琦为副书记、张继堂为院长、庄重为副院长，批准建立中共北航分院委员会，由 10 名委员组成，实行党委领导下的分工负责制。

学院设办公室（党政合一）、组织部、宣传部、马列主义教研室，有 11 个党支部。群众组织有工会、共青团。行政机构设办公室（党政合一）、人事处、教务处、总务处、财务科。

依据建立之初的《北京联合大学规划纲要》的要求，新成立的北京联合大学要从实际出发，各学院间应当互有分工、各有明确的专业方向。因此每个学院的专业设置不宜过多，规模不宜过大，力求"少而专"和"小而精"。在办学上，应坚持多层次办学，实行多种形式办学。各学院在保证质量、完成计划任务的前提下，可以根据社会要求和学院条件，接受地方和中央有关部门委托培养本科生或专科生，也可以举办夜大学和函授大学。

1985 年，学院调整办学方向，进行了修改教学计划的研讨，确定了制订教学计划的指导思想：减少学时、增加实践环节；精简内容；调整部门专业或者专业方向，致力于培养应用型人才。

学院建立自动化系、机械系和材料系。自动化系下设微机与管理工程教研室、电工与电子技术教研室、工业电气自动化教研室、实验室、计算机房；机械系下设机械专业教研室、机械力学教研室、机械制造教研室、机械制图教研室、实验室；材料系下设金属材料教研室、非金属材料教研室。

同时，由计算机系建的计算机房划归教务处领导，有专职教师 2 名，计算机 255 台。马列主义教研室和体育教研室归学院直属。学院对体育课进行了改革，将普通体育课改为专项体育课，根据场地、设备和师资情况，开设了武术、健美、足球、篮球（男生）及艺术体操（女生）等专项课程。学生可根据自己的兴趣和特长，任选其中一项。1986年马列教研室开始对马列课程进行改革试点，从原设的"老三门"向"新三门"（马克思主义原理、社会主义建设、中国革命史）过渡。

同时为了更好地服务和管理学生，学院出台了一系列规章制度。1985年5月，制定了《监考人员守规》；9月，制定了《北京联合大学轻工工程学院教学人员职责条例》；12月，制定了《班主任考核和奖励制度》。1986年学院成立学生处，全面负责学生思想政治教育和行政管理工作，由院团委配合。

学院的招生和就业工作，也有明确的分工。1985—1986年的招生工作由教务处和人事处负责。就业分配工作由人事处负责，按照上级下达的分配计划，各系由系主任、副书记和班主任负责。为了更好地做好毕业分配工作，学院采用了"供需见面会"的方式。

成人教育方面，1986年经市高教局批准，开始办夜大学，分为本科和专科，设置工业电气自动化和机械设计与制造2个专业。

党的建设方面，1985年，学院进行整党工作，成立了整党领导小组，分三个阶段进行。全院10个支部，116名党员参加。1986年5月，学院召开党员大会，82名正式党员出席，焦定禄代表党委向大会作工作报告，白炳琦代表纪委作工作报告。大会选举产生了学院第一届党的委员会和纪律检查委员会。

1986年，北京市建材工业总公司为学院提供新建教学楼的资金，同时提出学院每年分配给该系统一定数量的毕业生，并在校名上能够体现为建材工业服务。因此，同年6月，学院写报告给本校申请更名为"北京联合大学建材轻工学院"。经北京市政府领导正式批准，9月1日，根据北京市政府办公厅（86）厅秘字69号文件，轻工工程学院更名为建材轻工学院。

校史的故事

▲ 建材轻工学院时期的校门

资料主要来源：

《北京联合大学志（1978~2000）》

(整理：张宇　审核：姜素兰、王岩)

北京联合大学机械工程学院

1985—2002 年

北京联合大学机械工程学院前身是创办于 1978 年年底的北工大一分校。1985 年，北京市组建北京联合大学，北工大一分校加入并更为此名。学院为市属走读型高等工科院校，主要任务是为首都社会主义建设培养德智体全面发展的高等工程技术人才。办学地址不变，仍在朝外三里屯地区的机电研究院内。

1985 年，学院占地面积 25 亩（合 1.6 万余平方米），校舍总建筑面积 1.3 万余平方米，有教职工 390 余人（其中专任教师 191 人），在校学生 1000 余人。学院设置三处（教务处、人事处、总务处）一室（院长办公室）二系（机械工程系和电气工程系），开设金属材料及热加工专业（分热处理专门化和铸造专门化）、自动化专业（分电机专门化和电器专门化）、机械制造专业（分制造专门化、设计专门化和液压专门化），并开设机械工程专科专业（干部专修班）。

1985 年，为密切结合北京市地方工业需要、加强基础理论、扩大专业覆盖面，学院在专业设置上进行了改革、调整。机械工程系开设机械设计及制造专业、热加工工艺及设备专业和电子精密机械专业；电气工程系开设电气技术专业和应用电子技术专业。学院采用机电结合、冷（加工）热（加工）结合和强（电）弱（电）结合的措施进行教学改革，实行专业外语和基础英语统考制度，加强实验课、计算机操作，大力开展第二课堂活动，充分调动学生的学习主动性和积极性。学院于1985年建立保卫科、财务科、膳食科、电教科、业余教育科，于1986年年初签订协议建学院附中（2002年改为三里屯一中），于1986年11月19日召开了首届教职工代表大会。

办学中，学院紧跟社会人才需求、注重人才培养质量，努力办出自己的特色。1990年，学院确定办学方针为"在同层次、同类型的院校中办出自己的特色和水平，为首都机电行业培养高质量的应用型人才"，得到国家教委和市高教局领导的肯定，被列为专业教学改革试点。

作为培养工科人才的院校，学院注重金工实习场所的建设。1990年，获市经委（90）京经调字第215号文件批准，将位于北京市朝阳区团结湖东里的北京第三开关厂划归学院。随后，将学院的金工实验室与北京第三开关厂加工车间合并，建设生产、教学、科研为一体的实习工厂，作为学生金工实习车间。1997年，获有关部门批准，将北京第三开关厂原厂址有偿转让，在通州次渠建厂。2000年，新厂址建成，承担学院金工实习车、铣、刨、磨、钳、铸、焊、压、模具九大类教学任务，同时还承担了市中专学校的教学任务和事业单位技术等级培训任务。

1992年4月8日，学院召开第一届党员代表大会，选举产生由刘殿义、孙宏亮、汪慧清、高东、王兴飞、连廉、白志平组成的党委，并选举王兴飞为党委书记，白志平为党委副书记。

1992年7月，中共北京市委工业工委京工（1992）68号文件通知，经市委组织部批准，学院党委的隶属关系由中共北京市机械工业管理局委员会正式划归中共北京市委工业工委直接领导。12月，市政府任命李章华为学院院长，市委工业工委任命李章华为学院党委副书记，原院长连廉调离。

▲ 机械工程学院实习工厂

学院从1993年开始创办高等职业专业，依托普通高等教育探索高等职业教育办学模式，先后开设了10个高等职业专业培养高等技术应用型专门人才。为此学院紧密与社会行业、企业、地区相结合，大力加强高等职业教育的实训基地建设，于1993年11月6日成立北京汇联汽车驾驶学校。同时，为适应新的专业设置和教学改革的需要，先后开设新课程83门，其中汽车运用工程类13门、计算机应用和辅助设计类15门、装修与环境工程软件类22门、管理类7门、控制类4门。

1993年12月23日，北京市机械工业管理局《关于机电研究院和机械工程学院划定科研教育区域的决定》为两院划定科研教育区域，解决了学院自主办学的问题。

1994—1995年，学院的组织关系和隶属关系先后调整。1994年10月31日，市委组织部通知同意学院党的组织关系由市工业工委转到市委教育工委。1995年3月20日，京编委批复学院由市机械工业管理局整建制划转到市高教局，原机构级别不变。

1995年，学院的综合教学楼工程开工，于12月6日举行奠基典礼。1996年5月6日，工程封顶，8月20日，举行竣工典礼。大楼总建筑面积3588平方米，有效改善了学院的办学环境。

1997年，为了办好高职教育和满足社会需要，学院开始建设机电应用技术高职教育实训基地，并获得北京市教委重点支持。实训基地包括应用基础实训、机械结构实训、电控系统实训和综合技能实训四部分。

1998年9月，学院成立计算机及信息中心；11月，成立计算机控制及电器技术研究所、汽车技术研究室、信息管理与网络技术研究所。当年还建立了学院第一个多媒体教室，安装了多媒体计算机、实物投影仪等设备。

2000年7月，学院的汇联汽车驾校被北京市教委批准为北京市学生汽车驾驶实训基地。基地占地17亩，有实训车50辆，可为学校和其他高校的学生提供培训和训练场所。该基地的建立为北京市经济发展培养实用性人才开辟了一条新路。

2000年12月13日，学院保留原有建制，并入校本部，成为本校下属的副局级二级学院，不再具有独立法人地位，受本校党委和行政统一领导和直接管理。

至2001年年底，学院有教职工197人（其中专任教师107人），在校学生达到3688人，为建院以来在校学生人数最高峰。学院设有党委办公室、院长办公室（合署），教务处，学生工作部（处），有机械工程系、电气工程系、材料工程系、应用技术系、计算机与信息中心和成教部6个教学单位。有工商管理、材料科学与工程、机械工程及自动化、电子信息工程、电气工程与自动化5个普通本科专业招生，有6个专业面向普通高中毕业生及中职毕业生招生。

2002年4月，根据北京市机构编制委员会在2002年年初下发的《关于同意北京联合大学机械工程学院等3所学院并入北京联合大学的函》（京编办〔2002〕2号）和北京联合大学在2002年3月25日印发的《关于校本部进行专业调整并重新组建学院的意见》（京联党〔2002〕11号）文件要求，学校撤销校本部内原信息学院、应用技术学院、机械工程学院建制，调整专业，重新组建信息学院、机电学院、自动化学院和管理学院。北京联合大学机电学院在原机械学院校址办学。

资料主要来源：

《北京联合大学志（1978~2000）》

（整理：王岩、王锐　审核：姜素兰）

北京联合大学文理学院

1985—1994 年

北京联合大学文理学院前身是创办于 1978 年年底的北大一分校，1983 年正式更名为北京大学分校，1985 年北京联合大学成立时，经市政府批准，加入并定名为北京联合大学文理学院。因新址暂未建好，成立时学院仍在海淀区双清路临时地址办学。

1985 年，学院办学占地面积[1] 12 亩（合 8000 平方米），校舍总建筑面积 4380 余平方米，有教职工 210 余人（其中专任教师 80 余人），在校学生 1196 人（其中本科生 1087 人、专科生 109 人）。学院设置三处（教务处、人事处、总务处）一室（院长办公室）九系（数学系、物理学系、化学系、生物学系、地理系、中国语言文学系、法律系、历史学系、图书馆学与情报学系），其中教务处下设图书馆、体育教研室和外语教研室，总务处下设基建办公室和会计室，开设应用统计、物理师范、精细合成、化学分析、食品生物化学及营养学、生物医用电子学、城镇规划与管理、汉语言文学、法律、历史学、图书馆学与情报学 11 个专业。学院在分校时期是实行北京市委和北京大学合办的管理体制，党和业务行政的经常工作委托北京大学领导管理。加入北京联合大学后，市高教局就文理学院的管理办法、体制和名称等问题向国家教委提交了报告，1986 年获得批

---

[1] 此处未计入在建的学院路占地面积。

复："同意文理学院由北京市和北京大学合办，党和行政的经常工作，包括教学、科研、师资队伍建设、干部任免等委托北京大学管理。学院的基建、人员编制、经费、招生和毕业分配等纳入北京联合大学计划，由北京市负责安排解决。"同时指出："文理学院既是北京联合大学的一个学院，又是北京大学的分校。该院对北京联合大学称'北京联合大学文理学院'，对外联系称'北京大学分校'。"批复同意的管理办法为过渡的办法，有效期5年。

按照1984年9月关于北京大学分校总体规划方案审查会的决定，学院办学规模为1600人，土城北路59号（今名北土城西路197号，也称学院路校区）新址校舍面积2.4万平方米。按照北京市政府要求，新校舍建设一次规划设计，分两期建设。经过紧张的筹划和准备，1985年9月，新校舍建设工程正式开工。10月，教学楼建设项目开工。1986年8月竣工。1986年暑假，文理学院的教职工和学生终于迎来了翘首企盼的这一天——在8月的一天，兴高采烈地搬进新校舍。学院将主要办学部分迁入了土城北路，将实验教学部分留在双清路校区。9月，1986级新生正式在新校舍上课。因为只竣工了一栋五层的教学楼，空间还很有限，最初的办学条件仍然是艰苦的。只有学生和少数几个教学部门在教学楼里，学校的领导和党政机关主要都在校园北侧的平房里办公，往往一间10多平方米的办公室里要挤进两三个部门、摆下七八张办公桌。但大家的心情却是乐观的，看着在建的大楼日益"长"高，心中对学校未来的发展充满希望。

校史的故事

▲ 1986年落成的教学楼

学院迁至土城北路新址后，陆续将双清路校址的教室改建为实验室，先后建立了基础物理、生物、化学等21个实验室。至1993年，实验室总面积1840平方米，有实验技术人员24人，实验教师35人，可承担全院30门实验课，开出实验324个，基本保证了本、专科的实验教学，还可承担科研任务和社会服务项目。学院不仅将双清路校区改建成实验基地，还于1988年在此成立了校办工厂，经营建筑木制品、家具、电气木插座。

1987年11月，一期建设工程全部完工，共1.5万平方米，初步建成了办公楼、食堂、报告厅楼、图书馆、配电室和锅炉房。图书馆楼总建筑面积4400平方米，于1988年5月正式开放，可藏书50万册。

1987年，根据社会需求，学院将法律系法律专业改为法学专业，并侧重经济法，同时开展多形式、多层次办学，设立成人夜大班，面向社会招收夜大学生，培养大专层次人才，大规模修订教学计划，使专业培养方向适应社会需求。学院党委认真总结多年来的办学经验，于1988年在党委工作报告中明确提出办学指导思想:"面向北京,依靠北大,走读为主,侧重发展应用学科,培养能坚持社会主义方向的应用专门人才(包括部分中学师资)"。1992年,学院再次大规模修订教学计划,进一步加强基础,拓宽专业面,增强应用性,加强实践教学,使学院的培养方向进一步与社会需求紧密结合起来。1992年,学院食品科学与营养学专业被认定为市级重点建设学科。1993年,学院增设了外国语言文化系。

学院逐步建立科研机构,先后建立了三个校级研究单位,1987年建立营养保健食品研究所,1988年建立经济法研究所,1991年建立应用数学与计算机科学研究室。1993年,学院与燕京大学北京校友会合作,经市高教局批准,成立了燕京研究院,下设英语研究所、经济与区域发展研究所、房地产研究所、营养保健食品研究所、经济法研究所、生命科学研究所、西方文化与宗教研究室等9个研究机构,主要依托学院相关专业开展科学研究工作。

至1993年,学院占地3.84万余平方米(土城北路校址2.98万平方米,双清路校址8600平方米),校舍建筑面积3.26万余平方米(土城北路校址2.76万平方米,双清路校址5000平方米),有全日制在校本专科学生1202人、教职工404人。学院设施较为齐全,图书馆藏书近20万册、期刊755份、报纸94份。

1994年,在北京市对市属高校布局的调整中,市政府批复同意北京联合大学文理学院与文法学院的中文、法律、政治等系合并,成立北京联合大学应用文理学院。两学院于当年实质性合并。1985—1993年,学院累计招收9届近3000名学生,为社会输送5届1200余名毕业生。

资料主要来源：

① 《北京联合大学志（1978~2000）》
② 《北京地区普通高等学校概况》

（整理：王岩　审核：姜素兰）

北京联合大学文法学院

1985—1994 年

北京联合大学文法学院前身是创办于 1978 年年底的人大二分校，1985 年北京联合大学成立时，经市政府批准加入并更为此名。因丰盛胡同校址尚未建好，成立时学院仍在海淀区红联东村租借的临时地址办学。

1985 年，学院有教职工 210 余人（其中专任教师近 90 人），在校学生 684 人（其中本科生 559 人、专科生 125 人）。学院设置四处（教务处、人事处、总务处、学生处）一室（院长办公室）三系（档案系、法律系、中文系），另有保卫科、干部专修科、图书馆、马列教研室、体育教研室和外语教研室，开设法学、档案学、中文 3 个本科专业，办有法学、档案学 2 个专业的干部专修班。学院仍为相对独立的事业法人单位，局级编制不变。

加入北京联合大学后，1985 年，学院将马列教研室和干部专修科合并成立了政治系，成立了学院直属的财务科，成立了老干部办公室，增设了城市行政管理专业。9 月，受本校委托，学院举办了青年教师中文研究生进修班，为学校培训青年教师，当年招收学员 12 人。

1986 年 8 月，在克服了扰民、施工地点狭小等数不胜数的困难，经过 20 个月的艰苦奋斗之后，新教学楼正式竣工交付使用。丰盛胡同校址占地面积 5000 平方米，新校舍总建筑面积

校史的故事

1.05万平方米，建有教学楼、综合楼和锅炉房。其中，教学楼地下一层、地上六层设有教室、图书馆、电化教育演播室、健身室、办公室等，并配置了两部电梯；综合楼地下一层、地上三层设有实验室、计算机房、语音室、200人和500人阶梯教室、电影放映室、暗室、厨房操作间、餐厅及汽车库等，并配置了一部运货升降梯；锅炉房除配置了4台不同用途的锅炉，还设置了浴室和休息室。学院的办学条件得到了大大改善。

▲ 建设中的丰盛胡同13号建筑工地

1986年暑假，全体教职工、学生从海淀临时校舍迁回，9月1日在新校舍正式开学上课。

1986年10月，学院第一届党员大会召开，选举产生了于云岭、许崇德、邹家炜、毕可洲、张汝揖、张英娟、张彦春、李维民、韩平9人组成的党委会。于云岭同志任党委书记，毕可洲同志任副书记。

▲ 重建后的校门

1987年,学院提出"三个为主,三个并举"(即全日制为主、本科为主、校内办学为主;本科与专科并举、日校与夜校并举、校内办学与校外办学并举)的办学方针。4月,为加强基础课教学,学院成立基础部,下设数学与计算机教研室、体育教研室、外语教研室。9月,学院成立法学研究所。当年,学院开始举办成人学历教育。

继1983年大规模调整教学计划后,1988年,学院再次较大规模修订教学计划,加强了各专业基本理论、基本知识、基本技能的培养训练,增加了应用学科、相关学科、边缘学科以及新兴学科的课程,进一步加强了学生实践教学(实习、参观、调查、实验)和能力培养。1989年年初,学院提出搞"一主一辅"专业的设想,即把现有的专业,在主专业外设一个辅专业,学生毕业时,既有本校发的毕业证书,又有学院发的辅修专业证书。经过1981、1984、1989年三次专业改造,学院将中文专业调整为培养新闻、编辑、秘书等应用型人才的专业,将文书档案专业和科技档案专业合并为档案学专业,将法学专业改为以培养普法人才为主的应用型专业,并增加经济法方面的课程,将行政管理专科专业调整成主要为中小企业、事业单位、街道办事处等基层单位培养行政管理人员。

1989年5月,学院先后成立台湾研究室和公共关系研究室。

1990年12月16日,学院校部机关从海淀区花园北路暂借校址迁入学院所在的丰盛胡同13号办公。

1992年5月,市高教局批复同意将北京联合大学文法学院中文系调整到文理学院,两学院中文系合并。调整工作自5月上旬开始实施,6月底以前结束。

1993年,学院获批试办第二专业专科教育,在文秘、法律(经济法)、档案、行政管理、公共关系等专业当年招生。

至1993年年底,学院占地面积5000平方米,校舍建筑面积1.05万平方米,图书馆藏书20多万册。学院在校全日制本专科学生396人,有教职工223人。

1994年,在北京市对市属高校布局的调整中,市政府批复同意北京联合大学文理学院与文法学院的中文、法律、政治等系合并,成立北京联合大学应用文理学院。两学院于当年实质性合并。1985—1993年,学院累计招收9届本专科学生近1600人,为社会输送9届本专科毕业生1800余人。

资料主要来源:

①《北京联合大学志(1978~2000)》
②北京联合大学档案馆馆藏档案

(整理:王岩、原迪 审核:姜素兰)

北京联合大学职业技术师范学院／师范学院

北京联合大学职业技术师范学院 1985—2003 年
北京联合大学师范学院 2003 年至今

　　北京联合大学职业技术师范学院前身是创办于 1978 年年底的师大一分校和师大二分校（两所分校均为当年北京市建立的 36 所大学分校之一）。1982 年 12 月，北京市发文调整大学分校，将两所分校合并为师大分校。1985 年，北京联合大学成立，经市政府批准，师大分校加入并更名为北京联合大学职业技术师范学院。学院办学地址不变，仍在安定门外外馆斜街 5 号。

　　1985 年，学院占地面积 10.4 亩（合 6933 余平方米），校舍总建筑面积 7100 余平方米，有教职工 290 人（其中专任教师 140 人），外籍专家、教授 13 人，在校学生 1114 人（其中本科生 871 人、专科生 243 人）。学院设置三处（教务处、人事处、总务处）一室（院长办公室）一科（会计科）七系（中文系、历史系、政教系、数学系、物理系、化学系、生物系）两教研室（公共课教研室和体育教研室），另有图书馆，开设中文、历史博物馆、马列主义理论、应用数学、工程制图、应用物理、电子电器、应用化学、生物 9 个专业。

　　加入北京联合大学后，学院全面实行从普通高等师范院校向职业技术高等师范院校的转变，进行学科专业的调整和改造，拆迁、通马路、盖大楼，改变原来校舍破旧危险的状况，使校园变得日益美丽舒适。同时，学院申请并获批了世界银行贷款项目，教学设备一穷二白的面貌得以改变。学院的发展步入一个新的更快的阶段。

▲ 电子电器专业学生在做实验

为适应中等教育体制改革和社会各方面的需求，学院调整专业，突出高等职业技术师范教育特色，增强课程的实用性，精简理论课程，增加实践环节比重，提升学生职业技能。结合培养"双师型"教师的高等职业技术师范院校特色，建立多处实训基地，为学生提供更多的实训锻炼机会。学院停办了历史专业，增设了服装专业和学前教育专业，改造了中文、政教、数学、物理、化学、生物等专业，先后开设了文秘教育、经济学（会计）、应用数学、应用物理（电子、电气）、医学基础、食品科学与营养学、计算机科学教育、生物技术、应用电子技术等专业。同时，将中文系改为文秘系，后又将外语教研室合并到文秘系，为招收外事文秘做准备；政教系改为经政系，担负培养政治课和财会学校专业课教师的双重任务；生物系改为保健科学系，为卫生学校培养师资；物理系改为电气工程系；历史系、教育学、教育心理学教研室合并建立职教系，为幼儿教育培养师资；新增设服装系。1992年化学系、数学系、计算机系合并成立基础部。经市高教局批复同意，学院汉语言文学教育专业改为文秘教育专业。1993年根据原国家教委办颁发的新的专业目录，学院将"医学基础专业"申报调整为"生物技术专业"。1995年取消基础部成立计算机系，同时为加强院内外职业技术教育的研究，成立职教研究所。到1995年，学院形成了包括文秘教育、经济学（会计）、应用电子技术、计算机科学教育、生物技术、服装设计、学前教育等相对稳定、比较齐全的学科专业体系。从宏观结构上完成了对普通高等师范学科专业的调整、改造，初步建立起符合中等职业教育师资培养需要的学科专业体系，基本完成从普通高等师范教育向高等职业技术师范教育的转变。

学院的办学条件和环境逐步得到改善。1986年，学院获批拆掉了西小院平房，开始建设一座8900平方米的综合教学楼（1号楼），于1991年建成投入使用。1991年，新建了2个标准篮球场、1个排球场和1间150平方米的舞美教室。1992年开始，学院利用世界银行贷款及市政府配套款和市教委专款，先后建立了电教中心、语音教室、电子技术实验室、计算中心、服装工艺室、服装CAD、商检实验室、综合经济实验室、数码钢琴室等一批高水平的实验室。1995年建了1个40平方米的健身房和乒乓球室。1996年经批准，征用校园南侧国有土地2700平方米，拆迁了学院南侧34户居民，修通了学院门前道路。1996年12月11日，北京市副市长胡昭广来院召开现场办公会议，确定学院以"统筹规划、分步实施"的原则，建设2万平方米综合教学楼，作为教学、实习、实验用房。1997年6月，校园总体规划设计方案获批：建设用地面积13 100平方米，建筑面积30 300平方米，其中原有建筑面积10 300平方米，新建

/校史的故事

20 000平方米，一期工程12 360平方米，二期工程7640平方米，整个校园由1号楼、3号楼、4号楼、实验教学楼（一、二期）、配电室、锅炉房组成。1997年，学院获批征用校园东南侧国有土地1300平方米，1999年拆除了学院不符合抗震要求的2号楼，达到三通一平，为新的实验教学楼一期工程开工做好了准备。1997年12月，实验教学楼一期工程开工，建筑面积12 440平方米，总投资2962万元，于2001年建成投入使用。2002年5月，二期工程开工，建筑面积7755平方米，于2003年7月建成投入使用。

1996年，我国高等教育特别是高等职业技术教育进入了一个新的发展时期，中等职业技术教育结构也发生了新的变化。为适应形势的新变化，学院自1996—2000年继续进行学科专业结构的调整，努力建设适应中等职业技术教育师资需要和经济社会发展的新专业。1999年以后，根据社会对师资供求情况的变化，进一步调整系部设置，将职教系改为艺术教育系、服装系改为艺术设计系、计算机系改为计算机与信息技术系，增设高职部，培养两年制的高等职业技术人才。1999年，学院首届高职班招生。

进入21世纪后，学院紧紧抓住高等教育体制改革不断深化、职业教育快速发展和需求不断增大的机遇，坚持师范教育与非师范教育并举、普通高等教育与高等职业教育结合、职前教育与继续教育衔接的方针，开拓进取、深化改革，建设具有职教师资人才培养特点的教学型普通高等学校。2003年，学院进入深化应用型学科专业建设阶段，为了更好地体现学院办学定位和学院在学校学科专业分布中的特色，获得北京市机构编制委员会《关于北京联合大学职业技术师范学院更名的批复》后，学院更名为北京联合大学师范学院。为适应首都经济社会发展需要、突出办学特色，学院进一步加强学科专业建设。2005年以来，学院成立了校级艺术设计研究所和职业技术教育教师教育研究所，新增应用心理学专业，将声像技术专业调整为数字媒体专业。形成了教师教育和艺术教育两大研究特色，并在文化创意领域开展了卓有成效的项目研发和社会服务。学院充分利用资源和人才优势，与北京歌华集团和石景山创意园区等创意企业、园区积极开展校企合作，提升服务首都经济社会发展的贡献力。2001—2010年，学院先后进行三次大的教学计划修订，细化应用型人才培养定位，先后在75家企业、学校建立了校外实习实训场地，与其中48所职业高中、普通高中和企事业单位签订了教育实习基地、专业实习基地和人才培养基地协议。

学院始终坚持教师教育办学方向，秉承"学为人师、行为世范"的育人理念，从社会需求出发，注重教育质量，逐步形成了以师范教育为主、艺术教育和工程教育相结合的办学特色。2013年，学院申报并获批目录外二级学科"教育职能化技术"硕士点，具备了学术型研究生招生和培养资格。2014年，学院获批专业学位教育硕士培养资格，并于2015年首届招生13人。2015年，学院适应北京市教育需要，转为面向基础教育师资培养发展定位。学院致力于为首都基础教育和职业教育培养高水平师资，着力办好小学和学前师资教育，围绕学做"四有"好老师创新人才培养模式，构建了"多能一专"全科教育和"一专多能"单科教育并行的教师教育格局，形成以普通本科教师教育为主，积极发展研究生教育，稳步推进"3+2+2"贯通式师资多层次、多类型人才培养模式，围绕"人才培养质量得到用人单位的高度认同"和"办学特色、师资培养、社会服务得到政府部门的高度认同"育人和办学目标，全面提升育人质量，努力建设高水平、有特色、首都人民满意的师范学院。至2018年，学院占地面积近1.3万平方米，建筑面积4.2万余平方米。有全日制在校生2117人，教职工210人（其中专任教师149人）。学院建有创意媒体实践中心、基础语言实验室、应用心理学专业实验室、信息控制技术实验室、数字媒体专业实验室、音乐、舞蹈专业教室等校内实践教学场地，设有小学教育、学前教育、应用心理学、汉语言文学、英语、音乐学、计算机科学与技术、数字媒体技术等本科专业，以及教育硕士（小学教育、心理健康教育、职业技术教育方向）和教育智能化技术硕士点，有市级示范性校内创新实践教学中心1个、校级重点建设学科1个。

资料主要来源：

① 《北京联合大学志（1978~2000）》
② 《北京联合大学志2001—2010·学院篇》
③ 《心中的记忆——纪念北京联合大学（大学分校）建校30周年》
④ 《与改革开放同行——建院30周年回顾》
⑤ 《北京普通高等教育志》

（整理：王岩　审核：姜素兰）

北京联合大学旅游学院

1985 年至今

北京联合大学旅游学院前身为创办于 1978 年年底的二外分院（当年北京市建立的 36 所大学分校之一），1985 年北京联合大学成立，经市政府批准加入并更为此名。学院办学地址不变，仍在朝阳门吉市口潘家坡胡同 1 号。

1985 年 3 月 6 日，北京市政府下发《关于建立北京联合大学的通知》（京政发〔1985〕38 号），二外分院划入北京联合大学，更名为北京联合大学旅游学院。4 月 4 日，学院召开成立大会，国家旅游局、北京市有关方面的领导出席了会议。

▲ 学院成立大会

时任国家旅游局副局长孔筱在会上指出:"随着我国旅游事业的发展,培养旅游专业人才的任务越来越重要。到本世纪末,我国能否进入世界旅游业发达国家的行列,除了必要的物质条件外,关键在于能否造就一大批具有现代化知识和管理技能的旅游专业人才。"黄天平副院长讲道:"在保证教学质量的前提下,还要扩大专业设置,增设饭店财会和烹调专业。考虑到旅游业有淡旺季的特点,学院准备把现行每学年两学期制改为三学期制,专门用一个学期加强师生的实践活动,努力争取把学院办成一所具有中国特色的新型高等院校。"黄天平副院长在讲话中还提到了一位毕业生,他叫何德湘,毕业后到原79中当英语教师,他热爱党的教育事业,不断改进外语教学,1983年在东城区一次抽考中他所教的初一两个班平均成绩达到了90.15分,这是该校历史上英语课的最好成绩。1984年12月25日,《北京日报》报道了他的先进事迹。

科研工作是高校提高教学质量、发展学科建设不可缺少的部分,也是旅游业发展的需要,在时任学院副院长王慕曾的主持下,1986年创办了我国第一份旅游科学刊物《旅游学刊》。刘德谦教授在学院建院30周年回忆录上提道:"《旅游学刊》是我国旅游学业界公认的最具权威性的专业学术刊物,是中国最具国际影响力的学术期刊。刚刚创刊时,人少、缺经费、没纸张,又要按期准时出刊并寄给订户,需要跑纸张、跑印刷厂、跑邮局,甚至还得'无可奈何'地面对试刊时期拖欠印刷费的'讨债'人员。1987年正式出刊的第一期《旅游学刊》,是编辑部自己用打印机手工打字、手工剪贴的纸质版印刷的。领导很重视、很支持,编辑部成员既团结又齐心,《旅游学刊》才得以生存并慢慢发展起来"。从创刊到现在,《旅游学刊》始终秉承前沿、理性、责任的办刊宗旨,立足于中国旅游发展实践,紧跟国际旅游研究动向,"公开选稿,唯求质量",力求学术性、权威性和前瞻性,及时反映我国旅游学术研究的最新成果和旅游业实践的新问题,推动中国旅游研究理论的现代化、研究内容的本土化、研究方法的规范化,为中国旅游学术研究和旅游业的发展提供了借鉴与启示。

▲《旅游学刊》获"2019中国最具国际影响力学术期刊"

当时,由于校舍面积的严重不足,硬件条件无法保障高等教育的需要,极大程度地阻碍了学院的发展。市委市政府对学院的建设十分关心,市纪委在(85)京计科字第230号文中作出了《关于建设北京旅游学院立项的批复》,有关领导亲自过问,1991年,市规划局为学院选定了新址,在朝阳区大屯公社小营生产队界内,总建筑面积3.97万平方米。

在选址过程中,市政府最初准备把位于立水桥北京旅游服务学校校址给学院,但院领导考虑到位置偏远、教师居住分散、学生走读、对成人教育培训不利等原因,否定了此方案。市政府先后又提供了东郊和北郊小营两块用地,由时任旅游局副局长兼学院院长白祖诚同志带队,旅游局相关部门、学院部分院领导参加,详细考察了两处选址。大家认为,东郊是化工区,污染较大、离城区较远、交通不便、校址周围环境嘈杂;北郊小营地区是新开发区,为召开亚运会建了运动员村、游泳馆、五洲大酒店和国际会议中心等建筑,四环路正在修建中,上风、上水,环境质量好,已初步具备了市政条件。院领导召开中层以上干部会议,综合评价选址优劣,取得了一致的看法,形成上报文件,经过一系列审批手续,最终决定建院新址。

▲ 学院新址奠基仪式

从二外分院、北京旅游学院筹备处,到北京联合大学旅游学院,学院规模扩大了,各方面条件都得到了明显的改善,办学知名度也有了很大的提升。

1996年,旅游学院开始大力推进国际交流与合作,旨在为学生提供一个开拓国际视野、增加国际体验的学习平台。经过20余年的发展,学院国际交流合作院校已达15所,遍布英国、美国、法国、日本及中国香港、中国台湾等10多个国家和地区。

2003年，学院召开了全院党员大会，认真回顾了学院历史，总结学院改革发展的经验，明确提出了学院未来发展的思路、目标和任务，并通过制定"十一五"发展规划，将建设新型旅游学院作为奋斗目标，具体化为切实可行的实施方案。从此，"博识雅行，学游天下"成为学院新时期的校园文化精神。"博识雅行"昭示着旅游学院学人之境界，文如其人、德才兼备、知行合一、学以致用；"学游天下"乃旅游学院学人之特质与精神气概、国际化意识、胸襟豁达、兼收并蓄、视野开阔、执着追求、永无止境、学旅行游、畅思天下。

▲ 学院风光

在随后的几年里，学院建设了十几间语音教室、多媒体教室、模拟导游室等，学院教学信息化建设初见规模。2011年，旅游实践教学中心组建，并着手旅游管理、酒店管理、会展管理专业实验室的申报与建设工作，建设地点位于校综合实训楼2B座7层。

2014年，正值中法建交50周年之际，学院与法国克里西勒内-奥弗莱旅游酒店管理学院于6月5—6日在京隆重举行了合作办学19周年暨第二届中法餐饮文化节。学院与法国克里西勒内-奥弗莱旅游酒店管理学院于1995年6月签订合作办学协议。在这19年里，双方合作的内容、形式不断深化拓展，互派学生（厨师长）达800余人次，取得"传递友谊、合作共赢、推动发展"的丰硕成果，被双方教育主管部门誉为"中法教育合作的典范"。

2016年，根据学校关于北四环校区行政和教学用房调整工作安排，学院行政办公用房和部分教学用房调整搬迁至校综合实训楼二期建筑中的部分楼层，教职工的办公条件得到了大大改善。

近十年，学院在各级领导专家的关怀指导和全院教职工的努力奋斗下，教学科研成果取得了突飞猛进的成绩。

教学方面，获得市级教学成果一等奖3项（其中本科2项、高职1项）、二等奖1项（高职）；"十一五"国家级规划教材2项、"十二五"国家级规划教材2项；2人在北京高校青年教师教学基本功比赛中获奖，其中1人获一等奖、1人获二等奖。

科研方面，累计到账经费近8000万元、发表A级论文34篇、获批国家级项目21项、成功连续举办8届首都旅游发展论坛。2015年，在国际奥委会代表团对冬奥会的实地考察和风险评估活动中，学院作为住宿主题支撑团队，提出了专业性的意见和建议，为顺利达标做出了重大贡献，收到了冬奥组委的感谢信。《北京核心区旅游人口疏解研究》调研报告受到北京市领导高度重视，时任北京市副市长程红在北京旅游发展委员会的报告文件上批示："疏解问题调研报告数据翔实、对策具体"。2018年，学院为黑龙江省漠河市编写的漠河市全域旅游发展研究报告获黑龙江省委领导认可并采纳，在批示中省委领导提道：

"该报告总体可行,符合漠河发展全域旅游实际,有创新,体现了文旅融合。引入新的业态,对提升全域旅游水平有参考推广意义。望抓好实施"。

学院拥有国家级旅游实验教学示范中心(旅游实践教学中心)、国家级特色专业建设点、北京市属高校一流专业重点建设项目(旅游管理)、北京市唯一的烹饪类高等教育(烹饪与营养教育本科专业和烹调工艺与营养高职专业)、国家级大学生校外实践教育基地(首旅集团)、北京市旅游应用型人才培养模式创新试验区、国家智慧旅游重点实验室、北京市信息化协同创新中心、国家级优秀教学团队(烹饪工艺与营养)、北京市级优秀教学团队(旅游管理)、全国巾帼文明岗、北京市三八红旗集体。先后有教育部、北京市教委、北京市委、国家旅游局、北京市及地方旅游委等各级领导前来视察指导,并给予高度评价,并迎来美国、法国、荷兰、芬兰、韩国、朝鲜、瑞典、澳大利亚、加拿大、新加坡等近百个国内外团体的访问交流。

经过40余年的发展与改革、传承与创新,学院培养了一大批具有扎实旅游专业知识、较强实践创新能力的高素质应用型旅游人才。这些优秀的校友为推进旅游业蓬勃发展、推动旅游学院建设发展做出了巨大的贡献。

旅游学院1979级饭店管理毕业生辛涛,是恢复高考后的第二届毕业生,也是最早走向社会、支援国家建设和发展需要的有志青年。在大学期间,她学习勤奋刻苦,成绩优异,还充分利用各种条件广泛涉猎,丰富各方面的知识,是旅游学院首位学生会主席。毕业后的辛涛专注于酒店事业,从事国际知名酒店管理运营和酒店管理高等教育工作。现任中国旅游饭店业协会秘书长、饭店业国家级星级评定员(专业评委)、北京第二外国语大学客座教授等职务。她在北京联合大学建校40周年采访中，语重心长地对学生说:"不要轻易放弃自己的专业,大学本科是你的第一学历,今天所学的一切都是自己之后工作的基础,要把这四年的学习过程变成自己的资本而不仅仅是光阴。"回忆大学的学习时光,辛涛谈到了陈从周老师(清华工艺美院老师、著名的中国古建筑园林艺术专家)的教学内容。陈老师教授旅游地理,除教授专业知识外,还涉及了很多色彩装饰、建筑物和家具之间的关系的内容。北京交响乐团的首席指挥在课上举例说明:音响的好坏、衣服的颜色、整体的环境、曲目安排等因素是交响乐的重要内涵。辛涛说:"旅游是一个非常综合复杂的学科,不仅仅涉及人们生活的方方面面,还需开阔视野,加强语言学习,通过读莎士比亚、托尔斯泰等原文著作,帮助我更多地了解了国外的文化、历史、艺术等知识。"在校学习的知识,在毕业后的工作中开始逐渐发挥出重要作用,并对她在今后酒店管理岗位上的工作有着持续的积极影响。

知名校友于平教授,1986年毕业于北京大学分校(现北京联合大学应用文理学院),在旅游学院从教30余年,打造了国内首屈一指的"智慧景区"模式的旅游实践教学中心,带领中心团队获得"国家级实验教学示范中心""全国巾帼文明岗"等荣誉,个人获得北京市五一劳动奖章。谈到工作时,她说:"我们中心在2012年进行财政专项的申报,2013年9月份进行建设,在建设过程中,我们可谓是'从0到1'。建设这么大规模的旅游类实验室,当时在国内没有任何可以借鉴的案例。我们没有经验,只能边设计、边建设、边学习、边改进,肩上的担子很重。还记得当时为了迎接2014年的旅游年会和旅游论坛的召开,我们必须在一个月内完成'沉浸式互动体验室'的建设。我们不分昼夜、没有节假日,全力奋战在建设一线,一个月都没有休息。为了节省学校经费支出,整个实践教学中心的设计都由我们自己完成，楼道内展示的旅游风景画每期近30幅，都是部门老师自己设计、打印、钻墙、安装、更换。另外，2012年为了建设一个有特色的多功能文化互动实验室，我们走遍了大半个北京城。后来听说顺义有个工厂专门加工星空顶，能够用最新的技术完成装饰，我们便夜里驾车去顺义考察、谈合作，返回市里已是凌晨。中心的老师们不分彼此、不计较个人得失，加班工作，从无怨言，让我深受感动。"谈到母校时，她说："学校、学院培养了我，给予了我很多好的机会和平台，使我有了今天的成绩，我希望能为咱们联大的发展尽自己最大的力量。"

习近平总书记说过："青年一代有理想、有本领、有担当，国家就有前途，民族就有希望。"多少年来，旅游学院学子们爱国爱校、乐于奉献，敢于拼搏、勇于创新，学以致用、知行合一，用出色的表现证明了他们的才华和潜力，用智慧与激情参与了学院快速发展的宏伟征程。"博识雅行，学游天下"的旅院精神代代相传。

2008年，189名学生被奥组委确定为北京奥运会住宿服务专业志愿者。2012年12月31日，1000余名师生参加在北京天坛公园举行的"2012北京新年倒计时庆典暨北京旅游推广活动"。2019年2月，28名学生参加2019年全国两会服务工作。

2019年10月1日，中华人民共和国成立70周年庆祝大会在北京天安门广场隆重举行，学院97名师生参与了"当家作主"群众游行方阵。伴着《社会主义好》的音乐，师生胸戴红花、挥舞红绸，高声歌唱"共产党好，共产党是人民的好领导"，走过天安门，接受党和国家领导人的检阅，圆满地完成了国庆的各项任务。

校史的故事

旅游管理系乔乐桐同学说:"祖国的强大令我感到骄傲,中华人民代代相承的美好品质更让我能够抬起头,硬气地做人。感谢我的祖国,也感谢每一个中华儿女,是他们创造了一个个的奇迹。"酒店管理系刘晗童同学说:"感谢祖国能给我们这次机会,也感谢学校和老师们能给我们这样一个平台让我们相知相识,共同进步,我们今后也会继续响应学校号召为学校贡献出我们退伍大学生的一份力量。"旅游日语与西班牙语系李伟屹同学说:"两个多月的阅兵排练,是我人生中最有意义的经历。我们所付出的心血、汗水、时间,都是在为我们的新中国,准备她70岁的生日礼物。当我们真正地踏上长安街的那一刻,当我们甩动着手中的红绸,昂首阔步地通过天安门城楼时,我想那时所有人的心里只装着一件事,就是中国!当礼炮打响,当歌声响彻天安门广场,当礼花照亮夜空,那是属于中国的时刻。我们是中华儿女,我们心中始终不变的信仰——中国!"

在这个40余年的征途上,旅院人携手并肩、同舟共济、凝聚情谊、薪火相传,共同谱写了旅游学院的辉煌篇章。面向未来,学院将在习近平新时代中国特色社会主义思想的指引下,全面深化改革,主动对接京津冀协同发展、"一带一路"倡议、长江经济带等国家和区域战略需求,把建设"特色鲜明、国内一流、国际知名"旅游学院作为奋斗目标,不忘初心,牢记使命,砥砺前行!

资料主要来源:

①北京联合大学旅游学院档案室
②《北京联合大学志(1978~2000)》
③《北京联合大学旅游学院校友访谈录》
④《学旅情游——纪念北京联合大学旅游学院建院30周年》

⑤北京联合大学旅游学院新闻网
⑥辛涛访谈：业内四海如宾至 桃李芬芳自手栽
⑦于平访谈：于潇潇风雨 平荆棘之路
⑧中华人民共和国成立70周年庆祝大会学生采访

（整理：田夏、王培雅　审核：姜素兰、王岩）

北京联合大学纺织工程学院／商务学院

北京联合大学纺织工程学院 1985—1997 年

北京联合大学商务学院 1998 年至今

    北京联合大学纺织工程学院前身是创办于 1978 年的工业学院一分院，1982 年年底更名为北京工业学院分院，1985 年北京联合大学成立时，经市政府批准，加入并更名为北京联合大学纺织工程学院。

    1985 年，学院占地面积 32 亩（合 2.1 万余平方米），校舍总建筑面积 4500 余平方米，主要办学地址在朝阳区十里堡，在朝阳门外道家村的新址（今地址名称为延静东里甲 3 号）因建设较为缓慢，暂作为分部。学院有教职工 186 人（其中专任教师 83 人），在校学生 680 人（其中本科生 464 人、专科生 216 人）。学院设置院长办公室、教务处、人事处、总务处、专业部、基础部、保卫科和财务科，开设纺织工程（棉、毛、染）、针织工程、工业管理工程和纺织机械 4 个本科专业，工业会计、经营管理和劳动工资 3 个专科专业。

    1985 年，为了满足教学用房需要，学院在道家村新址建起两幢二层板式临建房和四幢砖瓦平房，并在此开始建设物理、电工实验室和金工实习车间。

    1986 年 6 月，根据学校提出的各学院专业设置方案，学院在调整专业设置基础上，建立系、部领导机构。全院设二系一部教学组织，即纺织工程系，内设纺织工程（含棉、毛纺织）和针织工程（含服装设计）专业；纺织机械和企业管理系，内设纺织机械和工业企业管理专业；基础课部包括物理、化学、高等数学、英语和体育教研组。学院于1987年5月启动科学研究工作，成立院科技开发中心，结合教学、生产实习和毕业设计，在改进工艺、设备和开发新产品等方面承接科研项目。

1987年9月，学院党和行政的隶属关系由北京市纺织工业局党组和纺织工业局转到中共北京市委教育工作部和市高教局。

1987年12月27日，载着全院师生员工无限期望的新校区教学办公大楼在一片野草丛生的土地上终于破土动工了，新大楼于1991年7月12日建成并投入使用，总建筑面积1.59万平方米，校址名称定为延静东里甲3号。大家喜气洋洋地搬进了新大楼，新课桌椅、新的办公室、大小齐全的会议室、方便的电梯、宽敞的大厅、现代化的计算机室等，令人目不暇接，更让人兴奋不已。大楼的建成使学院在高校的百花园里争得了一席之地，更为学院的发展奠定了坚实的物质基础。自此，学院有了自己的校区，办学中心由十里堡转到了这里。半年后，纺织工程系的学生及教职工也从十里堡迁来，只暂留了部分实验室。直到1993年十里堡校舍交还给北京纺织工业局，实验室撤回。

办学中，学院根据经济和社会需求不断调整和完善。1988年，根据国家教委调整专业目录的规定，学院组织修订教学计划，拓宽专业面，调整课程设置。把原来的毛纺、毛织、棉纺、棉织和机织合并为纺织工程专业，合并相关课程，在针织工程专业教学计划中增加有关服装设计的基本内容。1989年，根据国家教委加强政治理论课教学的精神，学院成立了社科部，由院党委直接领导，负责全院马列主义理论课教学。1991年3月6

校史的故事

日，市高教局把学院作为北京市开展产学结合教育改革试点的四所院校之一，纺织专业 9111 班定为改革试点班。9 月，基础部改革试点起步运行。10 月，市高教局批准学院进行内部管理体制改革。

1993 年，为适应首都经济和社会发展的实际需要、提高竞争力，学院党委提出"解放思想、更新观念、抓住机遇、深化改革、探索办学新路"的工作思路和改革目标，并开始形成自己的办学特色。学院进一步调整专业方向，从只面向纺织行业和单一专业调整为兼顾其他行业和第三产业需要。

1994 年，学院与中央工艺美术学院等离退休教授联合兴办实用美术专修学院，招收环境艺术设计、广告设计和服装设计 3 个专业学生。1995 年 5 月，经市成人教育局评审正式批准为民办高校。5 月，市成人教育局批复同意学院联合社会力量兴办现代实用美术学院的申请报告，试办期为一年。9 月 11 日，现代实用美术学院举行首次开学典礼。

▲ 1994 年院领导在校门前合影

伴随着北京经济社会发展对人才需求的变化，学院学科专业几经调整。1997年转型商科，2000年开始探索国际化办学，2013年成为国际高等商学院协会（AACSB[1]）会员，开启了国际认证之路。

1996年以来，随着高等学校办学体制和机制改革的进一步深入，北京产业结构大调整，对专门人才的需求发生很大变化。学院积极研究学校在人才培养中如何适应社会需要和提高质量、效益的问题，集中人员和精力进行专业的调整改造，形成了面向第三产业，发展高等职业教育的思路。确定将工科专业与商贸类专业、实用美术类专业进行复合，使所培养的人才知产品、懂技术、善管理、会经营，具有涉及领域广、就业面宽的特点，形成了专业和教学机构设置的具体方案。1997年年初，学院将原来的纺织系、机电系和管理工程系调整为商务管理系和应用技术系，新设立了工艺美术系，将工科类的专业实验室和产学研中心合并成立纺织技术开发中心。学院进入改革发展的重要历史时期，根据北京市社会发展和经济结构调整的需要，进行由纺织学院转变为商务学院的调研论证和实质性调整工作。10月31日，市教委组织专家组对学院更名进行论证评审，认为从整体和宏观上看，将纺织工程学院更名为商务学院，既可以更好地适应北京市实施跨世纪发展战略型产业结构调整对专业人才的需求，又与联合大学总体规划相一致，更名条件基本成熟。

---

[1] AACSB是世界上拥有会员最多、历史最为悠久、认证内容最全面的商学院联合机构，全球获得AACSB认证的商学院不足5%。

校史的故事

▲ 纺织工程学院更名论证会

　　1997年12月31日，市机构编制委员会办公室批复，同意学院更名为北京联合大学商务学院。自此，学院的服务面向和专业结构进行了彻底的调整，由原来服务面向第二产业，重点培养纺织技术和经济管理专门人才调整为主要面向第三产业，重点培养在商务活动中从事相关技术、艺术与管理的专门人才。1998年3月13日，学院举行北京联合大学商务学院揭牌典礼。

▲ 商务学院揭牌典礼

1997年后，应对北京市推进产业结构的优化升级、大力发展第三产业的发展战略，学院提出为北京市商务活动第一线培养知产品、懂技术、善管理、会经营的复合型、应用型高级专门人才的培养目标。

1999年，学院以培养学生的创新意识及实践能力为重点，推进素质教育，进一步调整了教学机构和专业设置，在广泛的国际交流与合作中不断更新观念，提出了培养国际型商务人才的办学目标。2000年8月，根据学院与英国佩斯利大学签署的合作协议，18名学生（大学本科四年级和大专毕业生）在一名教师的带领下赴英国学习一年，成绩合格，并获得英国学士学位。同时国际交流与合作也拉动了教育教学改革及各项管理工作，学院迈出了国际化办学的第一步。国际化办学第一步的迈出是艰难的，有着100多年办学历史的佩斯利大学对教学的要求十分严格，除了与学院多次洽谈实施细节，还派出了院校两级负责人考察学院的教学质量，不仅考青年教师、考学生，还查学生的作业。学院过硬的教学质量经受住了佩斯利大学教授们的检查，学院的第一步国际合作办学构想实现了。在之后的办学中，学院始终坚持培养国际商务人才的人才培养目标，一步步朝着深层次国际化办学的方向迈进。

2001年，北京市教委批准商务学院与英国佩斯利大学合作办学，2002年国务院学位委员会批准实施国际商务学士学位教育，2003年北京市教委批准与英国佩斯利大学合作举办学士学位教育。学院开始实施"3+1"和"1+1"本科生办学模式及举办学士学位教育，成立了学院国际培训中心（中外合作办学机构），并具有招收外国留学生和接收我国港澳台地区学生的资格。《光明日报》《现代教育报》、中国教育电视台等多家媒体报道了学院国际化办学的特色。中外合作办学取得了较好的社会效益，为学院创出了品牌、提升了形象。

2006年，经本科教学工作水平评估后，学院加快了学科、专业和教育教学工作建设与改革的步伐，建设了3个校级重点建设学科，专业从9个调整到6个，在两个专业试行全英语教学，借鉴西苏格兰大学（2007年年底佩斯利大学与贝尔学院合并后改为此名）经验，实施应用型人才模式的改革与实验。2008年，以学院为主体的"北京联合大学经贸实验教学中心"成为北京市级实验教学示范中心。2009年，学院创办了"应用型国际商务人才培养模式创新试验区"，全面引进了国外先进的教学理念和优质的教学资源，创新人才培养模式，使更多的学生不出国门就能享受先进国家高质量的教育服务。

2013年是学院从商务学院的国际化到国际化商学院的又一重大转型期。学院进一步明晰了国际化发展的内涵和方向，明确了培养国际化应用型商科人才、建设国际商学院的目标。2014年，学院成为国际高等商学院协会会员，是新标准下中国（不含港澳台）第一所进入AACSB初始认证的地方院校。

同年，学院发布办学使命：践行社会责任、推动应用创新、培养商界骨干、服务区域发展。学院基于使命制定了发展战略，明确使命驱动、质量导向、持续改进的建设原则，不断深化学习品质保障体系建设，不断提高办学质量。学院重点开展应用型科研，与政府部门、行业企业建立了密切的合作关系，在政策咨询、智库建设、战略规划等方面提供支持，为区域发展服务。

通过不懈的努力，学院的声誉不断扩大，学生人数持续增长，现已发展成为培养经济学、管理学专门人才的国际化商学院。至2019年，在校生1241人（其中本科生1032人、成人教育学生209人），有教职工150人（其中专任教师93人），开设国际商务、市场营销、国际经济与贸易、金融学、信息管理与信息系统、会计学（国际会计）6个本科专业。其中，金融学专业为国家级特色专业建设点，国际商务、国际经济与贸易专业开设全英班。学院拥有一级学科硕士学位授权点1个和专业硕士学位授权点1个，建有北京市级实验教学示范中心，设有3个校级研究所和4个院级研究机构。学院培养的毕业生专业通、外语强、作风实、适应快、善沟通，深受用人单位的好评。

资料主要来源：

①《北京联合大学志（1978～2000）》
②《北京联合大学志（2001—2010）·学院篇》
③北京联合大学档案馆馆藏档案
④《心中的记忆——纪念北京联合大学（大学分校）建校30周年》

（整理：王岩、龚文婷　审核：姜素兰）

北京联合大学中医药学院

1985—2001 年

北京联合大学中医药学院前身是创办于 1978 年年底的中医学院分院，1985 年北京联合大学成立时加入并更为此名。1986 年 6 月，北京卫生职工学院中医部并入，党的关系转入市委宣传部，行政关系隶属于市卫生局、市教委，以市卫生局为主。2001 年，根据市卫生局、市教委的调整改革方案，北京联合大学中医药学院并入首都医科大学，办学地址不变。

1985 年，学院占地面积 3440 平方米，校舍总建筑面积 2987 平方米，有在校学生 245 人，其中本科生 207 人、专科生 38 人；有教职工 126 人，其中专任教师 41 人（其中副教授 2 人、讲师 21 人）、行政人员 38 人、教辅人员 26 人，开设中医学 1 个专业。当年，学院决定为平谷、怀柔两县培养中医专业人才，于 9 月招收专科生 38 人。为解决这批学生住宿问题，学院修建了 480 平方米的学生宿舍，为 1985 级 43 名本专科学生提供住宿。10 月，学院成立基础部筹备组，开始筹备建立基础部。

1986 年，学院的隶属关系发生变化。1 月 27 日，时任市委教育工作部副部长廖叔俊、市委宣传部副部长李筠、市文教办副主任张熙增、市高教局、市卫生局和校领导到学院共同讨论，决定学院由市高教局领导转为市卫生局和市高教局双重领导，以市卫生局领导为主。6 月，北京市政府决定将北京卫生职工医学院中医部并入。9 月，学院中医学专业开设中医针灸推拿方向，首届招收专科学生 33 人。学院于当年创办中医药高等教育、科研、临床医疗服务的综合性学术刊物《北京联合大学中医药学院学报》，继续引进教师，教师人数增至 51 人。

▲ 学院耳诊协会学生在义诊

1987 年 5 月，北京卫生职工医学院中医部实质性并入，学院拥有了蒋宅口和东四十条两处办学地址，办学面积增加了 5.64 亩（合 3760 平方米），同时增加了具有中医教学和临床经验的教师 33 人，学院实现了除内科、外科、妇科及儿科等临床课教学外所有课程均由本院教师授课。10 月，学院组建政治课教研室。当年年底，学院成立了科研处，并正式成立基础部，将总务处更名为行政处，下设医务科、财务科、膳食科，成立临床部，负责临床课及实习的安排、教学质量检查和解决实习期间有关的问题。

学院的办学条件逐步得到改善，1988 年 4 月用获得的专款在蒋宅口校址动工兴建教辅楼，总建筑面积 2000 多平方米，地上三层为实验室、图书馆、阅览室和会议室，半地下一层为食堂，其中图书馆 510 平方米，教职工、学生食堂 510 平方米，实验室1020平方米，教辅楼于1990年5月竣工。为满足办学需要，1997年学院在原有的教学楼、教辅楼顶部加层，新增建筑面积1263平方米，建成多功能厅200平方米、古籍馆130平方米、教室10间；1999年3月，开始拆除南院东四十条校舍，实施修复工程，共投资190万元，于当年10月竣工。

▲ 加层改造后的蒋宅口校园

学院于1989年建立计算机房；1992年成立"糖尿病研究中心"，筹建无机分析、有机药化、药植鉴定、制剂炮制实验室；1993年成立中医肝病研究室、中药制剂室；1998年，在实验室评估工作中，学院将实验室调整为生物化学、生理病理、解剖组胚、微生物寄生虫、无机分析化学、有机中药化学、药理、中药鉴定药用植物、中药药剂中药炮制9个实验室；2000年，成立实验设备中心，将实验室调整为化学、药剂炮制、生药药理、形态、机能5个实验室。

学院适应人才培养需求，适时进行专业和培养层次调整，开展合作办学。1991年9月，学院恢复中药专业专科招生，招收25人；1993年9月，首创中医美容专业方向，招收专科生26

人；1995年9月，开设中药经贸专业，首批招生14人；1996年9月，与北京卫生学校联合开设中药制剂专业、医学检验专业，各招收高等职业技术学生30人；1997年6月30日，市中医药管理局批准学院具有涉外门诊资格，学院和加拿大东方文化与医学有限公司合作，开办北京联合大学中医药学院加拿大多伦多分院；1998年3月23日，国家教委批准学院自1998年始，按规定程序招收我国港澳台学生入学就读；8月13日，市政府批准北京联合大学（学院项目）和加拿大东方文化与医学有限公司进行长期文化交流的协议；1999年3月4日，市教委同意学院招收中药学本科生。

为增强临床教学经验，学院签订附属医院，开设门诊。经市政府批准，北京市第六医院设为中医药学院附属医院，于1988年2月12日举行了命名典礼。经东城区卫生局批准，学院于1988年12月成立中医门诊部，设立于东四十条校址内，平均年门诊量达4000人次以上。1996年5月17日，学院与鼓楼中医医院、北京市临床药学研究所分别签订附属医院协议、合作办学协议。

▲ 学院东四十条校址

校史的故事

学院注重科研和学术交流，并取得了具有一定影响的成果。1986年10月，学院参加了京津沪三市中医院校协作会议，交流学院情况，参与院校协作项目讨论。1991年10月22日，学院"乙肝清热冲剂"及"脾胃方药知识库"两项科研成果在1991年国际传统医药大会上参展，获铜牌。1992年12月，基础部教师参加编写的《实用中医学》获国家医药卫生科技奖，《全国医学院校俄语教材》一至三册获国家级技术三等奖。1996年4月25日，学院主办了第一届国际传统医学美容学术研讨会。2000年5月，学院撤销科研处，成立科研中心，管理学院科研工作。

▲ 部分中医科研成果展览

至2000年，学院有教职工193人，其中专任教师87人。设有中医学、中药学等7个专业及专业方向。图书馆建筑面积800平方米，藏书以医学图书为主共10万余册，设采编室、阅览室、图书借阅室及古籍馆，并正在筹备电子阅览室。

2001年，在北京市属高校调整中，中医药学院并入首都医科大学。3月7日，在北京市高等院校调整工作会议上，市教委和卫生局领导宣布《关于北京医学高等专科学校、北京职工医学院、北京联合大学中医药学院并入首都医科大学的通知》。学院并入首都医科大学后，更名为首都医科大学中医药学院。学院自成立以来，坚持立足北京、面向社会、城乡兼顾的原则，以本科教育为主，多学科、多层次地为北京市培养了各类中医药专门人才近4500人，为各医疗机构培训在职人员2000多人，在中医药教学、科研、医疗等方面发挥了重要作用。

资料主要来源：

① 《北京联合大学志1978~2000》
② 《北京普通高等教育志》

(整理：王岩　审核：姜素兰)

北京联合大学化学工程学院／生物化学工程学院

北京联合大学化学工程学院 1985—2002 年
北京联合大学生物化学工程学院 2002 年至今

    北京联合大学化学工程学院前身是创办于 1978 年年底的化工学院一分院，1983 年更名为北京化工学院分院，1985 年北京联合大学成立后，经市政府批准，北京化工学院分院加入并更名为北京联合大学化学工程学院。学院办学地址位于西城区前海东沿 50 号。

    1985 年，学院占地面积 2535 平方米，校舍总建筑面积 366.06 平方米，其中教学和行政用房 2124.4 平方米（其中教室 906.9 平方米、实验室 122.7 平方米）。学院有在校学生 468 人，其中本科生 438 人、专科生 30 人；有专任教师 73 人、职工 105 人。学院设有三系一部，即化学工程系（一系）、高分子系（二系）、化机企管系（三系）和基础部。

    由于 1984 年市化工局改建为北京市化学工业总公司（以下简称"化工总公司"），1985 年下半年改由北京市财政局工管处拨款，学院的办学经费遇到了困难。学院多方寻求院校联合办学未果，办学之路愈发艰难。在如此困难的情况下，学院依然紧随北京化工行业高精尖方向发展，于 1987 年召开精细化工专业论证会，开办了精细化工专业，并于当年招生 38 人。这是学院建院以来首次进行的学科专业建设，在学院发展史上具有划时代的意义。1987年10月，学院成立夜大学，设化学工程、高分子化工（材料）2个专业，招收46人，半脱产学习，学制三年。

▲ 精细化工专业论证会

在全院上下的积极努力下，1989年促成了与北京炼焦化学厂（以下简称"焦化厂"）的联合办学，于2月11日举行了厂校联合办学的签字仪式。学院为焦化厂代培的两个煤化工班应运而生，两个班级90余名师生深入焦炉烘炉第一线实习，锻炼意志品质、提高专业能力，也为焦化厂特级红旗焦炉的优异成绩打下了坚实的基础。学院积极探索高等教育改革，实行"厂校联合合作教育"试点，提出了"背靠焦化厂，面向全行业，服务北京市"的办学指导思想。1990年7月，学院被列为北京市高教改革试点单位，煤化工合作教育试点班被列为"产学结合、合作教育"试点班，试行"四年学制，五年管理"的合作教育办学模式。

校史的故事

▲ 与焦化厂联合培养签字仪式

1991年6月，市委组织部认定学院正局级建制，市委工业工委任命了学院党委书记、副书记，市政府任命了院长、副院长。

在化工总公司的支持下，焦化厂为学院补充部分办学经费，并且由化工总公司和焦化厂共同投资，为学院在北京市东南郊垡头地区建设新校。1991年12月24日，垡头新址基建工程破土动工。1992年4月27日，举行了奠基仪式。建设总投资4000万元，化工总公司出资3000万元，焦化厂出资1000万元。垡头校区的建设一波三折。从1985年立项后，到1996年8月30日一期竣工交付使用，历经了11个年头。校区占地面积64亩（合近4.3万平方米），建筑面积1万平方米，这意味着学院不仅能够继续办下去，还会办得更好、更长远。

▲ 建设中的堡头校区

1992年8月31日—12月4日，根据焦化厂的生产急需，学院组织89101、90101班64名师生参加了为时100天的1号焦炉烘炉工作。

1994年3月，学院教师研制的在常温条件下可固化的静电植绒胶通过化工部鉴定，填补了该项成果国内空白，于1991年3月获批国家专利局实用新型专利。5月，学院建立社科与管理系（四系），将化机企管系改为化工机械系。11月，学院决定试办高职专业，并决定从北京市化工学校招收两个试点班。

1996年8月，新址教学楼竣工交付使用，学院迁往堡头新校舍办学。为了搬家，学院购买了一辆东风加长卡车。利用暑假，全院教职员工齐上阵，自己动手，打包、装车、运输、卸车，不分上下级，也不分男女老少，大家齐心协力。

校史的故事

▲ 搬家

搬迁之初，校园建设百废待兴。大家不惧眼前的困难，心怀未来的梦想。学院领导与师生一起，做了很多艰苦的工作，用自己的双手建设属于自己的校园。但新校园建设各项基础设施的资金缺口依然很大，经费仍然是困扰学院发展的大问题。

2000年4月，根据北京市政府批转市教委、市经委《关于调整市经委系统所属30所学校管理体制的实施意见》的通知，学院由北京化学工业集团有限责任公司划转并入北京联合大学管理体制，9月份按新的管理体制运行。2001年，学院党的关系和行政关系由北京市工业工委划转到北京市教委。学院领导主动找市教委介绍学院的发展规划以及发展过程中遇到的困难，并邀请市教委领导来学院参观，指导工作。市教委给学院拨款400万，为教学楼更新了电梯、改造了锅炉，解决了学院当时最为紧迫的两项困难。

这一年，学院依据社会需求和行业调整，把办学思想总结为：依托行业办学，发展高职教育，服务首都经济。学院以本科教育为主，大力发展高等职业技术教育，坚持以培养技术应用型人才为主的培养模式，全面推进素质教育；以化学工程学科为重点，逐步向医药、材料、环保等相关专业发展；积极开展产学研合作，立足化工，扩大服务，面向基层，培养德智体全面发展、基础扎实、知识面广、能力强、素质高、具有创新精神的高级技术应用型人才，把学院建成以工为主，工、管相结合的普通高等学校。

进入21世纪，首都经济结构整体转型，化工行业日渐淡出龙头企业的位置。此时如果学院继续以"化工专业"为主要专业办学，很难继续发展。学院及时调整办学思路和专业布局。在多方调研的前提下，增设"生物医药系"。经批准，学院于2002年7月更名为"北京联合大学生物化学工程学院"。学院坚持"以工为主，工管结合，工艺结合"的办学理念，培养了一大批面向现代都市工业、现代服务业和文化创意产业的应用型人才。

▲ 学院更名揭牌

时代在发展，只有与时俱进，方能不负时代。各项工作步入正轨后，学院秉承学校"应用型"办学宗旨，围绕"本科评估"，进行了一系列的建设性工作。修建"百草园"，种植百种

校史的故事

中草药，为学生提供学习和实习基地；创建能够模拟真实制药流程的 GMP（药品生产质量管理规范）实训车间，不仅为本院师生，也为北京中医药大学、北京化工大学等兄弟院校提供了实习、培训场所；与欧姆龙公司合作，建设欧姆龙测控实验室，形成集教学、校企合作和技能培训为一体的教育基地。

▲ 百草园

  经过几年学科建设，学院基本固定了信息与控制工程系、生物医药系、经济管理系、工程艺术系、基础课部、人文社科部四系两部的系部设置。

  学院确立了生物化工学科建设在学院工作中的龙头地位，在凝练学科建设方向、汇聚学科队伍、构筑学科基地、完善学科布局结构、做好学科规划方面做了全面部署；以提高办学质量、走内涵式发展为核心，努力提高教育教学质量；通过重点课程建设，建成一批教学水平高、对提高人才培养质量成效显著的课程，对学院教学起到了示范带动作用；坚持探索应用型人才培养模式，完善从招生、培养到就业各环节有机衔接的学生培养系统工程，提高学生就业、创业的能力。

  2008 年 11 月 24 日，北京市教委发布京教函（2007）809

号文，将北京市化工学校整体并入北京联合大学。北京联合大学决定由生物化学工程学院承接北京市化工学校并入工作。学院从事业发展的大局出发，精心设计方案，妥善安置并入后的干部、教职员工，深入细致地做好了干部、教职员工及学生的思想政治工作，安排好了在校学生的学习生活，理顺了并入后学院内部工作机制，保证了正常的教育教学和管理秩序，解决了并入后人员压力过大的困难。同时，北京市化工学校整体并入后，学院办学空间进一步扩大。学院以此为契机，因地制宜，启动了南北院校园整体规划工作，推进"花园式校园"建设。

2012年，学院承担培养的食品工程专业4名硕士研究生毕业，并获取硕士学位。年底，学院"食品生物分离技术"作为食品工程的目录外二级学科获批硕士学位授予权。

2013年年初，学院申报了生物质废弃物资源化利用北京市科委重点实验室。5月，申报了建筑与土木工程专业硕士学位授权点。

从2014级本科生开始，学院实行完全学分制教学改革，允许30%的学生入学后按照自己的兴趣重新选择专业；为每个本科生配备导师，在职业规划、学业发展等方面给予个性化指导；所有课程实行选课制，学生在导师指导下，根据自身的基础和学习特点制订个性化的修读计划，自主调整课程修读顺序、自主选择任课教师和学习进程，实现文理渗透，理、工、管、艺术相结合，构建自己的知识体系，组成最优化的知识结构；实行主辅修与双学位制，学生在校期间，除主修专业外，还可以根据个人的兴趣选定学院内其他专业作为自己的辅修专业，并可根据修读情况申请第二学士学位。

经过多年来的不断建设和发展，学院逐渐调整为以多学科交叉融合、学生个性化培养为特色，培养适应新时代健康和环境领域发展需要的高素质应用型人才。至 2018 年，学院占地面积近 7.5 万平方米，校舍总建筑面积 5.3 万平方米，有教职工 258 人、在校学生 1628 人，开设生物工程、制药工程、建筑环境与能源应用工程、工程管理、工业设计、食品科学与工程、食品质量与安全、人力资源管理 8 个本科专业，涉及制药、生物工程、食品科学与工程、土木、机械、工商管理和管理科学与工程 7 个学科。拥有原国家食品药品监督管理总局备案的特殊食品验证评价技术机构——"保健食品功能检测中心"、北京市科学技术委员会认定的生物活性物质与功能食品北京市重点实验室、生物质废弃物资源化利用北京市重点实验室和生物质废弃物资源化处理技术北京市国际科技合作基地。

资料主要来源：

①《北京联合大学志（1978~2000）》
②《北京联合大学志（2001—2010）·学院篇》
③北京联合大学档案馆馆藏档案

（整理：王岩、李敬　审核：姜素兰）

北京联合大学国际语言文化学院

1993—2008 年

北京联合大学国际语言文化学院前身为创办于 1989 年的海淀走读大学国际语言文化学院，1993 年挂靠到北京联合大学，更为此名，为北京联合大学下辖的一所相对独立的民办性质的办学实体，办学地址位于海淀区西三环北路厂洼街 4 号，在今北京外国语大学以南约 200 米。2003 年，学院重组后正式并入北京联合大学，由民办变为公办性质，并迁至北京市昌平区石牌坊南办学。

1989 年，正值我国改革开放逐步深入，外资企业转向中国大陆投资日益增加、国内外向型经济迅速发展之际，北京乃至全国都急需一批既懂外语，又懂经贸知识，且具有办公自动化技能的外向型、复合型、应用型外语人才。面对社会客观需求和国家发展高等教育经费不足的矛盾，著名语言学家许国璋教授和北京外国语大学刚离退休的校级领导干部、教授一起，发起创办了一所不要国家拨款的民办应用型外国语高等专科学校，决心探索外语教学的改革，改变当时全国大多数外语院校培养单一语言文学方面外语人才的模式，转向采用短平快的培养方式，广泛吸取国内外的经验，采用选优聘用师资制取代终身制，学生自费上学，以学养学，在收费上尽量采取较低的标准，使工薪阶层的家长有能力负担。1989 年 2 月 22 日，市高教局批准成立海淀走读大学国际语言文化学院。学院挂靠民办海淀走读大学，选址于海淀区西三环北路厂洼街4号，是全国第一所国家承认学历的民办外国语高等专科学校。当年9月1日，海淀走读大学国际语言文化学院挂牌。北京外国语学院教授许国璋任名誉院长，北京外国语学院常务副院长刘政权教授任院长，北京外国语学院教务处长陈振宜任常务副院长。

  1989年建校之初，根据北京市社会经济发展的需求，学院开设了经贸英语、经贸日语、经贸俄语（只办了一届）3个专业，为三年制专科。办学上，学院采取开源节流的办法，严格控制经费的使用。一方面接受有关部门的委托代培，收取一定费用，补贴学校的开支，另一方面严格节省一切可能节约的行政开支，以保证教学工作的正常运转和教学质量的提高。学院行政办公设施简陋，但拥有先进的电教设备。计算机教学经历了从到外校借用机房发展到1997年拥有全部是新机型的计算机室。

  学院以社会需求为导向，把人才培养与社会需求紧密结合。在课程设置上，首先保证前两年打好外语基础，开设听、说、读、写等实践性较强的课程，第三年除继续提高基础外语，再开设一些与经贸有关的外语课程，如外文函电和外贸英语、日语等。同时，还开设了9门经贸专业方面课程，以使学生掌握相关基本知识。在教学上，学院要求教师以"法乎其上，得乎其中"对待学生，对任课教师提出"教书育人、为人师表、严谨治学、精心授业"的十六字工作准则。学院聘请的教师中，老教师的比例较高。他们既有丰富的教学经验、较高的教学水平，又有强烈的事业心、严谨的工作态度和高度的责任感；能严格要求学生，又能根据不同学生的特点，采取灵活多样和有针对性的教学方法培养学生学习外语的兴趣和良好的学习习惯，通过听、说、读、写、译全方面训练提高学生外语能力，有效保证了教学质量。

1993年6月12日，市高教局发布京高教计（1993）039号文，批复同意海淀走读大学国际语言文化学院挂靠到北京联合大学。学院改名为北京联合大学国际语言文化学院，仍为民办性质，其办学经费、基建、人员编制等均按民办学校对待；其办学规模、年度招生计划根据北京经济和社会发展的需要确定，并纳入北京联合大学的规模和计划；其专业设置、招生、教学、毕业生分配等均接受北京联合大学的统一管理。9月1日，北京联合大学国际语言文化学院挂牌，自该日起正式挂靠到北京联合大学，成为其下辖的一所相对独立的民办性质的办学实体。

经过十多年的摸索，学院已建立起了一支以离退休教师为骨干，中青年兼职教师相结合的相对稳定的、动态的教师队伍。选聘教师以学年为单位聘用，对新聘教师设三个月试用期；对教学水平高并具有良好师德的教师，提升一格聘用，即讲师聘为副教授，副教授聘为教授。学院从本市著名高校中聘用专业对口的兼职教师，使专业课程有一个高的起点。学院充分尊重教师们的合理化建议，注重增强整个教师队伍的凝聚力，利用民办学校机动灵活的办学机制，全力支持他们创造设想的实现。学院的教学管理干部包括正副院长在内共计11名，均为离退休干部。他们既是学院各部门的负责人，同时又是具体工作人员，每人还身兼数职。

学院每年根据国家的招生计划，从参加全国高等学校统一入学考试的学生中按规定的分数段录取学生，学生全部为自费走读生，属外语类，学制三年。自建校以来，每年招生60人左右，至2000年共招收学生700余人。学院实行推荐和自主择业的双向选择就业办法，毕业生不包分配。北京市外国企业服务总公司从接收第一届毕业生起，就与学院建立了协作关系。

1994年，学院增设经贸德语专业（只办了一届）。1999年，学院总结了十年来的办学经验，将开设专业固定为经贸英语、经贸日语两个，并将所开设外语课、专业课、公共课的科目和课时相对固定下来，较为系统地修改了全部教学计划，作为今后各科教学的依据。

为了提高学生外语实践能力和学习的积极性，学院加强国际交流及合作，先后与日本长冈大学、千叶敬爱大学和名古屋南山大学建立了友好合作的关系，推荐选派多批留学生、组织学生与来华学生联欢和座谈。积极为学生争取实习的机会。2000年，学院向澳大利亚驻华使馆选派经贸英语系毕业班学生担任4月份在京举办的澳大利亚教育展览会咨询活动的翻译工作，最终入选的30名学生参加了全部30个展台的咨询翻译工作并圆满完成任务，获得澳大利亚驻华商务参赞的高度评价。

2003年3月，国际语言文化学院重组后正式并入北京联合大学，成为其下属的二级非法人处级学院，学院的性质由民办变为公办。北京联合大学派出管理人员及教师接管工作，设置党委、院长办公室（合署），教学科研办公室和学生工作办公室3个党政管理机构，设置英语和日语2个系，英语系设经贸英语专业，日语系设经贸日语专业，2个系当年招收了3个班的学生。学院迁至北京市昌平区石牌坊南办学。

2004年，学院成功申办应用西班牙语专业（高职），新增西班牙语系；根据市场用人需求，将开办十余年的经贸英语和经贸日语专业调整为商务英语和商务日语专业，在课程设置上加大贸易类专业知识，努力将学生培养为既懂外语又懂商务贸易的复合型人才，从而提升学生就业的综合实力。当年9月，学院3个系招收学生6个班，其中英语系经贸英语专业招收3个班，日语系经贸日语专业招收2个班，西语系应用西班牙语专业招收 1 个班。

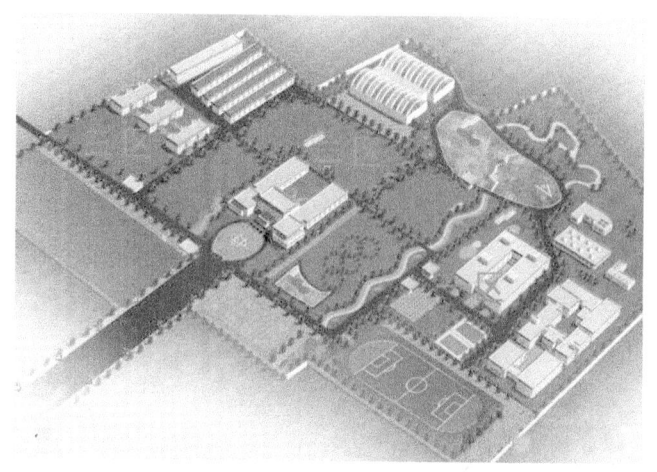

▲ 学院平面图（右下角一区）

2005 年，学院提升了办学层次，成功申办英语和日语 2 个本科专业，当年有 5 个专业招生，其中本科专业 2 个，高职专业 3 个，设置 8 个班。9 月，学院发展为英语、日语、西语和法语 4 个系，英语系设英语（本科）和商务英语（高职）2 个专业，招收 4 个班，其中英语专业 1 个班、商务英语专业 3 个班；日语系设日语（本科）和商务日语（高职）2 个专业，招收 3 个班，其中日语专业 1 个班、商务日语专业 2 个班；西语系设应用西班牙语 1 个高职专业，招收 1 个班。

2006 年，学院商务英语、商务日语和应用西班牙语 3 个高职专业招生 7 个班。其中，英语系商务英语专业招收 3 个班，日语系商务日语专业招收 2 个班，西语系应用西班牙语专业招收 2 个班。

2007 年，学院成功申办应用法语专业（高职），当年有 6 个专业招生，其中本科专业 2 个、高职专业 4 个，设置 8 个班。其中，英语系英语（本科）专业招收1个班，商务英语专业招收3个班；日语系日语（本科）专业和商务日语专业各招收1个班；西班牙语系应用西班牙语专业招收1个班；法语系应用法语专业招收1个班。

2005年5月，北京联合大学网通软件职业技术学院迁入昌平校区，与国际语言文化学院共同租赁智慧园办学。至2007年，两所学院在此共同使用的校舍占地面积为8.4万平方米。

2007年3月，学校党委和行政研究决定成立应用科技学院，下发《关于成立应用科技学院（筹）的通知》（京联党〔2007〕8号），开始筹建应用科技学院。

2008年4月，应用科技学院挂牌成立，国际语言学院和网通软件职业技术学院的高职专业并入应用科技学院，国际语言学院建制撤销，保留院名至学生全部毕业。应用科技学院在原国际语言学院和网通软件职业技术学院使用的智慧园校舍办学。

至2008年3月，学院有教职工24人，其中在编人员21人、非在编人员3人，另有外聘教师27名。2006—2008年间，学院培养的学生440余人毕业。

资料主要来源：

① 《北京联合大学志（1978~2000）》
② 《北京联合大学志（2001—2010）·学院篇》

（整理：王岩　审核：姜素兰）

北京联合大学电子自动化工程学院

1994—1997 年

北京联合大学电子自动化工程学院成立于1994年，前身是北京联合大学自动化工程学院和北京联合大学电子工程学院，经市政府办公厅厅秘字（1994）14号文件批复同意，由两学院合并成立。合并初期，学院仍维持原两学院办学格局，于黄化门、沙子口、五道口校址三址办学。

1994年7月，市委教育工委决定任命王庆元为北京联合大学电子自动化工程学院党委书记兼纪委书记，魏续臻任党委副书记，原自动化工程学院和原电子工程学院党政领导职务自然免除。8月，市政府决定北京联合大学校长李月光兼任电子自动化工程学院院长，赵宗英、信玉堂、高林、张仲林任副院长。9月13日，市委教育工委决定电子自动化工程学院党委由王庆元、李月光、张仲林、赵宗英、信玉堂、高林、魏续臻7人组成。9月16日，学院成立大会在原自动化工程学院院址之一黄化门5号召开，会上市委教育工委副书记朱全俊宣布了学院党政领导任免事项。学院成立后，实行党委领导下的院长负责制，暂维持原两学院的办学格局，于黄化门、沙子口、五道口三址办学，原两个学院的党委职能部门和行政机构仍分别运行。学院任命了各部门召集人，负责协调原两学院对口机构的工作。学院有本专科在校学生近2300人、专任教师303人。

成立后，学院即着手专业调整和改革，拓宽专业面，实行系办专业。经调整，本科设有自动控制、计算机应用、计算机应用（软件）、电子工程、自动应用电子技术、通信工程、管理工程、计算机科学与技术、电子与信息技术专业；专科设有应用电子技术、音响工程、计算机应用、英语、自动化技术、电子与信息技术、音响视听工程、电子自动化技术、计算机应用（平谷定向）、电子自动化技术（预科）等专业。同时，学院将教学实验室调整为27个。

1995年，学院建立了计算机和通信两个重点学科，建立了程控交换机实验室。学院开始统一招生，本科一律招收费生，专科招收公费生、自费生、委培生、高职生，并在全院推行学分制，扩大高职教育试点专业，先后试办数控技术、通信技术2个高职专业。此外，设立教育培训部管理成人教育，设立成人高等教育自学考试助学班，招收市电子办委托培养的计算机信息管理和国际金融专业150名学生。

1995年5月，学院成立搬迁领导小组和清产核资领导小组，准备迁址工作。15日，市机构编制委员会发文，同意学院成立，并核定学院事业编制805人，处级领导职数74人，内部机构22个，即党政机构：党委办公室、组织部、宣传部、学生工作部（学生处）、纪检委（含监察）、工会、团委、院长办公室、人事处、教务处、成人教育处、科技设备处、总务处；教学机构：无线电工程系、信息工程系、企业管理系、计算机系、工业自动化系、基础课教学部、社会科学教学部、体育教研室、图书馆。6月，学院决定调整教学机构，将原两学院的基础部、体育教研室、电教中心、团委分别合并为统一的一个；将原电子工程学院社会科学教学部、原自动化工程学院的马列主义教研室、德育教研室、基础部中文教研室合并为社科部；成立专业技术基础课教学部（以下简称"专业基础部"），筹建计算中心和电工电子中心；将无线电工程系与信息工程系合并为信息工程系，原计算机与自动化系更名为计算机工程系，原工业自动化系更名为自动化工程系，原管理系更名为管理工程系，原自动化工程学院基础部技术经济教研室并入管理工程系。12月，学院获市高教局同意成立财务科、审计室和保卫科。

1995年12月18日，市委教育工委作出北京联合大学校部和电子自动化工程学院搬迁小营新址，并调整领导体制的决定。校党委依次制定相关实施意见：校党委统一领导调整工作；学院的行政工作由校部领导，仍由校长兼任学院院长、副校长兼任副院长；学院设党办、学工办、工会、团委、自动化工程系、计算机工程系、信息工程系、管理工程系、基础部、专业基础部、社科部、体育教研室、教育培训部；学生行政职能处室并入校部相应职能处室。

1996年1月，学院分别从黄化门、沙子口、五道口原校址迁入北四环东路97号小营新校址，此次搬迁的有信息工程系、管理工程系、计算机工程系和自动化工程系的一、二年级、基础部、专业基础部、社科部、体育教研室和院机关。由于新校舍尚未全部建成，计算机工程系和自动化工程系的三、四年级及系机关仍留驻黄化门校址。

迁入小营后，学院进一步拓宽专业面，并与国家教委最新的专业目录接轨，将原有的10多个专业调整为3个宽口径大专业，即电子与信息技术专业、计算机科学与技术专业、自动化专业。成立高等职业教育教学部，逐步扩大试点面，试办电子信息类宽口径的计算机软件开发与应用、计算机系统与网络技术、通信技术、自动化应用技术等应用技术专业，并实行专科升本科制度，在教学楼六层建立了多功能教室，配置了计算机、投影仪、录像机、VCD机、调音台等多媒体设备。学院一方面加强与校外挂钩实践教学基地的联系与合作，另一方面加强校内实践教学基地的建设。撤销原自动化工程学院的金工实习工厂，利用市教委重点学科建设经费，引进先进教学设备，筹建电工电子实训中心。1996年3月，计算机应用专业被确定为学校高职示范专业。10月，学院被学校确定为本科教学评估试点。当年，学院开始实施招生"并轨"，本专科一律招收费生。

▲ 小营新址校门

1996年6月，院党委书记王庆元退休，市委教育工委决定校党委书记熊家华兼任院党委书记、校党委副书记韩宪洲兼任院党委副书记。8月，副院长信玉堂退休，市政府决定由副校长张铃、杨文超、姜成坛兼任学院副院长。市委教育工委于9月到院宣布领导班子任免。10月，学校调整党群工作系统机构，学院的党办、学生处、教务处等机构并入校部。12月，市委教育工委决定校党委副书记孙权兼任院党委副书记。

至1996年10月，学院占地面积8万余平方米，校舍总建筑面积6万余平方米，藏书17万册，固定资产总值2715万元，其中教学仪器设备资产值 1800 万元。学院有全日制在校生 2214 人，其中本科生 1375 人、专科生 839 人。当年毕业 711 人（本科生 369 人、专科生 342 人），招生 785 人（本科生 348 人、专科生 437 人）。成人教育（夜大学）在校生 394 人，毕业 116 人，招生 122 人。全院教职工 424 人，其中专任教师 273 人（含教授 14 人、副教授 74 人、讲师 127 人、助教 22 人）。全院中共党员 322 人，其中教职工 281 人、学生 41 人。

1997 年 1 月，学院获市教委拨款 51 万元，初步更新了原有电教设备。3 月，拥有 130 多台计算机的专业基础部计算中心被劳动部职业技能鉴定中心批准为全国计算机及信息高新技术培训考试站。4 月，电工电子实习实训中心建成并开始试运行，中心使用面积 200 平方米，仪器设备固定资产值 110 万元，设有 80 个座位，可同时供 2 个班学习和实训。同月，学院学生在全国大学生教学建模竞赛北京赛区获得一等奖 1 项、二等奖 2 项。6 月，学院培养的首届 3 名硕士研究生通过论文答辩，学院的"视频图像通信研究"被列入市教委科技发展及人文社科研究计划项目。9 月，学院学生在有 202 所高校、1007 个代表队参加的第三届大学生电子设计竞赛（索尼杯）中，获得（B 题）二等奖 1 项和北京市区一等奖 1 项、二等奖 2 项、三等奖 3 项。10 月，学院与北京飞达演播技术集团签署联合办学协议，响视听工程专业获得企业援助价值 10 万元的舞台灯光设备，学院获得实践教学实习场所。12 月，学院教授谭浩强、田淑清编写的《BASIC 语言》一书获国家科学进步三等奖。

根据市委教育工委和市教委的指示精神，学校于 1997 年 10 月着手电子自动化工程学院与建材轻工学院的调整工作。12 月 4 日，校党委常委会讨论并原则上通过两学院合并工作的意见。1997 年年底，学校统一规划电子自动化工程学院与建材轻工学院的专业，重新组建信息学院和应用技术学院。

至1997年年底，电子自动化工程学院有在校生2589人（其中本科生1330人，专科生、高职生1254人，研究生5人），夜大、函授生433人；有教职工701人，专职教师341人（其中教授23人、副教授99人、讲师142人、助教77人）。学院的学科建设以计算机科学与技术、电子与信息技术、自动化为主体，形成了全日制本科、专科、高等职业教育和夜大学等多层次、多类型、多学科的教学体系。学院有教学单位10余个，图书馆藏书12万册，拥有海燕电子研究室、万通自动化研究所、瑞迪电子技术公司、信息系科研室和校办企业10余家。1995—1997年，学院为社会输送毕业生2000余人，主要服务于市属企事业单位和机关，也有部分学生服务于中央及部委企事业单位。

资料主要来源：

《北京联合大学志（1978~2000）》

（整理：王岩　审核：姜素兰）

北京联合大学应用文理学院

1994年至今

北京联合大学应用文理学院成立于1994年，前身是北京联合大学文理学院及文法学院的中文、法律、政治等系，经市政府办公厅厅秘字（1994）14号文件批复同意，合并成立。学院三地办学，土城北路校址是院部、行政机关和各教学部门所在地，双清路校址为学院实验室所在地，丰盛胡同校址与继续教育学院共同使用，为人文与管理科学系办学点。

1994年，经市委教育工委批准，中共北京联合大学应用文理学院党委由汪馥郁、胡春山、桂裕铮、葛明德、刘季稔、骆武刚6人组成。汪馥郁任党委书记，胡春山、桂裕铮任党委副书记，胡春山兼任纪委书记，院长葛明德，副院长刘季稔、骆武刚。5月，南北两院统一办公，各职能部门同时进行调整合并，因办公条件有限，大部分职能部门暂时还分南北两院运行。12月，根据教工委京教工（94）36号文件精神和两院合并后的工作需要，成立了党委办公室、组织部、宣传部。学院内设处级机构30个，包括教学机构15个、行政机构15个。其中，党的机构设有党委办公室、组织部、宣传部、学生工作部、离退休办公室，行政机构设有院长办公室、综合办公室（南院）、人事处、教务处、成人教育处、科技开发部、学生处、总务处、保卫科、财务科。原文法学院的大部分实验室和仪器设备划归继续教育学院，学院只保留了档案、法律2个实验室。学院的大部分实验室设在双清路校址。

两院的合并给北京联合大学应用文理学院的建设和发展带来了新的契机,在资源重组和合理配置的基础上,学院充分利用了两院在多年办学和深化教育改革中积累的经验,发挥多学科综合性的优势,坚定了发展应用文科、应用理科的决心和信心,加大教育投入。按照学校的总体规划,学院稳步发展本科教育,大力发展高等职业教育,积极发展成人教育,争取条件,适度发展研究生教育;合理配置教育资源,发挥整体综合优势,提高教学质量,增强规模效益。

1994年,学院以"深化教育教学改革,加强教学管理,提高教学质量,办出学院特色"为中心任务,认真总结原文法、文理学院办学经验,组织各系编写了《各系专业方向、学科结构、科学研究等方面情况的汇编》,在全院开展了教育教学改革大讨论,确立了教学改革的总体目标。为发挥多学科优势、进一步促进学科之间交叉互补,将相关专业和相关学科有机地结合起来,形成优势和特色,学院于1994年5月—1997年7月,逐步调整教学单位,组建了3大学科群,先后成立生物化学学部(包括化学系、生物系)、信息科学学部(包括应用数学与计算机科学系、信息技术物理系、信息管理系)、管理科学学部(包括管理系、档案与秘书学系),保留了中国语言文学系、历史学系、法律系、城市与区域科学系,经批准成立了外国语言文化系。当年,学院生物活性物质与功能食品专业实验室开始与首都医科大学联合培养硕士研究生。

1996年,学院在生物功能食品实验室的基础上,成立保健食品功能检测中心,被卫生部认定为国家级。

1997年,为了更加合理地配置教育资源,在充分调查研究和广泛深入听取群众意见的基础上,学院进行系级行政调整,取消学科群建制，将生物化学学部组建成生物化学系，信息科学学部组建成信息科学系，国际金融专业与城市区域科学系组建成经济学与城市科学系，管理科学学部、中国语言文学系、历史学系组建成人文与管理科学系，将档案与秘书学系并入，保留法律系和外国语言文化系。全院13个系科合并为6个系，设文理科15个专业。学院从1997年开始筹备，试办高等职业教育专科班。

1998年1月，学院结束原南北两院财务分灶的体制，按统一的财务体制运行，由院长直接负责财务工作。这一年，学院从两院合并后的调整时期进入以提高教学质量为中心的改革发展阶段，适时提出"为我院快速发展创造更坚实的基础，必须把教学质量看作我们的生命线，以质量求生存，以质量求发展，以质量增强竞争力。必须抛弃旧的质量观念，建立与当代科技发展趋势相适应以及与我国社会主义现代化建设相适应的新的质量观念。我们要培养能符合未来发展需要的人才，应该是基础扎实、知识面宽、能力强、素质高的而且还富有个性特点的高级人才"的指导思想。学院进一步加强学科建设，提高综合实力，深化教学改革，严格教学管理，提高教学质量、办学效益、管理水平。11月，按市教委京教计（1998）034号文件精神，学院今后对内对外不再使用"北京大学分校"的名称，以避免造成不必要的混乱。

1999年1月，学院制定了《关于深化教育改革，严格教学管理，努力提高教学质量的决定》，成为学院由调整阶段转向深化教育改革，狠抓教学质量的重要指导性文件。1999年，学院积极参与学院路13所院校"教学共同体"的建设，让学生走出校门到重点大学去选课，开阔眼界、丰富知识、感受良好的学术氛围，并对外开出中外名家名著选读、中国传统文化、中华文物古迹旅游 3 门互选课程。这一年，学院高等职业教育行政管理（外企管理）专业正式招生；学院路校区 1990—2000 年间最大的一项建设工程——实验楼建设开始，10 月 13 日开工典礼举行，总建筑面积 9857.96 平方米，2001 年 5 月竣工。学院于年底进行了机关机构和人事制度改革，将原有的 16 个行政部门合并为 11 个，于 2000 年上半年进行了后勤社会化改革，成立了 4 个服务中心、1 个办公室。

▲ 第二教学楼主体结构封顶仪式现场

进入 21 世纪，学院坚持"发展应用性学科专业、培养应用型专门人才"的办学方向，突出"应用文科、应用理科"的办学特色，坚持学科专业一体化建设原则，以本科教学工作"质量工程"为抓手，形成一整套规范的教学管理和教学质量监控体系，坚持探索应用型人才培养模式，完善从招生、培养到就业各环节有机衔接的学生培养系统工程，与国外多所大学开展国际教育合作，使学生可通过参加教育合作项目取得国内外双重学历或学位。学院的办学条件得到进一步改善，于 2012—

2013年先后在学院路校区建了学生宿舍楼和第二教学楼。2013年，学院在丰盛胡同的办学部分迁出，学院由三址办学变为两址办学，以学院路校区为主，双清路校区为辅。

至2018年年底，学院占地面积3.7万余平方米（学院路校区2.9万余平方米，双清路校区8000余平方米），总建筑面积近7.9万平方米（学院路校区7.5万余平方米，双清路校区4000余平方米）；有全日制在校学生2511人，其中本科生2380人、研究生131人；有教职工258人，其中专任教师169人。学院开设法学、汉语言文学、新闻学（含影视传播方向）、历史学（文遗保护与利用）、文物与博物馆学、人文地理与城乡规划、地理信息科学、广告学、网络与新媒体、档案学（信息开发）10个本科专业，设有中国史、考古学、地理学3个一级学科硕士点和法律、新闻与传播、文物与博物馆、图书情报4个专业硕士点。学院拥有国家级实验教学示范中心1个，国家级虚拟仿真实验教学中心1个，国家级特色专业建设点、北京市级特色专业1个，国家级综合改革试点、北京市级特色专业1个，北京市重点建设学科2个。学院依托文理交融的学科科研实力，发挥地处中关村科学城核心区的地缘优势，集成融合、锐意创新，在文化、科技融合创新中发挥作用，立足海淀、服务首都、接轨世界，深度融入北京，落实"四个中心"城市战略定位和国际一流和谐宜居之都建设，努力培养具有深厚人文素养和科学精神的高素质复合应用型人才。

▲ 学院路校区大门悬挂的三块校牌（2018年摄）

资料主要来源：

① 《北京联合大学志（1978~2000）》
② 《北京联合大学志（2001—2010）·学院篇》
③ 《北京联合大学年鉴（2014）》
④ 北京联合大学档案馆馆藏档案

（整理：王岩　审核：姜素兰）

北京联合大学继续教育学院

1994 年至今

北京联合大学继续教育学院成立于 1994 年，经市政府办公厅厅秘字（1994）14 号文件批复同意，北京联合大学文法学院改名为北京联合大学继续教育学院。学院承担着北京市成人继续教育和北京市高校干部培训两项任务，使用原文法学院地址办学，位于西城区西单北大街丰盛胡同 13 号。

当年，同时调整的还有北京联合大学文理学院。文理学院与文法学院的中文、法律、政治等系合并，成立了北京联合大学应用文理学院，与继续教育学院共同使用丰盛胡同 13 号办学。此处为应用文理学院的南院，其部分职能部门在此办公，人文与管理科学系在此办学。继续教育学院机关办公室占用房屋 25 间 360 平方米，使用 2 个 100 人教室、3 个 40 人教室办学，与应用文理学院共同使用 200 人教室、500 人教室、健身房。原文法学院的大部分实验室和仪器设备，除档案和法律两个实验室归应用文理学院使用外，都划归继续教育学院使用。教学楼六层归北京市高校干部培训中心使用。

继续教育学院不设党委，实行院长负责制，接受联合大学党委和校长的领导。高校干部培训中心的工作接受中共北京市委教育工委和北京市教委的领导。学院财务独立建账，单独核算。根据北京市机构编制委员会办公室《关于北京联合大学文理学院、文法学院更名及核编的函》（京编办事〔1995〕54 号）

精神，继续教育学院设处级机构6个，即教务处、科研信息处、国际合作交流处、干部培训部、办公室、总务处。处级领导职数12人，学院事业编制74人。

1994年5月，学院启动成人继续教育工作。1995年，学院首届成人学历教育（夜大学）招生，有涉外财会、国际金融、外贸英语、广告摄影4个专业招生201人。2000年成人学历夜大学首次申报并被批准开办英语专升本专业。7月份招收广告摄影、计算机网络技术（高职）和英语（专升本）、英语二学历等专业学生共计209人。12月，学院申报的新增专升本会计学专业获市教委批准。

1994年12月，经中央党校函授学院和北京市委机关分院备案并批准，中央党校函授学院北京市委机关分院联大函授站成立，1998年改为联大学区。学院作为中央党校函授教育学院北京市委机关分院的学区——联大学区，继1995年招收首届在职党员干部为主的学员以来，1996—2000年又招收了5届学员，其中包括经北京市委机关分院批准于1999年2月在天津清河监狱管理局设立的教学点。

自1995—2000年，学院还举办了各种岗位培训的长短期班，有法律研究生课程进修班、成人教育研讨班、英语、工商经济职称辅导班、成人高考补习班、党校考前辅导班、中技助学班、3+2高职辅导班、艺术类摄影加试辅导班、专升本英语辅导班等。

2000年，经北京市考试指导中心批准，学院开设高等教育自学考试计算机应用高职专业。

北京市高校干部培训中心成立于1992年7月，是市委教育工委和市教委共同举办的培训机构，依托北京联合大学继续教育学院（1994年前依托原联合大学文法学院）办学，培训中心的主要任务是通过培训提高高校处、科级干部的政治素质、业务素质和管理能力。培训对象以市属院校处、科级管理干部为主，兼顾部分小规模双管院校、市教委直属单位处级干部和教工委、市教委机关管理干部。继续教育学院具体负责教学任务和培训的日常管理工作。培训中心未建立专职师资队伍，主要是聘请高校的教授、科研单位的专家、国家和北京市教育行政机关的领导和主管部门负责人授课。培训中心下设办公室1个部门，定编4人，负责培训的教学和日常管理工作，其他工作（如后勤、财务等）都依托联合大学继续教育学院。

2003年，为了适应新世纪新阶段终身教育的社会需求，积极贯彻党的十六大政治报告中关于"发展继续教育，构建终身教育体系"的精神，更好地坚持学校"高职为主，三教统筹"的办学定位，促进学校成人高等教育的发展，学校决定统筹规划成人教育办学布局，整合成人教育办学资源，将位于什刹海的学校成人教育部（前身是化工局职工大学，2001年更名为成人教育部）整建制并入继续教育学院，进一步提高办学效益和办学水平。11月，学校的调整意见获得批准。按照规划，继续教育学院的办学任务主要是紧紧围绕北京市经济建设和社会发展的需要，举办成人高等教育，进行继续教育研究，为北京市发展继续教育、构建终身教育体系做出应有的贡献。同时，按照市委教育工委的要求，继续承担"北京市高校干部培训中心"的职能。调整后，继续教育学院名称和副局级的规格不变。学院正职领导为副局级，副职为正处级。学院机关设院长、总支办公室，教务处，招生办公室，人事处，行政管理办公室，财务处；院属教学科研单位设教学部、继续教育研究所；"高校干部培训中心办公室"单独设置；原成人教育部的人员编制并入继续教育学院。由此继续教育学院拥有了什刹海和丰盛胡同两个办学地址。

学院紧紧围绕北京经济建设和社会发展，特别是一线建设对人才的需要，依托北京高等教育资源优势，加强学科和专业建设、优化课程体系、改善办学条件、提高教学质量和办学效率、努力服务首都经济。学院根据社会对人才的需求特点，加强学科建设和专业改造，建立了一支能适应成人教育教学特点、结构合理、教学经验丰富、专兼职相结合、稳定的教师队伍。学院的成人高等学历教育形成了以英语、艺术设计、信息管理与信息系统为特色的本科专业和以计算机应用、广告摄影、财会等专业为骨干的专科专业。为适应专业建设和学科发展的需要，学院相继建设了多媒体教室、多媒体语言实验室、计算机网络教室以及摄影棚、暗房、会计等专业实验室，教学设施齐全。

至 2010 年年底，学院的教学任务包括学历教育和非学历教育。学历教育包括夜大学、中央党校函授教育、奥鹏远程网络教育；非学历教育包括组织和培训学生参加北京市人力资源和社会保障局职业技能培训、国家人力资源和社会保障部组织的摄影师职业资格考试、北京教育考试院组织的北京英语口语证书考试、全国信息技术高级人才水平考试（NIEH）、Adobe 中国教育认证考试、财政局批准进行的会计证考证培训和会计人员继续教育等。

2012 年，学校盆儿胡同校区改造完成，继续教育学院结束两址办学的历史，迁至盆儿胡同 55 号办学。新校区占地面积 4680.21 平方米，校舍总建筑面积 1 万平方米。学院有普通教室、多媒体教室、计算机网络教室、摄影棚、暗房、语音室等专用教室 35 间。

▲ 继续教育学院时期的校门

2015年，学校进行校区调整，盆儿胡同55号出借，北京市丰台区职业教育中心学校方庄中心校区西校区划归北京联合大学，蒲黄榆校区校园面积向北增加1.3万余平方米。8月，继续教育学院搬离盆儿胡同55号，迁入蒲黄榆校区，与学校特殊教育学院共同使用校区校舍办学。

2016年10月，为进一步形成合力和提升继续教育水平，学校发布京联党（2016）145号文，整合学校继续教育及培训资源，撤销"北京联合大学继续教育培训中心"，注销其事业单位法人资格；将现校培训中心并入继续教育学院，保留"北京联合大学培训中心"事业单位法人资格（根据工作需要，对外时可用"北京联合大学成教处"名称），挂靠继续教育学院，变更法人；将"全国重点建设职业教育师资培训基地——北京联合大学"挂靠继续教育学院管理；将"北京联合大学高等教育自学考试办公室"挂靠继续教育学院。调整后，继续教育学院负责统筹全校成人高等学历教育工作，统筹全校社会化培训、考试管理工作，负责全国重点建设职业教育师资培训基地工作，承担全校自学考试主考任务以及上级委派的职业技能等各类培训任务，代表学校办理与北京市教委、北京市教育考试院等上级机构的相关业务，指导其他学院成人学历教育的管理工作，协同开展对外培训工作。学院内设6个管理机构：综合办公室、教学运行办公室、招生与学生管理办公室、自考与远程教育办公室、培训与考试办公室、教育研究与资源开发办公室。学院迁至北四环校区东院办公，并根据实际需要，在蒲黄榆校区保留必要的培训场所和工作用房。

至2018年，学院在职教职工25人，在校学生4284人。学院成人学历教育（夜大学）共有11个办学单位，在办专业32个，其中专科11个、高起本5个、专升本16个，开设专业涉及管理、艺术、计算机、旅游、针灸推拿等多个领域。

资料主要来源：

① 《北京联合大学志（1978~2000）》
② 《北京联合大学志（2001—2010）·学院篇》
③ 北京联合大学档案馆馆藏档案

（整理：王岩　审核：姜素兰）

北京联合大学应用技术学院（平谷）/平谷学院

北京联合大学应用技术学院（平谷）1995—2004年
北京联合大学平谷学院 2004—2011 年

北京联合大学应用技术学院（平谷）正式成立于1995年，由学校与平谷县[1]人民政府合作创办，创办时办学地址位于平谷县第五中学内。

20世纪90年代初，随着我国经济体制改革的深入，高等职业教育迅速发展成为一个新的办学类型和增长点。在学校1994年1月召开的第一次党代会上，明确了培养适应首都经济建设和社会发展需要的应用型人才和高等职业技术人才的发展目标，学校从1994年开始扩大高职专业试点招生范围，积极发展高等职业教育，探索校企合作办学。北京市平谷县自改革开放以来经济跃上一个新的高度，经济发展与人才短缺的矛盾也越来越突出。为促进经济发展，平谷县狠抓了普通教育和职业教育，培养了一批人才。但现有人才的层次依然不能满足经济发展的需要。经济发展急需一批受过专业教育的中高级人才，这类人才的短缺制约了平谷县经济的进一步发展。依靠分配高校毕业生来平谷，数量少又难留得住。平谷县委、县政府认为必须自

---

[1] 2001年12月30日，国务院批复北京市政府，同意撤销平谷县，设立北京市平谷区，以原平谷县的行政区域为平谷区的行政区域。

力更生，自己培养，作为北京的卫星城之一，平谷县需要且有实力办一所大学。根据人才需求多专业、多层次、多规格、数量不太大的特点，平谷县认为采用背靠大学、联合培养的模式最为经济和可行，多次调研后确定北京联合大学为最佳合作办学伙伴。经过磋商，双方都很有积极性，一致同意在平谷联合建立北京联合大学平谷学院。

1994年，双方商定：平谷学院为北京联合大学与平谷县任命政府合办，受平谷县和北京联合大学双重领导，为正处级，党、团关系在平谷县。学院设董事会，由平谷县和北京联合大学各出3名董事；董事长由平谷县主要领导担任，副董事长由学校领导担任。学院设院长1人，由平谷县委派；副院长1人，由学校委派。学院下设办公室、教务处、总务处，教务处长由北京联合大学委派，副处长由平谷县委派；教务处工作人员2人，由北京联合大学、平谷县各出1人；办公室设主任1人、工作人员2人，由平谷县选派；总务处设处长1人、副处长1人、工作人员3人，由平谷县选派。学院自1994年开始招生，近期每年招生100人；长远每年招生150—200人；到2000年，在校生规模为800人。生源以本县为主，适当吸收部分周边和外地学生；参加全国统一高考，招生指标列入学校总的招生计划之内；学生一律自费，入学后转为城镇户口，毕业不包分配；毕业生主要面向平谷县兼顾北京市郊区。平谷县提供校舍和办学设备（教学、办公、通信、交通设施），1994年先建计算机房和语音室，1995年建普通大专物理实验室，其他实验室由学校提供。办学经费由平谷县人民政府筹集，另加学生交纳的学费，近期平谷县每年拨款30万元作为日常经费。学院近期开办的是学制二年至三年专科，以后根据需要可发展本科教育。学校负责选派教师，安排教学、实验、实习、考核、颁发毕业证书等教学工作。根据平谷县和北京市郊区经济和社会发展的需要，1994年计算机应用、涉外会计、机电一体化3个专业率先招生，以后根据实际需要及北京联合大学的条件灵活确定招生的专业。在教学上要打破现有的模式，从实际需要出发制订教学计划、安排课程，努力培养动手能力强、下得去、用得上、留得住、干得好的应用型高等职业技术型的人才。除计算机、语音教学实验在平谷学院实施教学外，其他有关课程实验，尽量以独立设课方式到学校相应实验室上课。

1994年年初，学校和平谷县人民政府联合向市政府、市高教局递交了申请报告。为此，市高教局局长林浦生、副局长马淑珍先后到平谷县调研。办学申请获同意。由于当时郊区分校正在调整，学院成立未作宣传，暂未正式发文。当年，学院定向招生40人，专业为计算机应用（专科）。

1995年7月，学校向市高教局呈报了《关于成立北京联合大学应用技术学院的请示》，提出拟在平谷县成立北京联合大学应用技术学院（1994年时拟名北京联合大学平谷学院），并附1994年时与平谷县商定的办学方案和建院实施方案。由平谷县提供校舍（占地60亩）和办学经费（包括学生交纳的学费），生源以平谷县为主，根据需要灵活设置专业。招生名额近期每年招70—100人，长远每年招150—200人，均包括在学校招生计划之内，学生毕业后由平谷县分配工作。学校负责全部教学工作，平谷县负责行政后勤工作。双方共同组成领导班子，均为兼职。学校不另增加编制、机构和干部职数，不增加经费。

1995年8月，市高教局发文，批复同意成立学院。9月12日，学院挂牌并举行首次开学典礼。此后，学院连续招生，每年招收80人。

1998年1月，经市委教育工委、市教委、市编办批准，北京联合大学将建材轻工学院并入校本部，将电子自动化学院与建材轻工学院合并，重组为信息学院和应用技术学院。应用技术学院分管平谷该学院，设立北京联合大学应用技术学院平谷校区。

2000年，应用技术学院（平谷）搬离北京师范大学附属平谷中学校址，迁至位于平谷县迎宾路7号的原平谷成人中专校舍，与平谷第二职业学校共用一处校园办学。当年，学院计算机应用、市场营销、旅游管理、广告等专业招生150人，有在校生260余人，自成立以来已培养毕业生280人。

2002年1月，北京联合大学进行学院调整，在原应用技术学院的基础上成立了管理学院，北京联合大学应用技术学院（平谷）继续保留。

2002年2月，北京市发文批复，经国务院批准，撤销平谷县，设立平谷区，以原平谷县行政区域为平谷区行政区域。平谷区人民政府驻平谷镇府前街。4月18日，平谷区挂牌成立。2004年3月，为了更好地为首都地方经济建设和社会发展服务，支持地方区县发展高等职业教育，北京联合大学与平谷区人民政府签订《北京联合大学与平谷区人民政府合作办学协议》，拟合作创办北京联合大学平谷学院。

2004年4月，学校向市教委递交《关于更名成立北京联合大学平谷学院的请示》，提出将与平谷区人民政府合作办学近十年的北京联合大学应用技术学院（平谷）正式更名为北京联合大学平谷学院，作为学校下属的非独立法人的二级学院，列入北京联合大学学院序列，由北京联合大学与平谷区人民政府共同合作举办。5月，市教委批复同意，北京联合大学应用技术学院（平谷）更名为北京联合大学平谷学院。9月，学院举行揭牌仪式暨新学期开学典礼。

▲ 学院揭牌仪式

平谷学院办学地址不变,仍在迎宾路7号,与平谷区第二职业学校共用一处校园办学。学院设置电子信息、生物工程、新医药、新材料、光机电一体化、汽车制造、体育休闲、旅游会展和信息咨询等专业。2004年,学院招收了首批学生220人。

平谷学院经费来源包括平谷区人民政府拨付和学生的学费。平谷区人民政府拨款主要用于专业教学设施、设备等基础条件建设,以及学生副食补贴、招生录取、学籍管理、教学管理等方面。所收学费,根据学校与平谷区人民政府的责任和义务及办学成本分配,平谷校区支配50%,所办专业的相关学院支配50%。为保证学生正常上课秩序、改善教学条件,学校投入部分经费用于学院购置、更新教学设备。

学院成立后,学校任命单文谦为教学副院长。学院成立学生处、团委,负责全院的学生管理工作;成立对外合作交流办公室,专门从事对外合作与教育教学交流工作,继续坚持国内教育与国际教育的接轨,与英国、美国、澳大利亚、加拿大、韩国、日本等国家的高校开展学术研究与交流。2004年，学院加入GCN——国际院校网络组织，每年选送优秀学生到GCN成员院校（7个国家，14个国际院校）学习，并享受免学费的奖学金。学院把造就一支思想过硬、业务精良、教学科研双突出的教师队伍作为重点。为有利于学院独立办学能力的提高以及师资队伍的成长，逐步将一些公共课改由学院的部分教师承担（属平谷区教师编制），主要专业基础课和专业课仍由学校相关学院教师承担。学院每年从高校优秀硕士毕业生中招聘5—6人，充实专业教师队伍，聘请学校其他相关学院教师与本院老师"结对子"传、帮、带，以提高新任教师的教学水平。

根据合作办学协议，平谷区人民政府负责学院的硬件投入。平谷区人民政府从2004年开始逐步改善学院的教学和办公环境，于2004年10月完成学院大门改造、甬路铺设、校园照明设施改造和培训实习楼前绿化；11月完成学院西部300多米围墙扩建、铺设水泥地面3000多平方米和上下管道300多米，规划出篮球场地2个、羽毛球场地2个；2006年6月完成操场改建，建成拥有高标准400米跑道的塑胶操场，占地面积2万平方米，配建有篮球场、足球场、羽毛球场。

▲ 学院大门

▲ 校园一角

从 2005 年起，学院独立使用智慧园办学。当年，学院设置了经济贸易系、生物工程系、机电建筑系、计算机信息管理系，有国际商务、金融保险、旅游管理、广告设计与制作 4 个普通专科专业招生；2005 年 5 月，完成了数字图书馆建设，图书内容涉及政治、哲学、艺术、宗教等 10 大门类，拥有独立的服务器和交换机，可满足校园内 5000 余个信息点在网同时阅读。

2006 年，学院增设电子商务专业和网络系统管理专业。

为加强专业建设，学院于 2006 年成立专业建设委员会，负责教学基本建设，主要研究专业方向、知识体系、职业能力和行业规范，议定指导性培养计划、教学大纲，研究指导教学内容、教学方法和教学模式的改革。委员会委员由相关专业教授、行业企业的专家、行家及学校青年骨干教师组成。委员会下设金融保险、电子商务、国际商务、计算机网络管理、机电一体化、广告策划与制作、旅游管理 7 个专业组。

2007 年 8 月，学院召开首届教学工作研讨会，确定了学院的发展与改革方向是"两个加强"，即加强"双师型"教师队伍的建设、进一步加强实践教学。同年 9 月，教务处召开全体任课教师会，对实践教学的具体操作进行详细的辅导，以实现四方面目标：一是以专业案例、科研成果、研究项目为载体，培养学生知识技能、创新精神和科学态度目标；二是贴近学生就业需要目标；三是让学生进入专业实际中学习和探索，把课堂延续到课下目标；四是充分利用实习基地和实训室，重点提高学生的实际操作能力目标。当年，学院完成了旅游模拟、金融保险、语音机房、网络机房、商务谈判、软件调试苹果机房等 12 个高标准实训室的建设。

2009 年，学校任命张永敬为教学副院长。学院进行系部调整，调整为计算机系、旅游管理系、金融保险系，增加了计算机应用技术专业和计算机网络技术专业，网络系统管理专业停止招生。

至2010年年底，经过几次内部专业调整和增设，学院专业总数从4个增至7个。学院拥有任课教师120人，其中专业教师和专业技能指导教师70人，近八成专业教师达到了"双师型"标准，有副教授以上职称者（含高级工程师、高级实验师）50余人，有博士、硕士学位者20余人，同时还聘请了国内学者、专家为兼职教授。学院图书馆馆藏图书6万册，数字图书馆有图书资源38万册。

2011年，由于北京地区生源减少，学校招生计划随之逐年递减，平谷学院的办学规模难以保证。经与平谷区人民政府协商，双方决定终止合作办学。2011年3月11日，校党委第301次常委会通过了终止办学的决定及后续相关工作安排。学校决定成立平谷学院整体工作领导小组和工作小组，负责落实平谷学院终止办学后的相关工作。根据平谷学院在读一、二年级学生修读专业情况，旅游管理专业学生转入旅游学院，广告设计与制作专业学生转入广告学院，其他专业学生全部转入应用科技学院，从2011—2012学年第一学期（2011年9月份）开始，在读的一、二年级学生到相关学院就读。平谷学院教师的安置工作由平谷区人民政府安排。合作期间，学校投入的教学设备、图书资料、网络设施、安防设施及其他各种设施，按照国有资产管理办法，同时根据平谷学院今后发展的需要，由双方具体协商解决。2011年，平谷学院有在校生786人，其中三年级（毕业班）253人，一、二年级533人，开设国际商务、电子商务、金融保险、旅游管理、广告设计与制作、计算机应用技术、计算机网络技术7个专业。

资料主要来源：

① 《北京联合大学志（2001—2010）·学院篇》
② 北京联合大学档案馆馆藏档案
③ 平谷区档案馆馆藏档案

（整理：王岩 审核：姜素兰）

北京联合大学信息学院／智慧城市学院

北京联合大学信息学院 1998—2017 年
北京联合大学智慧城市学院 2017 年至今

北京联合大学信息学院建立于 1998 年，办学地点位于朝阳区北四环东路 97 号，曾是学校培养电子信息、通信、计算机和自动化应用型高级工程技术人才的学院。

1997 年 10 月，根据市委教育工委和市教委的指示精神，学校开始着手电子自动化工程学院与建材轻工学院的调整工作。12 月，校党委决定将建材轻工学院并入校本部。1997 年年底，学校统一规划电子自动化学院与建材轻工学院的专业，重新组建信息学院和应用技术学院。1998 年 1 月，北京市机构编制委员会致函北京市教委《关于北京联合大学电子自动化工程学院、北京联合大学建材轻工学院更名的函》，同意北京联合大学电子自动化工程学院更名为北京联合大学应用技术学院。信息学院和应用技术学院正式建立。信息学院是学校的非法人副局级学院，办学地点在学校小营新址。学院的基础教学、图书资料、后勤、保卫、人事管理、财务管理、干部任免由校部负责；学院承担专业教学、学生和党务工作。

建院初期，成立了学院领导小组，组长为张秀国，副组长为高林，成员有许贵才、鲍泓、曲学利。学院设信息系、计算机系、自动化系、管理系、机电系、材料系 6 个系和 1 个直属教研室。5 月，信息学院党委成立，同时院领导小组撤销，张秀国任院党委副书记（主持工作），许贵才任院党委副书记，高林任学院副院长（主持工作）。学院坚持党的教育方针，面向现代化、面向世界、面向未来，在办好普通本科的同时，积极发展高等职业教育和成人教育，培养技术应用性人才；大力加强科研，努力申办硕士点，重点建设好"通信工程"和"计算机应用"这两个北京市重点建设学科；按照国际接轨、国内一流的要求，建设通信技术这个全国高职示范专业。

1999年年初，学校进行校内体制调整，将信息学院机电系、材料系、管理系和电工电子实训中心划归应用技术学院。调整后，学院设三系一室，即信息系、计算机系、自动化系和院直属计算机信息管理教研室。当年9月，学校在廊坊建立分校，学院计算机专业1999级本专科新生156人，作为北京联合大学廊坊分校的第一批学生，入驻分校。为适应校本部、廊坊分校两地办学的新形势，学院改革了学生工作管理体制，将学生工作与各系脱钩，组建4个年级组，设年级主任、年级副主任、团总支书记各1名，学生处、团委合署办公，团委书记兼任学生处副处长。

2000年，学院通信技术专业被确立为北京市高职高专重点建设示范专业，并推荐到教育部作为全国高职高专重点建设示范专业，获得教育部评估专家"目标明确、思路清晰、特色显著、措施落实"的反馈意见，被确立为教育部全国高职高专重点建设专业。

2001年，学校与东方（华北）大学城开发有限公司合作建立东方大学城信息技术学院，由信息学院筹备。5月，学院成立"东方大学城信息技术学院筹备组"，开始筹备建院工作，院长鲍泓兼任组长，信息系副主任罗晓惠担任常务副组长并主持筹备组工作。6月，北京市教委发文同意建立北京联合大学东方大学城信息技术学院，信息学院加挂北京联合大学东方大学城信息技术学院的校牌。东方大学城信息技术学院由信息学院承办，信息学院负责办学的专业设置、教学计划的制订和组织实施、学籍和教学质量的监管；每年上报一定的国家计划招生指标，并按审批招生数招生；负责毕业生资格审查并颁发毕业证书。

2002年，根据北京市机构编制委员会《关于同意北京联合大学机械工程学院等3所学院并入北京联合大学的函》（京编办〔2002〕2号）和北京联合大学2002年3月25日文件《关于校本部进行专业调整并重新组建学院的意见》（京联党〔2002〕11号）文件精神，学校进行调整，撤销信息学院、应用技术学院、机械工程学院建制，统一规划专业，重新组建自动化学院、管理学院、机电学院和信息学院。将原信息学院的自动化系和机械工程学院的电气工程系调整合并，成立自动化学院；以原应用技术学院为主体，合并校内部分管理学相关专业组建管理学院；以原机械工程学院机械工程系、材料工程系、应用技术系汽车类专业和原应用技术学院机电系组成机电学院；信息学院设多媒体教研部、软件教研部、电子教研部、信息系统教研部、通信教研部、网络教研部，纳入校本部直接管理。新组建的四所学院是学校下属的二级非法人学院，处级建制，财务、人事、资产和后勤等管理职能统一由学校管理，基础课程、英语课程、思想政治课程和体育课程教学任务由校本部直属教学部承担。自动化学院、管理学院和信息学院在北四环东路办学，机电学院在白家庄西里办学。

2003年起，学院开始招收专升本学生，先后有3个专业招生。

学院在"十一五"期间，提出了"以培养学生全面发展为目的，以提高教育教学质量为核心，以学科专业建设为基本任务，以师资和管理干部队伍建设为基础，以从严治教强化管理为支撑"的指导思想。按照学校要求和自身发展需要，围绕学科专业、人才培养模式、课程体系、实践教学、教师、学生、招生就业、教学管理教学过程中的8个关键要素，进行教学品质提升建设。学院先后建设了数字信号处理（DSP）、光纤通信、移动通信、单片机与嵌入式系统、集成电路（IC）设计、混合信号与SoC技术、智能电子系统、网络系统集成、软件工程和北京市高校数字化技术创新基地等一系列具有国内先进水平的实验室和研究基地。

2006年2月，学院的"计算机应用"学科成为学校首批硕士点之一。3月，电子信息科学与技术（本科）专业从应用文理学院转入，学院成立电路与系统教研部。

2007年6月，经学校党委批准，学院成立计算机系、电子工程系、通信工程系。建系后，学院调整教学管理体制，取消原有各教研部，计算机系下设软件教研室、多媒体教研室、信息系统教研室，电子工程系下设电子教研室、电路与系统教研室，通信工程系下设通信教研室、网络教研室。2007年9月，学院成立工程应用技术中心。

2008年4月，网通软件职业技术学院与国际语言学院合并成立应用科技学院，新成立的应用科技学院吸收了信息学院、管理学院、东方大学城信息技术学院的高职专业。信息学院不再招收高职生。从2008年秋季开始，学院分别在2008年级、2009年级和2010年级设立了实验班。

2009年11月，教育部批准学校建立国家级暨北京市服务外包人才培养模式创新实验区，学院为实验区的主干学院。

2010年7月，学院的通信工程专业获批国家级特色专业建设点。9月,学校以信息学院为主体,聚合全校资源,成功获批北京市信息服务工程重点实验室。

2011年,学院成功申报软件工程新专业,并基本完成学术队伍规划和科研规划。学院申报并获批软件工程一级学科硕士点,增加了一个一级学科硕士点学科。

至2016年年底,学院设有综合办、教科办、学生办3个行政机构,计算机工程系、软件工程系、电子工程系、通信工程系4个教学部门,工程技术应用中心1个教学辅助部门,信息技术研究所、微电子应用技术研究所、可靠性检测与传感网技术研究所3个校级院管研究机构。有教职工103人,其中专任教师73人。

2017年,为适应北京"四个中心"建设和京津冀协同发展的需要,加强专业、学科凝聚和团队建设、提升办学实力和影响力,学校对工科类学院进行调整。4月,学校正式发文调整机电学院、信息学院、自动化学院以及机器人学院,将机电学院与机器人学院合并,成立新的"机器人学院",原机电学院材料科学与工程专业停止招生;将信息学院更名为"智慧城市学院",原学院的软件工程专业和电子信息工程专业整体并入新成立的"机器人学院";将自动化学院更名为"城市轨道交通与物流学院",原学院的自动化专业整体并入新成立的"机器人学院"。智慧城市学院和城市轨道交通与物流学院办学地点在北四环校区,新的"机器人学院"于白家庄和北四环两址办学,在北四环校区设立改革试验区,原机器人学院在校生以及新并入的软件工程专业(含校级实验班)、电子信息工程专业和自动化专业的在校生仍在北四环校区培养。

智慧城市学院以"崇德尚能、智慧精英"为使命,围绕"城市型、应用型"办学定位,立足于城市智能化服务的信息技术

▲ 智慧城市学院成立仪式

高素质应用型人才培养，重点为北京市智慧城市建设培养智慧教育、智慧办公、智能家居、智慧社区、智能交通、智慧旅游等方面人才。学院设三办三系三所一中心，即综合办公室、教学科研办公室、学生工作办公室、计算机工程系、通信工程系、电子科学系、信息技术研究所、微电子应用技术研究所、传感网与可靠性研究所和工程技术应用中心。学院是国家级和北京市级"服务外包人才培养模式创新实验区""北京市信息服务工程重点实验室"的主体学院。至 2018 年年底，学院有教职工 75 人，其中专任教师 58 人，在校本科生 1064 人、研究生 33 人。

资料主要来源：

① 《北京联合大学志（1978~2000）》
② 《北京联合大学志（2001—2010）·学院篇》
③ 北京联合大学档案馆馆藏档案

（整理：王岩　审核：姜素兰）

北京联合大学应用技术学院

1998—2002 年

北京联合大学应用技术学院成立于 1998 年，办学地点位于朝阳区北四环东路 97 号，曾是学校培养高级技术应用型人才的新型理工科学院，是学校高等职业教育的"窗口"与"试验田"。

1997 年 10 月，根据市委教育工委和市教委的指示精神，学校开始着手电子自动化工程学院与建材轻工学院的调整工作。12 月，校党委决定将建材轻工学院并入校本部。1997 年年底，学校统一规划电子自动化学院与建材轻工学院的专业，重新组建信息学院和应用技术学院。1998 年 1 月，北京市机构编制委员会致函北京市教委《关于北京联合大学电子自动化工程学院、北京联合大学建材轻工学院更名的函》，同意北京联合大学电子自动化工程学院更名为北京联合大学应用技术学院。信息学院和应用技术学院正式建立。应用技术学院是学校的非法人副局级学院，办学地点在学校小营新址。学院的基础教学、图书资料、后勤、保卫、人事管理、财务管理、干部任免由校部负责。学院承担专业教学、学生和党务工作。

成立之初，学院只有教职工 21 人，开设音响工程、计算机应用、通信技术 3 个高职专科专业，有在校学生 441 人。学校成立了应用技术学院领导小组，全面负责学院党政工作，校党委副书记孙权兼任领导小组组长，负责学院全面工作；原建材轻工学院副院长李培均任副组长，负责学院教学工作；小组成员孙建京负责教务处工作，林中忖协助孙权和李培均工作。学院设置办公室、教务处、学生处 3 个行政机构，没有设置系，建立了团委，院团委与院学生处共同负责学生的管理教育工作并执行校团委的工作部署和安排。

1998 年 5 月，学院建立了党委，实行党委领导下的院长负责制，院领导小组撤销。经校党委常委 141 次会议研究，决定院党委会委员由白志平（原机械工程学院党委副书记）、李培均、孙建京、林中忖 4 人组成，其中白志平任党委副书记（主持工作）、李培均任副院长。党委下设党委办公室、学生工作部。党委办公室负责组织、宣传、纪检、统战及其他党务工作，与院办公室是两块牌子一套人马。学生工作部负责全院学生的思想政治工作与管理，与院学生处是两块牌子一套人马。

1999 年年初，学校进行校内体制调整，将信息学院机电系、材料系、管理系和电工电子实训中心划归应用技术学院。9 月，学校为应用技术学院新建了电子信息系，设置电子信息工程（音响工程）、计算机应用 2 个专业，学院形成四系一中心的教学体系，开设 13 个专业，有教职工 114 人，在校学生 1200 余人。

建院以来，学院进行广泛调查，经行业专家的充分论证，确定了具有较强针对性的培养目标，分为普适、类适和专业三个层次，即对所有高职专业普遍适用的部分、对一个专业大类适用的部分、对一个具体专业适用的部分。同时，学院采取校企合作的人才培养模式，使学生在生产、建设、服务、管理一线接受实际锻炼，在模拟仿真的实训基地训练职业技能。学院的每个专业都建立了有行业专家或有丰富一线工作经验的工程技术人员参加的专业委员会，大多数专业都有一个以上的企业为合作办学伙伴，并有相对稳定的校外实习、实训基地。1999年6月，机电系与古桥空调设备有限公司、北京冷冻机厂、北京青云制冷设备公司、北京铁路学校等单位签订1999—2004年校外实训基地实习点合作协议书。11月，保险营销专业与中国太平洋保险公司北京分公司培训中心建立的实训基地揭牌。2000年9月15日，管理系与北京信普瑞德计算机信息工程公司签署合作办学协议。2001—2002年，学院与环陆海天网络技术有限公司、太平洋保险公司北京分公司、泰德股份有限公司、中国录音协会及建设部的行业协会等单位进行广泛合作，共获得企业投资100万元。

学院在深入调查的基础上，参考1998年教育部规定的专业目录，根据北京市国民经济建设和社会发展需要，选择社会急需，学校又有条件办好的专业。2000年1月，经京教高（2000）001号文件批复，学院获批新增计算机与通信管理、电子商务与信息管理2个高职专业。经过艰苦努力，改造老专业，建设新专业，到2000年，应用技术学院初具规模，拥有8个本科专业、11个专科专业，教职工121人，在校学生1980人。学院形成了鲜明的高职特色，在高职人才培养模式的理论与实践探索中取得了显著的成绩，在全国产生了较大的影响。学院高职毕业生就业率始终保持在95%以上，三年来先后接待北京市和国内外高职同行参观来访60余批次。

2000年8月，学院计算机网络专业招收首批本科生。10月，空调制冷、计算机应用、保险营销3个专业被评为校级高职示范专业，应用技术学院成为学校示范专业最多的学院。11月，计算机应用专业和保险营销专业被评为市级高职教学改革示点专业，获批为市级高职高专重点建设试点专业。12月，计算机应用专业通过了教育部全国高职高专试点专业的专家组评估。2001年1月，管理系的保险营销专业被确定为校级重点示范专业和北京市高职高专重点建设示范专业。2001年8月，管理系国际金融与保险专业招收首届高职专科生。

2002年，根据北京市机构编制委员会《关于同意北京联合大学机械工程学院等3所学院并入北京联合大学的函》（京编办〔2002〕2号）和北京联合大学《关于校本部进行专业调整并重新组建学院的意见》（京联党〔2002〕11号）文件精神，学校进行学院调整，撤销信息学院、应用技术学院、机械工程学院3所副局级建制学院，统一进行专业调整，重新组建自动化学院、管理学院、机电学院、信息学院4所正处级建制学院。将原信息学院的自动化系和机械工程学院的电气工程系调整合并，成立自动化学院；以原应用技术学院为主体，合并校内部分管理学相关专业组建管理学院；以原机械工程学院机械工程系、材料工程系、应用技术系汽车类专业和原应用技术学院机电系组成机电学院；信息学院设多媒体教研部、软件教研部、电子教研部、信息系统教研部、通信教研部、网络教研部，纳入校本部直接管理。新组建的四所学院是学校下属的二级非法人学院，处级建制，财务、人事、资产和后勤等管理职能统一由学校管理，基础课程、英语课程、思想政治课程和体育课程教学任务由校本部直属教学部承担。机电学院在白家庄西里办学，另外三所学院在北四环东路办学。

应用技术学院自建院以来共招生近2900人，2001年设有管理、电子信息、机电和材料系4个系，1个电工电子实训中心和1个成人教育办公室，有电工电子实训中心、音响视听、计算机网络、电子商务、空调制冷技术、金融保险和建筑装饰设计（CAAD）等校内实训实习基地；有本、专科专业（含专业方向）13个；在校生2116人，其中本科生945人、专科生1171人；

有教职工 125 人,其中专任教师 93 人。

资料主要来源:

①《北京联合大学志(1978~2000)》
②《北京联合大学志(2001—2010)·学院篇》
③北京联合大学档案馆馆藏档案

(整理:王岩　审核:姜素兰)

北京联合大学廊坊分校

1999—2009 年

北京联合大学廊坊分校开办于 1999 年，由北京联合大学与北京市外国企业服务总公司联合建立。分校地址在河北省廊坊市广阳区云鹏道 58 号的东方大学城内。

20 世纪 90 年代末，高等教育向大众化和普及化方向发展，校党委根据国家扩大高校招生规模的决定，结合学校实际作出"积极创造条件、适度发展"的决策，北京联合大学的生源不断扩大。各学院采取多种形式挖掘潜力，解决校舍不足的问题。1999 年，校本部首先向廊坊东方大学城寻求发展空间，以克服教学行政用房相对紧张的困难。

1999 年 2 月，受学校党委委托，曹传福等人到外企服务总公司联谊中心（位于廊坊市，以下简称"外企联谊中心"）商谈合作办学事宜。4—5 月，校党委书记熊家华、副校长高林分别到外企联谊中心考察。后经校党委讨论，决定与对方合作办学，建立北京联合大学分校，并决定从 1999 级开始，把信息学院计算机专业的两个本科班、两个专科班放到分校学习，进行办学试点。5 月 24 日，副校长高林代表学校，与廊坊爱心日语学校（该学校依托外企服务总公司办学），在外企联谊中心签订合作办学协议。根据此协议，由外企服务总公司出资在外企联谊中心建设教学楼 1 座（四层 5000 平方米）、计算机室 2 间、语音室 2 间。7 月，党委副书记韩宪洲带领曹传福等人到廊坊武警学院商讨聘请管理干部和任课教师事宜。武警学院选派4名教员负责分校外语和体育两门课教学，其余课程由学校教师自行承担。至此，分校开学的基础工作基本落实。

1999年9月14日，学校信息学院计算机专业1999级本专科新生156人，作为北京联合大学廊坊分校的第一批学生，入驻分校。9月15日，分校开学典礼举行，市领导汪统，教育部、市侨联、廊坊市的有关领导以及日本驻华使馆一秘等出席。9月20日，市教委副主任耿学超来廊坊分校视察办学情况，就分校的办学方向、校企合作、后勤社会化、学生工作等作出指示。

分校地处河北廊坊技术开发区的东方大学城，占地5000平方米，校舍建筑面积3500平方米。在初进东方大学城时，分校的办学条件非常艰苦。时值东方大学城成立伊始，部分基础设施尚不完善，特别是供暖设施未完全建好，到了冬天办公区域非常寒冷，教师们不仅要穿上军大衣，还得在腿上盖上一件大衣才能办公。当时，学校为教师办公室、学生教室都准备了电暖气，为了让学生上课更暖和一些，教师们都把办公室的暖气拿到教室让学生使用，中午再拿回办公室取暖。

2000年5月10日，校党委第40次常委会决定进一步加强分校建设，发布了《关于加强联大分校建设的意见》（京联党〔2000〕25号），提出分校实行联大党委领导下的校长负责制，分校校长、副校长由校党委任命，各部门管理人员由学校选派，分校下设教学办公室、学生工作办公室和行政办公室，在分校的各学院学生由分校统一领导；成立校务委员会，由校长、副校长、三个办公室负责人、团委书记和基础部、外语部、社科部等教学单位负责人组成，在分校校长领导下全面负责分校工作。学校提出，分校要以全面提高大学生整体素质为目标，以搞好学风建设、打好基础为重点，以东方大学城为后勤保障，将分校办成新生教育管理和提高基础课教学质量的办学基地。

2000年6月1日，校党委第42次常委会（京联人字〔2000〕12号文件）任命副校长张铃兼任分校校长，曹传福、宋淑卿为副校长。

2001年7月6日，校党委又发布了《关于加强北京联合大学分校工作的几点意见》（京联党〔2001〕24号），进一步提出分校的办学指导思想、工作任务和目标、领导体制和运行管理机制等。提出在北京联合大学党委领导下建立分校党委，分校党委与分校校长对分校全面工作共同负责，各学院和校机关派往分校的人员要明确分工、强化职责、加强合作，实现对教学工作、学生工作、行政工作的统一领导。分校对在分校办学的各学院教师、管理人员、学生统一管理，分工负责。分校办学的指导思想是"在校党委的领导下，坚持以讲团结、顾大局、齐心办好分校为基础；以讲政策、促发展、发挥联大整体优势为前提；以讲统一、严管理、推进素质教育、提高教育质量为目标；以讲成本、出效益、资源共享为手段，在分校建立行政管理统一、各学院教学相对独立的办学管理机制；建立能融合各学院优势、突出基础教学任务、强化学风建设的运行机制，把分校办成加强学生素质教育、提高基础课教学质量的办学基地。"

2001年8月，分校在东方大学城东门拥有了独立的校区，大学城为分校建立了四栋教学楼。但是，9月24日新生开学时，教学楼建设没有完工。为此，分校想出了特殊的办法——流动地点教学。23日晚，分校召集班主任开会，公布第二天各班上课地点，要求安排学生举牌引导教师到相应教室上课。以后，每天晚上都要根据随时完工的可用教室和第二天的课程调整上课地点。连续20多天，校园里都有这样动人的场面：早上8

点,三辆班车陆续开进校园,早已列队等候的各班班主任、班长、学委立刻举起前一天晚上刚刚做好的指示牌,上书"××老师,您辛苦了,请随我们到××教室上课!"大家互致问候,热情相拥进入教室。在20多天的日子里,没有办公室(办公室已用作临时教室),教职工们背着书包办公。全体工作人员白天在校园内、教室里巡视,晚上留在分校,为第二天正常上课忙碌。特殊的情况没有难倒分校的师生,大家强化服务意识,凝聚联大集体精神,辛苦工作,克服了硬件条件的困难,保障了教学的正常进行,为分校后来的全面工作打下了良好的基础。

分校距离北京城区60多公里,往返交通不便。为了保障教师到分校上课,分校租用了三辆教学班车,每天往返廊坊和北京城区。为了保障学生每周安全返京(返校),分校联系了大学城车队和校本部车队为学生发班车。当时分校各学院的负责老师形成了一个习惯——每周送班车、接班车,关注着学生这周谁回家了、周日返校没有,发现没有跟着班车回来的,第一时间联系其了解情况。借此学生跟老师建立了深厚的感情,毕业多年后还会回来看望老师。除了路途遥远,天气因素也时时给分校的教学工作带来困难。每到大雾弥漫和雨雪天气,京津高速都会封路,影响老师到校上课。一次大雪天,高速路天津段封路,大量车辆堵在廊坊,分校的班车在离廊坊出口3公里处无法前行。分校领导和综合办公室人员踏雪步行至班车现场,在查看了周围环境条件后,当即决定调用分校值班小汽车,走田间小路按一、二节有课教师,三、四节有课教师及其他同志的顺序分批接至分校。还有一次雨雾天气,为按时赶到,班车绕道104国道,在采育镇陷入泥地里,班车上的老师都下来推车,被车轮飞溅了一身泥水,到校后无需任何人安排,他们快速脱去脏衣服,赶去给学生上课。

学校也不断完善对廊坊分校的管理，2002年在工作要点中，学校进一步提出明确要求，要求分校稳定规模、继续试点、加强管理、提高质量。分校总结前一阶段工作，形成新的工作指导思想——以教学为中心，以培养学生"三个养成"为重点，通过"教、学、管"三位一体的运行模式，使学生把良好的学风、班风和良好的基础课学习成绩带回校本部和各学院；把优秀学生干部、入党积极分子和一批党员带回各学院；使在分校学习的同志经过第一线锻炼，把工作经验和收获带回校本部和各学院。经过不断探索与总结，分校逐渐形成了明确的工作思路：通过两级管理队伍建设，明确任务、分工负责，实施部门首长负责制，涉及几个部门的任务，确定主负责部门，其他部门协助，不搞"齐抓共管"；通过一系列规章制度建设，进行程序化、制度化管理；做到工作有秩序、管理有规范、忙而不乱、杂而有序；倡导"服务、协调、合作"的分校作风，以及"团结、进取、奉献"的分校精神；加强与各学院的沟通，尊重各学院意见，尽可能发挥学院的作用；加强与校本部各职能部门的交流沟通，尽可能多地争取各部门的理解和支持。

2003年"非典"时期，分校要求全体辅导员、班主任每天都到宿舍给学生做体温监控、消毒通风，行政机关24小时值班，并配备了5套安全防护服以备不时之需。有一天晚上11点左右，获知一名学生发烧后，宿舍区值班老师和司机没有退却，第一时间穿上防护服，把学生送往医院。后来又出现了5次学生发烧的情况，老师们都冲在前面，把学生当作自己的孩子一样照顾。

2003年下半年，学校先后投入160余万元，为分校更新了6个多媒体教室，新建了3个多媒体教室和2个大机房，对6个语音室进行了维修，并对机房的电源、网线全部进行了改造，使分校的教学设备有了明显改观。

针对大学城娱乐场所众多、商业气氛浓厚、缺少人文学术气息的特点,分校注重自身校园文化氛围的营造,引导学生追求健康向上的校园文化生活,举办学术文化讲座,开展健康向上的文化娱乐活动。在全体工作人员和教师的共同努力下,分校形成了良好的学风和教风,为学生大二回本校以后的学习、生活奠定了良好的基础。

2009年7月,北京联合大学对所属院校进行整体调整,撤销了廊坊分校。分校自1999年8月建立,到2009年7月撤销。期间,不管是在办学试点与探索阶段(1999—2001年),还是在逐步规范与提高阶段(2002—2009年),在学校和分校党委领导下,全体教职员工兢兢业业,奋发图强,克服困难,全身心地投入工作,花费了大量心血和精力,涌现出一批优秀教师和先进工作者。在办学条件十分艰苦的情况下,分校注重抓基础教学,规范教学管理,保证了教学质量;积极开展学生教育管理工作,创造出许多符合分校特点的教育管理方法,特别是在大一学生中发展党员的经验,为各学院的学生党建工作提供了借鉴;建立了党委中心组学习制度、重大事项决策制度、大额度资金使用审批制度、财务管理工作制度、教学工作一系列制度、学生工作一系列制度、后勤管理工作一系列制度等,使日常工作有章可循、规范运行;努力改善办学环境,从最初临时租用的几十间房屋,发展成后来有固定校舍、教学设施配套、有一定后勤保障的办学实体,基本满足了办学需要。分校累计为北京联合大学各学院培养大一学生1万余人,圆满完成了办学任务。

资料主要来源:

①《北京联合大学志(1978~2000)》

②《北京联合大学志（2001—2010）·学院篇》
③《北京联合大学志（2001—2010）·学校篇》
④《校址的故事》

(整理：王岩　审核：姜素兰)

北京联合大学特殊教育学院

2000 年至今

北京联合大学特殊教育学院成立于 2000 年 9 月，是学校具有独立法人资格的正处级二级学院，是我国第一所残健融合、综合性的特殊教育学院，使用北京第一师范学校的地址办学，位于丰台区永外蒲黄榆二巷北口。

20 世纪 90 年代，北京市为了普及残疾人教育、提高残疾学生入学率，决定在市教育局直属的北京第一师范学校成立北京特殊教育师资培训中心，建制为一个班子两块牌子。北京第一师范学校除继续承担培养小学教育师资任务外，还为北京市特殊教育学校培养培训特殊教育师资，每年招收一个特殊教育师资班 40 人。90 年代末，北京市政府、市教委要求小学教师在规定的时间内全部取得大学本科学历，北京第一师范学校（北京市特殊教育师资培训中心）也面临着升级、调整。1999 年，北京第一师范学校（北京市特殊教育师资培训中心）整建制并入北京联合大学。

2000 年 1 月 13 日，根据市教委京教计（2000）002 号批复及市机构编制委员会办公室京编办事（2000）103 号函的意见，北京联合大学特殊教育学院获批成立。商务学院和中医药学院的残疾人大学生转入特殊教育学院。特殊教育学院为北京联合大学具有独立法人资格的正处级二级学院，设立党院办（合署办公）、教务处、学生处、科研部、总务处、共青团、工会、特教系、职教系和特殊教育师资培训中心，开设特殊教育本科专业及装潢广告设计、办公自动化和中医按摩专科专业。学院位于丰台区蒲黄榆二巷甲 1 号，占地面积近 2.5 万平方米，有教职工 118 人。9 月 6 日和 11 日，学院招收的第一批本科生和专科生先后报到。9 月 25 日，学院成立大会暨开学典礼在院体育馆隆重召开。学院的成立填补了北京市残疾人高等教育的空白。

▲ 2000 年 9 月 25 日学院成立大会

为适应特殊教育发展和残疾人学生培养需要，学院自 2002 年起开始研讨对校区进行改造，并积极向上级申请建一所新的满足残疾人高等教育需求和标准的校园。经过几年的努力和上级相关部门的支持和帮助，2007 年 3 月 20 日，由北京市委常委、市委教育工委书记朱善璐主持召开了北京联合大学特殊教育学院改扩建问题协调会，会议研究决定在原址进行改扩建，并提出了要把特殊教育学院建成"精品、示范、窗口"的要求。同年，北京市政府确定特殊教育学院原址改扩建工程为市重点工程，并启动前期准备工作。2008 年 12 月 18 日，是特殊教育学

校史的故事

院发展历史上一个非常重要的日子，学院改扩建工程奠基仪式隆重举行。2008年1月—2011年3月期间，学院租用北京军区八大处招待所两座楼进行周转办学。2010年5月工程顺利通过了北京市结构长城杯专家组初步验收检查，并于2010年6月10日举行了结构封顶仪式。2011年2月，改扩建工程完成，学院迁回蒲黄榆校区。改扩建后的校区调整了原有房屋布局、改造了教学设施，共建设教学设施面积3万余平方米，建成了北京市第一所进行全空间无障碍设计的高等教育学府。

▲ 2010年6月，蒲黄榆校区改扩建工程结构封顶仪式

▲ 新校园综合楼

学院自成立以来，不断探索高等特殊教育发展，努力使其与国际趋势一致，坚持学校城市型、应用型办学定位，适应北京城市建设发展的需要，不断调整优化学科专业设置，先后增设艺术设计、针灸推拿学、学前教育、计算机科学与技术本科专业，增设园林（听障）、听力语言康复、钢琴调律（视障）专科专业，更名或停办部分专业。2003年，学校成人高等特殊教育面向残疾人单考单招，开辟了残疾人终身教育的新途径，填补了残疾人教育体系中继续教育的空白，是我国特殊教育事业的一个新的里程碑。2005年，学院开始招收专升本学生，2006年开始探索残疾人大学生融合教育。经过不断的努力，学

院特殊教育的学科专业实力日益增强。2004年，特殊教育学被评为北京市重点建设学科。2008年，特殊教育专业被评为市级特色专业。2012年，信息无障碍辅助技术获批硕士点，成为软件工程硕士学位授权一级学科点下设立的信息无障碍辅助技术目录外二级学科。2014年，中医（针灸推拿）获批临床医学硕士专业学位授权点，实行单考单招政策，这是我国第一个面向视力残疾人的硕士专业学位授权点，也是在全国首次实行残疾人研究生教育单考单招政策，是我国残疾人教育史上的标志性事件。同年，学校还申请并获批教育（特殊教育方向）硕士专业学位授权点。2017年，学前专业调整并入学校师范学院。2018年学院获批全国首个面向港澳台实行单考单招政策资质。

2004年7月，学院当选为中国教育学会特殊教育分会秘书长单位，2010年连任秘书长单位。2005年10月，学院当选为中国高等教育学会特殊教育研究分会首届秘书长单位，2011年连任。学院作为中国教育学会特殊教育分会、中国高等教育学会特殊教育研究分会的两个秘书长单位服务全国2000所基础特殊教育学校和近100所特殊教育高等院校，为我国的特殊教育事业做出了努力和贡献。

2007年，学院成为2008年残奥会志愿者培训组织基地。2011年12月，北京市残疾人体育训练基地成立揭牌。学院作为北京市残疾运动员的人才库和训练基地，培养的残疾人运动员已经成为北京市及全国残疾人体育活动的骨干力量。学院被评为全国残疾人体育运动开展先进单位。学院聋人大学生姜馨田在2008北京残奥会圣火采集暨火炬接力启动仪式上担任圣火采集使者。在2008、2012、2016年三届残奥会上，学院8名残疾大学生取得了五金三银二铜并破两项世界纪录的辉煌成绩。

2010年5月，学院成立北京联合大学残疾人大学生艺术团，这是北京市唯一的残疾人大学生艺术团。学院还向北京市残疾人联合会申请成立北京市残疾人青年演员培训基地。2010年年底，特殊教育学院被教育部、中国残疾人联合会命名为全国特殊艺术人才培养基地。2011年11月，中国残疾人联合会设立的"全国残疾人职业教育师资培训基地"在学院揭牌。

2011年，按照北京联合大学《关于取消特殊教育学院法人设置并入校本部工作方案的决定》要求，取消了学院的法人设置，体制调整形成了"三办三系三中心"的较为合理的机构设置，进一步优化了资源配置，减少了中间环节，理顺了管理运行机制，提高了管理效率，使学院将更多精力投入教学、科研和人才培养工作中。

2013年，学院教授作为首席专家申报的《汉语盲文语料库建设研究》获得2013年国家社会科学基金重大项目（第二批）立项。

2015年，北京联合大学进行校区置换，北京市丰台区职业教育中心学校方庄中心校区西校区划归学院，学院办学面积增加近20亩，建筑面积增加约1万平方米。

目前，学院有教职工96人，学生791人，占地面积58亩，建筑面积4.6万平方米。学院有硕士专业2个、本科专业6个。硕士专业为教育（特殊教育，专业硕士）、中医（针灸推拿，专业硕士，视力残疾大学生）专业。本科专业为特殊教育、教育康复学、视觉传达设计（听力残疾大学生）、计算机科学与技术（听力残疾大学生）、针灸推拿学（视力残疾大学生）、音乐学（视力残疾大学生）专业。专业涉及教育学、工学、医学、艺术学4个学科。面向全国招生的专业有4个。学院拥有一支真抓实干、锐意进取的干部队伍和充满活力、富有爱心、乐于奉献、积极进取的教职工队伍。学院教师中，具有教授、副教授职称的教师所占比例为 48.2%，具有博士、硕士学位的教师所占比例为 98.2%。学院有高标准的现代化综合楼、实验楼、学生宿舍楼，教学硬件条件完备，拥有先进的专用苹果机房、平面制作、动漫设计制作实训室、特殊教育实验室、音乐学实践教学基地、针灸推拿学实践教学基地、艺术类实践教学基地、数码互动实验室等各专业专用实验室、计算机网络系统及各种音像、多媒体教学设备，以及具备设施良好的体育馆、舞蹈教室、阶梯教室、钢琴房、多功能厅。学院与社会单位、团体合作，在全国多个省市建立了学生实训基地，为培养学生的职业素质和技能提供了保障。同时，学院专门设置辅助残疾人教学的特殊教育资源支持中心。学院是中国残疾人联合会设立的"全国残疾人职业教育师资培训基地"和"全国特殊艺术人才培养基地"，是北京市残疾人联合会设立的"北京市残疾人体育训练基地"和"残疾人青年演员培训基地"。

▲ 学院综合楼大厅

资料主要来源：

①北京市档案馆馆藏档案
②北京联合大学档案馆馆藏档案

(整理：吕淑惠、王岩　审核：姜素兰)

北京联合大学广告学院／艺术学院

北京联合大学广告学院 2000—2015 年
北京联合大学艺术学院 2015 年至今

北京联合大学广告学院成立于 2000 年，是中国第一所设于综合大学内的二级广告学院，采取"公办民助"的办学形式，由学校与北京诺贝广告有限公司（以下简称"诺贝广告公司"）合作兴办。成立时办学地址位于海淀区温泉镇东埠头 1 号。

1999 年 11 月，北京联合大学与诺贝广告公司双方共同写出《关于成立北京联合大学广告学院可行性报告》。从办学的政策依据、办学宗旨、办学的市场分析、办学形式、办学内容和师资、办学管理体制等方面作了论证。11 月 15 日，北京市工商行政管理局向北京市教委致函，作为行业政府主管部门表示同意创办广告学院。同年 11 月，北京广告协会也向市教委书面提出意见，从行业管理部门的角度支持创办广告学院，并表示将作为协作单位与之进一步合作。

1999 年 11 月，北京联合大学向北京市教委上报了《关于成立北京联合大学广告学院的请示》。

2000 年 2 月，北京市教委印发京教计（2000）006 号文，对北京联合大学《关于成立北京联合大学广告学院的请示》批复："同意你校成立北京联合大学广告学院进行依托行业合作高等职业技术教育试点。" 2000 年 4 月 11 日，北京联合大学印发京联人字（2000）006号文，聘任高萍同志为北京联合大学广告学院院长。办学地点为北京市海淀区温泉镇东埠头1号。

▲ 学院大门

2000年9月6日，广告学院第一批学生开学，学院在联大报告厅举行了隆重的开学典礼。广告学院名誉校长张岂之、联大校长熊家华、联大副校长、学院管委会主任高林、诺贝广告公司总经理刘瑞武、广告学院院长高萍以及广告界人士等出席会议，并作了热情洋溢的发言，广告学院全体学生很受鼓舞。

2001年9月，新生380人参加了开学典礼。高萍院长致辞，师生代表作了发言。学院管委会刘瑞武主任作了欢迎新同学专题讲话。

2002年5月21日，北京联合大学副校长高林来广告学院宣布，任命原信息学院党委书记耿凯燕同志为广告学院常务副院长，并同意广告学院院长高萍同志的辞职。2002年12月3日，学院技术应用性本科试点专业广告学课程体系改革项目开题座谈会在学院会议室召开。院长刘瑞武、党支部书记常务副院长耿凯燕、吉林大学广告系主任姚莉教授、北京广播学院许俊基教授、中国广告协会常务理事尚恒德高级经济师、龙之媒广告文化有限公司总经理徐智明、诺贝广告公司张春燕、学院教研处朱家华副教授参加座谈。

至 2009 年 7 月，广告学院具有 3 个系 16 个专业方向，在校生规模将近 3000 人。十几年来学院坚持以社会需求为中心、适应市场经济发展、依托社会资源、践行应用型办学思路，形成了三重四双，即重文化基础、重技能、重实践，双基地、双课堂、双师型、双证书的教学特色，探索出了应用为主的教学体系和能力为本的课程模式，搭建出了以三大赛事——全国大学生广告艺术大赛、北京市大学生风筝节、大学生语言艺术大赛为平台的综合实践教学体系，初步形成了自己的办学特点和教学特色。从 2003 年 7 月的首届毕业生至今已经培养出了 3065 名合格的本专科毕业生。

2009 年 7 月，北京联合大学与诺贝广告公司合作举办广告学院的协议到期后不再续签协议，终止合同办学，同时进行广告学院的体制改革，并且在学院内部全面整合办学资源，优化资源配置，使之进入新的发展轨道，广告学院的新发展创造了新的机遇。2009 年 7 月—2016 年 5 月广告学院具有三办、一中心、四系，有 2000 余名在校生。

2016 年 5 月，为适应北京落实首都城市战略定位、京津冀协同发展全面推进的形势、紧跟首都高等教育发展的趋势、深入推进应用型大学建设、创新办学体制机制，学校整合相关资源成立北京联合大学艺术学院，撤销北京联合大学广告学院建制。

艺术学院以继承传统、产教融合、艺术创新、服务社会为使命，设置数字媒体、创意设计、美术、表演、工艺美术 5 个系及 1 个艺术教研室，设置综合办、教科办、学工办共 3 个行政办公室和1个艺术实验中心。学院拥有设计学、美术学、戏剧与影视学3个一级学科,有数字媒体艺术、服装与服饰设计、环境设计、视觉传达设计、产品设计、工艺美术、绘画、表演8个本科专业。2018年,学院获批设计学一级学科硕士学位授权点,设文创与手工艺设计、环境设计、视觉传达与媒体设计、设计理论与创意管理4个专业方向,并招收"职业技术教育(文化艺术)"专业硕士学位研究生。2019年,学院数字媒体艺术专业获批为北京市一流本科专业建设点,数字媒体艺术、环境设计、视觉传达设计和产品设计专业实施"双培计划",对接北京林业大学,数字媒体艺术专业实施"外培计划",对接英国谢菲尔德哈勒姆大学。

学院设有北京手工艺研究院、艺术设计研究所、城市设计与公共艺术创研中心、白马藏族工艺美术研究所。学院立足服务北京,设立国家大剧院舞台影像设计实验班,发起成立北京金属工艺行业产学联盟,深入推动产教融合,先后与北京工美集团、北京时尚控股集团、颐和园、圆明园等知名文创企业签署战略合作协议,建立了24个校外人才培养基地,为服务北京全国文化中心建设,于2019年6月加挂北京联合大学北京非物质文化遗产学院牌子。学院的社会声誉不断提升。

至2019年年底,学院在校研究生、本科生共1562人,有教职工139人,来自国内外一流高校及研究院所的专任教师104人、教授12人、副教授39人,教师中具有博士学位(含在读)33人。

(整理:杨沛、史桂林　审核:姜素兰、王岩)

北京联合大学东方大学城信息技术学院／东方信息技术学院

北京联合大学东方大学城信息技术学院 2001—2004 年
北京联合大学东方信息技术学院 2004—2009 年

北京联合大学东方大学城信息技术学院成立于 2001 年，由学校与东方（华北）大学城开发有限公司合作建立、北京联合大学信息学院承办，办学地点设在河北省廊坊市东方大学城内。

2001 年时，学校的办学定位是"高职为主，三教统筹"，重点发展高等职业教育，为进一步依托企业、行业，面向市场建设高等教育专业，探索校企合作模式，经与东方（华北）大学城开发有限公司多次磋商，学校拟与其合作创办北京联合大学东方大学城信息技术学院，依托北京联合大学信息学院办学，并在信息学院基础上加挂东方大学城信息技术学院的牌子。5月，北京联合大学信息学院成立"东方大学城信息技术学院筹备组"，开始筹备东方大学城信息技术学院的建院工作。信息学院院长鲍泓兼任组长，信息系副主任罗晓惠担任常务副组长并主持筹备组工作。5 月 30 日，北京联合大学与东方（华北）大学城开发有限公司合作办学的签字仪式在廊坊东方大学城举行。信息学院领导主持签字仪式，副校长张铃与东方（华北）大学城开发有限公司董事长金卫华在意向协议书上签字。根据协议，东方大学城信息技术学院办学地点设在东方大学城，由东方（华北）大学城开发有限公司提供办学场地、资金、后勤保障，对办学方向和定位提供行业指导，为学生实习实训、就业提供帮助，负责建立研发基地，并与学院人才培养紧密结合。学院由北京联合大学信息学院承办，初期拟设计算机应用技术（软件程序员）、办公自动化（网络与办公自动化）、通信技术3个高职专业，以后根据企业和社会人才资源需求状况设置新专业，2001年计划申请招收210人，每个专业70人。6月15日，北京市教委发布京教计（2001）58号文，同意北京联合大学与东方（华北）大学城开发有限公司合作办学，在北京联合大学信息学院的基础上加挂北京联合大学东方大学城信息技术学院的校牌，学院是由东方（华北）大学城开发有限公司参与投资、公司与学校合作办学的市属高等学校。

2001年11月，信息学院筹备组完成筹备和交接工作后撤销。北京联合大学与东方（华北）大学城开发有限公司共同派人组成"北京联合大学东方大学城开发信息技术学院董事会"，东方（华北）大学城开发有限公司总经理金卫华任董事长，北京联合大学副校长张铃任副董事长，校方董事有鲍泓（信息学院院长）、滕长建。学院领导体制是董事会领导下的院长负责制，院领导班子成员的任免需经董事会讨论后由学校任免，院人事工作由学校统一管理，党组织负责人由校党委任命。学院首任院长兼党支部书记滕长建主持学院全面工作和党总支全面工作，副院长罗晓惠分管教学工作。

学院依托行业、依托社区，使"用人者"参与办学的全过程，成立由学校和社会、企业等方面专家共同组成的专业委员会，共同研究专业设置、课程设置并进行教学指导，按需设课，因材施教。学院以北京地区招生为主，同时面向河北等周边省市，建院初期根据北京经济发展需要，设置了计算机应用、通信技术、通信工程等6个专科专业。当年，3个专科专业招生

137人，其中自动化技术专业招生40人、计算机应用专业招生58人、通信技术专业招生39人。

由于采用校企合作办学这一特殊办学机制，学院实行全员聘任制。2001年建院初期，学院仅有两名肩负院领导工作的在编教师，师资力量主要来源于校本部各学院，同时学院聘请了周边院校教师解决师资短缺问题，先后共聘请了30名具有高级职称的教师。与学院有师资合作关系的院校有中石化廊坊管道学院、华北航天学院、中国人民解放军导弹学院、中国人民解放军武警学院、北京工业大学、北方交通大学。学院没有专门教学机构，教学工作主要由院教务办与学校相关专业的院系、教研室协商进行。

学院的财务实行独立核算、自负盈亏的制度，根据合作办学协议向学校有关部门提交规定比例的资金，其他资金归学院用于办学，重大资金流向需提交董事会讨论。学院师生的餐饮、住宿、医疗、娱乐、绿化、环境卫生、图书馆等设施均由东方大学城提供。学院行政办公室以东方大学城为后勤保障，不断完善各项服务措施。

学院以信息技术应用为主导，以企业需要为导向，以就业为目标，依托本科办高等职业教育，从2002年起拓宽办学渠道，不仅招收专科生、高职生，还招收本科生，并与北京市计算机工业学校合作办学，为其培养中专生。2002年1月，学院与北京市计算机工业学校签署合作办学协议，每年接纳约260名新中专生。两校专业设置相近，由东方大学城信息技术学院提供师资并负责教学，同时负责学生的管理和食宿。2002年起，学院开始招收本科生，计算机软件（计算机科学与技术）专业招收了本科生27人。学院与中国人民解放军某部队签署合作协议，建立了面向所有专业的实践教学基地。3月，学院投入25万资金建立电子实验室、多媒体教室、VOD（视频点播）机房、电子制作实验室、语音教室各 1 个,基本满足了当时的教学需求。4 月,学院从学校自动化学院调拨来一批实验设备,包括 10 套微机原理实验箱、20 套单片机实验箱等,以此为基础建立了硬件技术实验室。

2003 年 1 月,学院设有 3 个党政管理机构:院办公室(含财务室)、学生办公室(与团委合署办公,下设学生宿舍管理办公室)、教务办公室。学院设有专职党务工作人员,由院办公室负责党的工作。5 月,学校副校长、党委副书记韩宪洲接任学院董事会副董事长。11 月,姚淑娜任副院长,分管行政和工会工作。学院从 2003 年开始进行春秋两季招生,计算机科学与技术专业于当年春季招收本科生 90 人、秋季招收本科生 34 人。学院当年投资 25 万元建立两个多媒体教室和一个有 60 台计算机的机房,并于 2003—2004 年先后投入 25 万元,于 2004 年 1 月建成一个网络实验室。

2004 年年初,学校调整了东方大学城信息技术学院的管理制度,将其列入北京联合大学学院序列。为了规范学院名称、便于宣传和开展工作,经与东方(华北)大学城开发有限公司协商,学院更名为"北京联合大学东方信息技术学院",为学校二级公办学院,所有制形式、管理体制不变,仍为董事会领导下的院长负责制。

2004 年,东方信息技术学院有在校生 1437 人(其中本、专科学生 540 人,与北京市计算机工业学校合作办学的中专学生 797 人),有教职工 44 人。3 月,学院向北京市教委申报设立"体育场馆信息管理专业"的请示获得同意批复,教育部将"体育场馆信息管理专业"列入 2005 年新增的招生专业。同月,学院还分别与北京四通公司和北京迪然培训中心签约建立校外实习基地,其中北京四通公司实习基地面向计算机科学与技术专业，北京迪然培训中心实习基地面向电子信息工程专业和自动化工程专业，学院拥有了3个本科校外实习基地。由于学院没有专门教学机构，4月，经院办公会议决定成立教学研究部。学院于5月建立工会，姚淑娜任工会主席；6月成立东方信息技术学院党总支委员会，滕长建任总支书记；10月正式成立教学研究部，王廷梅任教研部主任。学院计算机科学与技术专业依然实行春秋两季招生，其中春季招收本科生140人，秋季招收本科生22人。

学院的师资包括专职教学人员和兼任管理工作的教师。自2005年起，学院先后引进专业教师5人，并陆续从学校调进一批兼任管理工作的双肩挑教师，学院教师人数达到12人。陆续引进人才后，师资队伍构成变为以教学岗位的专任教师为主。学院一方面引进教师充实教师队伍，另一方面尽可能为教师提供培训机会，帮助其快速成长。2004年4月，学院选派一名青年骨干教师赴澳大利亚莫道克大学进行工作交流和学习访问。2005年年底，学院结合本院师资队伍建设和实际办学情况，制订了教师培训计划，培训内容包括院长作报告、教务主任进行讲座、教研部每两周举行一次教学法研讨等，计划于2006年4—5月具体实施。2006年10月，学院开展青年教师课堂教学观摩，由新进青年教师进行教学演示。

2005年，学院本科专业招生21人，高职专业招生250余人，其中2004年获批新增的体育场馆信息管理专业招收高职生70人，本科计算机科学与技术专业停止春季招生，秋季招收学生21人。2006年，为了使专业更加适应北京经济和社会发展的人才需求，学院停止招收本科生，同时取消各类合作办学，仅招收高职高专学生。保留的4个高职专业为软件技术、计算机网络技术、计算机通讯、体育场馆管理专业，当年共招生300

人。这一年,学校进行本科教学工作水平评估的评建和迎检工作,学院虽未被列入本科评估范围,但仍坚持以学校本科评估指标体系为标准,进行教学建设。2006年,学校进行学科专业整合,决定从2007年起东方信息技术学院停止招生。

2006年4月,学院图书馆场馆建设项目通过学校项目验收组验收。4月10日,图书馆正式投入使用。学院图书馆占地1700余平方米,藏书10万册。4月,学院对青年教师进行了计算机房系统维护实践训练和实验室设备维护培训。2005年和2006年,学院先后与海淀体育中心、河北大学城物业总公司、朝阳体育中心、丰台体育中心、奥体中心5个单位签约,接纳体育场馆信息管理专业学生毕业实习,使学院高职校外实习基地达到6个。

2006—2009年,学院共有毕业生329人,其中324人准予毕业,235人获得学位。

为了加快东方信息技术学院和廊坊分校两个办学实体的融合,学校从2006年年底起,以工会活动为纽带,构建和谐校区的桥梁。2007年10月,学院和分校工会联合开展廊坊校区"歌唱心中的旗帜"主题活动,组织畅游泰山活动和羽毛球、跳绳比赛。2008年,学院和分校工会联合开展"迎奥运、树新风,全民健身活动",组织教职工共同学练"二十四式太极拳"、组织"二十四式太极拳"表演和跳绳、拔河比赛等系列活动。

2008年4月,学校将网通软件职业技术学院与国际语言学院合并,成立了应用科技学院,新成立的学院吸收了东方信息技术学院的高职专业。

2009年7月,学校对所属院校进行整体调整,撤销东方信息技术学院建制。原有正式教职工14人并入学校,外聘教职工22人终止聘用合同,原在校学生已全部毕业。

北京联合大学东方大学城信息技术学院／东方信息技术学院

资料主要来源：

① 《北京联合大学志（2001—2010）·学院篇》
② 北京联合大学档案馆馆藏档案

（整理：王岩　审核：姜素兰）

北京联合大学机电学院

2002—2017 年

北京联合大学机电学院成立于 2002 年,由北京联合大学机械工程学院机械工程系、材料工程系、应用技术系汽车类专业和应用技术学院机电系组成,是学校下属的二级非法人处级学院,以机械工程为主要学科发展方向,培养首都现代制造业及生产服务业急需的高级应用型人才,在位于朝阳区白家庄西里的原机械学院校址办学。学院占地面积 1.6 万余平方米,建筑面积 2 万余平方米。

2002 年,学院成立时设有党政管理机构 3 个,即党委、院长办公室(合署)、教学科研办公室和学生工作办公室;教学机构设有机电自动化教研部、CAD/CAM 教研部、建筑环境与设备工程教研部、材料工程与质量检测教研部、汽车与交通教研部、工业工程教研部、计算机与自动化教研部和实验实训中心;有机械工程及自动化专业、建筑环境与设备工程专业和材料科学与工程专业 3 个普通本科专业招生,其中,机械工程及自动化专业分计算机控制、产品创新和外贸英语 3 个专业方向单独招生,产品创新方向还招收了一个职教师资班。

2003 年,机械工程及自动化专业不再分专业方向单独招生,改为按专业统一招生,该专业的职教师资班因北京市中职毕业生减少而停招,工业工程(现代制造工程管理)专业恢复招生,新增设工业设计专业并于当年招生。这一年,学院开始招收高等职业教育升本科（即专升本）学生，其中机械工程及自动化专业招收 57 人、建筑环境与设备工程专业招收 18 人。

办学中，学院以"质量工程"为抓手，形成一整套规范的教学管理和教学质量监控体系。同时，学院以精品课程建设带动整体课程建设，以精品教材建设和教学法改革深化教育教学改革。学院重视专业的发展，实施学科专业一体化建设，使每一个本科专业都有相应的重点建设学科做支撑，形成了国家、市、校、院四级专业建设体系。机械工程及自动化专业为国家级特色专业建设点和北京市特色专业建设点、建筑环境与设备工程专业为北京市级特色专业建设点、材料科学与工程（检测与质量管理工程）专业和工业工程（现代制造工程管理）专业为校级骨干专业。

学院在实践教学建设上不断加大投入和资源整合力度，将全院实验（实训）室整合规划为"现代制造工程技术实践教学中心"，可同时容纳 750 人进行相关的实验和工程训练，逐步实现了实验室统一管理、校内外实践教学基地建设相结合，为培养应用型人才提供了环境和硬件支持。学院先后与西门子（中国）有限公司、SMC（中国）有限公司、FESTO（中国）有限公司、北京奔驰-戴姆勒·克莱斯勒汽车有限公司、北京现代汽车有限公司、北京华德液压工业集团有限责任公司等国内外一流高新技术企业在专业建设、实践能力培养及校内外教学、科研基地建设等方面建立了长期紧密的合作关系，产学合作教育在全校形成特色。

校史的故事

▲ 学生在实训

在举办高等职业教育期间，学院形成了两条不同的途径：一是依托本科办高等职业教育，如依托机械工程及自动化本科专业办机电一体化技术和数控技术高职专业、依托材料科学与工程本科专业办高职材料科学与工程（材料检测与微机应用）专业；二是先办高职专业积累办学经验、引进培养师资，再申报本科专业，如先办汽车检测与维修技术、汽车技术服务与营销高职专业，再办汽车服务工程本科专业。

2010年3月，根据学校《关于在非法人学院建立校、院、系三级管理体制的意见》（字联觉〔2009〕57号）文件精神，学院调整党政管理机构，设置综合办公室、教学科研办公室、学生工作办公室。

2011年，因学院外地生源逐年增多，为提高学生对专业的充分认识、激励学生自主学习的积极性、保证优秀学生就读喜爱的专业，在各专业之间引入竞争意识、促进各专业的发展，学院首次对本科学生按机械大类进行招生。

2013年，学院以机械工程为主要学科发展方向，学科发展定位即"面向大北京地区现代制造业、现代生产服务业,从事机电、汽车、微电子制造领域新技术、新产品的设计研发,质量保证,效益提升的研究",明确了学科建设方向包含生产材料运储管理、产品研发设计、制造工艺研究、生产方法研究、产品质量监控、作业条件改善、生产效率提升、生产管理、产品全寿命周期服务等整个制造业链条。

2014年,学院首次进行自主设置二级学科"制造业信息化技术(0812Z2)"硕士研究生(学术型)招生工作。

至2016年年底,学院有教职工81人,其中专任教师45人;有全日制本科生852人(含专升本学生);成人学历教育学生332人。学院设有综合办公室、教学科研办公室、学生工作办公室以及机械工程及自动化系、工业工程与物流系、检测与质量工程系、汽车服务工程系、工程基础教学部和金工实习中心,有机械工程、工业工程、材料科学与工程(检测与质量管理)、汽车服务工程4个本科专业,其中,机械工程专业是国家级特色专业建设点和北京市级特色专业,机械工程专业、工业工程专业是校级优势本科专业,工业工程专业和材料科学与工程(检测与质量管理)专业是校级骨干专业,有机械工程和工业工程(物流管理)2个专升本专业。

学院设有市级工科综合实验教学中心分中心,学院的现代制造工程技术实践教学中心为校级校内实践教学中心,北京京城机电控股有限公司校外人才培养基地为市级校外人才培养基地,"北京市智能机械创新设计服务工程技术研究中心"被认定为北京市工程技术研究中心,传动研究所为校级科研机构。

2017年4月,为进一步适应北京"四个中心"建设和京津冀协同发展的需要,加强专业、学科凝聚和团队建设,提升学校的办学实力和影响力,学校对信息学院、机电学院、自动化学院以及机器人学院进行调整,将机电学院与机器人学院合并,成立新的机器人学院。新机器人学院于白家庄校区和北四环校区两址办学。

资料主要来源:

① 《北京联合大学志(2001—2010)·学院篇》
② 北京联合大学档案馆馆藏档案

(整理:王岩、王锐 审核:姜素兰)

北京联合大学自动化学院／
城市轨道交通与物流学院

北京联合大学自动化学院 2002—2017 年
北京联合大学城市轨道交通与物流学院 2017 年至今

北京联合大学自动化学院建立于 1998 年，办学地点位于朝阳区北四环东路 97 号，学院以本科教育为主，为首都经济建设和社会发展培养高级技术人才和管理人才。

2002 年，根据北京市机构编制委员会《关于同意北京联合大学机械工程学院等 3 所学院并入北京联合大学的函》（京编办〔2002〕2 号）和北京联合大学 2002 年 3 月 25 日印发的《关于校本部进行专业调整并重新组建学院的意见》（京联党〔2002〕11 号）文件精神，学校进行调整，撤销信息学院、应用技术学院、机械工程学院建制，统一规划专业，重新组建信息学院、自动化学院、管理学院和机电学院。将原信息学院的自动化系和机械工程学院的电气工程系调整合并，成立自动化学院；以原应用技术学院为主体，合并校内部分管理学相关专业，组建管理学院；以原机械工程学院机械工程系、材料工程系、应用技术系汽车类专业和原应用技术学院机电系组成机电学院。新组建的四所学院是学校下属的二级非法人学院，处级建制，财务、人事、资产和后勤等管理职能统一由学校管理，基础课程、英语课程、思想政治课程和体育课程教学任务由校本部直属教学部承担。信息学院、自动化学院和管理学院在北四环东路办学，机电学院在白家庄西里办学。

▲ 2002年3月学院成立大会

2002年4月，学院设立党委、院长办公室（合署），学生工作办公室，教学科研办公室3个党政管理机构；设有电气信息教研部、网络多媒体教研部、控制工程教研部、信息自动化教研部、电子技术教研部5个教研部和1个实验中心；设有电气工程与自动化、自动化2个普通本科专业。10月，学院控制理论与控制工程学科获批校级重点建设学科。

建院初期，学院仅有单片机、电气传动、PLC和仪表检测4个实验室。学院成立后，院实践教学中心迅速发展。2003—2009年，先后建成了智能检测技术实验室、智能控制网络实验室、自控原理实验室、网络集成实验室、智能建筑控制工程实验室、智能机器人实验室、嵌入式实验室，撤销仪表检测实验室改建成信号与系统实验室。2010年3月，学院建成分布式控制实验室和音响灯光实训室。加上2004年9月由管理学院转入的视频技术实验室，至 2010 年 12 月，学院共有 14 个实验室，形成了较为完善的实践教学体系，实践教学中心使用面积 1455 平方米，拥有先进实验室设备，可承担自动化专业、电气工程与自动化专业、建筑电气与智能化专业的实践教学工作，为培养学生创新、创业能力和工程实践能力提供了基础保障。2014 年，学院完成基于开放的自动化专业"创新实验室"的建设。2016 年，学院完善有关实验室建设，淘汰老旧设备，补充新设备，提升实践教学环境，为智能建筑控制工程实验室和城市轨道交通信号与控制实验室分别购置软件。同时，学院进一步深入开放实验室，提高服务质量和实验室使用效率。

学院适应教学需要，适时地调整教学机构设置。2003 年 3 月管理学院的音响工程教研部转入自动化学院，2004 年 6 月成立建筑智能化教研部，2004 年 10 月设立继续教育办公室。2010 年 3 月，根据学校印发的《关于部分学院系级（教学）机构设置的决定》（京联发〔2010〕3 号）文件精神，学院组建了自动化工程、建筑电气工程、工程控制 3 个系，将所有教研部人员归入系管理。2014 年，按照学校相关文件精神，学院撤销电子与建筑电气工程系，原有教师调整到电气与控制工程系。

学院注重教育教学改革，在专业设置上主动适应首都经济建设和产业结构调整的需要，改造传统专业，适时增设新兴专业。学院在"宽口径，厚基础，重实践"的专业建设思想指导下，实施教学内容和教学方法改革，引进双语教学，不断提高教育教学质量和人才培养质量，学生的一次就业率稳定在 98% 以上。在保证教学质量的前提下，学院积极开展科学研究，先后设立 3 个研究机构，成立 2 个科研团队，其中一个团队入选北京市市属高校学术创新团队。

▲ 学院学生参加央视"智能机器人"大赛

2005年3月，学校与北京工业大学软件工程学院签订联合培养软件工程专业硕士研究生协议，自动化学院为联合培养的教学点，由学院继续教育办公室具体负责教学运行、课程安排、组织考试、上报成绩等工作。2008年7月，联合培养的首届27名学生获得软件工程硕士学位，顺利毕业。2014年，学院获批教育部备案的二级交叉硕士点学科——智能交通工程学科，学科下设3个研究方向，2015年开始招收硕士研究生。2015年，学院与应用科技学院及其他兄弟单位联合申报教育学（职业技术教育）专业硕士培养资格，成功获批。

2002—2008年，学院全日制在校学生人数稳定在2000—2200人之间，2010年后略有减少，在校学生人数在1500—1700人之间。2002—2016年，学院为社会累计培养15届毕业生，超过6000人。

2017年，为适应北京"四个中心"建设和京津冀协同发展的需要，加强专业、学科凝聚和团队建设，提升办学实力和影响力，学校对工科类学院进行调整。4月，学校正式发文，调整机电学院、信息学院、自动化学院以及机器人学院。将机电学院与机器人学院合并，成立新的"机器人学院"，原机电学院材料科学与工程专业停止招生；将信息学院更名为"智慧城市学院"，原学院的软件工程专业和电子信息工程专业整体并入新成立的"机器人学院"；将自动化学院更名为"城市轨道交通与物流学院"，原学院的自动化专业整体并入新成立的"机器人学院"。智慧城市学院和城市轨道交通与物流学院办学地点在北四环校区，新的"机器人学院"于白家庄和北四环两址办学，在北四环校区设立改革试验区，原机器人学院在校生以及新并入的软件工程专业（含校级实验班）、电子信息工程专业和自动化专业的在校生仍在北四环校区培养。

▲ 2017年6月2日城市轨道交通与物流学院揭牌

2017年6月2日，学校召开城市轨道交通与物流学院成立大会。城市轨道交通与物流学院成立后，下设3个办公室：综合办公室、学生工作办公室、教学科研办公室；设三系一中心：交通工程系、电气与控制工程系、物流系和实践教学中心。学院设置电气工程及其自动化、交通工程（城市轨道交通）、物流工程和轨道交通信号与控制（中外合作办学项目）4个本科专业，其中，电气工程及其自动化是学校骨干专业，交通工程

（城市轨道交通）是学校专业综合改革试点专业，物流工程专业是学校优势专业，轨道交通信号与控制专业是目前教育部批准的中国北方地区唯一一个中外合作办学专业。学院有教职工57人，其中有专任教师33人、管理人员17人。

城市轨道交通与物流学院秉持"学术立院，人才强院，开放兴院"的理念，以专业建设为核心，以学科建设为支撑，面向城市交通和物流行业，构建城市交通专业群，突出学科交叉、信息化和国际化特色，通过实施"产教融合、校地融合、科教融合"战略，推进教学科研一体化发展，继续坚持"宽口径，厚基础，重实践，强能力"的专业建设思路，积极改革教学内容和教学方法，强化校内外实践教学条件建设和教学质量监控，实施"校内实践工程化、校外实践实战化"的实践教学模式，向着建设成为京津冀地区轨道交通与物流领域高素质应用型本科生和研究生的人才培养基地的目标不断努力。

资料主要来源：

① 《北京联合大学志（1978~2000）》
② 《北京联合大学志（2001—2010）·学院篇》
③ 北京联合大学档案馆馆藏档案

（整理：王岩　审核：姜素兰）

北京联合大学管理学院

2002 年至今

北京联合大学管理学院成立于 2002 年，是学校下属的一所以经济管理类学科为主的二级学院，办学地点位于朝阳区北四环东路 97 号。

2002 年，根据北京市机构编制委员会《关于同意北京联合大学机械工程学院等 3 所学院并入北京联合大学的函》（京编办〔2002〕2 号）和北京联合大学 2002 年 3 月 25 日印发的《关于校本部进行专业调整并重新组建学院的意见》（京联党〔2002〕11 号）文件精神，学校进行调整，撤销信息学院、应用技术学院、机械工程学院建制，统一规划专业，重新组建信息学院、机电学院、自动化学院和管理学院，以原应用技术学院为主体，合并校内部分管理学相关专业，组建管理学院。新组建的四所学院是学校下属的二级非法人学院，处级建制，财务、人事、资产和后勤等管理职能统一由学校发挥，基础课程、英语课程、思想政治课程和体育课程教学任务由校本部直属教学部承担。信息学院、自动化学院和管理学院在北四环东路办学，机电学院在白家庄西里办学。

2002 年学院成立时，设有 3 个党政管理机构，即党委、院长办公室（合署，含工会），教学科研办公室和学生工作办公室；设有信息管理与信息系统、电子商务、工商管理、金融学、工程管理、建筑装饰工程、音响工程 7 个教研部；开设材料科学与工程（2003年停办）、计算机应用技术（2003年停办）、工程管理和工商管理4个本科专业，其中工商管理专业设有金融保险、电子商务、计算机应用技术3个专业方向。学院有教师78人，占教职工总数的79.5%。当年，学院成立成人教育办公室，负责成人教育的集中管理和运行；与哈尔滨工业大学远程教育学院签订合作协议，成立"哈尔滨工业大学现代远程教育北京联合大学管理学院学习中心"。

2003年3月，因专业调整，学院音响工程教研部撤销。2004年9月，建筑装饰工程教研部和工程管理教研部合并为工程管理教研部。

成立之初，学院即确定了"以学科专业的知识体系为基础，以培养应用能力为导向，根据经济管理类学科专业知识体系及相关行业与职业岗位群的要求，以及学校作为地方教学型大学承担普及大众化教育的现实情况，构建符合学校办学定位的经济管理类实验教学模式，突出人才培养的特色和质量，促进学科建设，拓展社会服务功能"的实践教学建设思路。2004年6月，学院成立实验实训中心。2005年，学校以计算机网络实训室（1999年建成）、电子商务实训室（2000年建成）、电子金融实训室（2003年建成）和管理信息系统实训室（2004年建成）为基础，成立了北京联合大学企业经营管理实践教学中心，中心隶属于管理学院。2008年2月，根据相关专业整合与建设的实际需要，学校将企业经营管理实践教学中心（管理学院）和商务实践教学中心（商务学院）合并成为学校的"经贸实验教学中心"（以下简称"中心"），包括北校区（管理学院）和东校区（商务学院）两个分中心。中心实行校、院两级管理，学院管理的北校区分中心拥有实验教学场地面积990平方米，实验教学设备固定资产总值862余万元，设有电子金融实验室、电子商务实验室、营销谈判实验室和小企业家综合实训室等 8 个专业实验室，可面向学校金融学、工商管理、电子商务等经管类五个本科专业的本科学生和研究生的培养教育，同时也承担了应用经济学、工商管理学以及管理科学与工程的学科建设、科学研究以及社会服务的任务。

学院根据北京市经济社会发展对经管类人才的实际需求，加大建设力度，努力培育优势明显、特色鲜明的本科专业，构建布局合理、体系清晰的经管类专业体系，进行学科群建设，凝练研究方向，开展以中小企业为特色的研究。至 2010 年，学院已先后将本科专业中的金融学建设成为国家级特色专业建设点，工商管理、电子商务两个专业建设成为校级骨干专业，信息管理与信息系统专业建设成为校级骨干建设专业，学院参与申报的"工商管理学"一级学科硕士学位授予点成功获批。学院的企业管理、金融学两个学科为校级重点建设学科，区域经济学为校级重点建设学科培育项目。学院形成了以"企业管理学"为核心学科，以"应用经济学""管理科学与工程"为支持（配套）学科的结构合理、相互支持的学科群。

学院注重校企合作，通过校企共建专业、开展双证书教育、校企合作共建实训基地、为企业提供技术咨询与培训服务、开展项目研究、培训学院师资队伍等形式，让学生在合作企业接受锻炼，培养其专业实践能力，为教师科研和培训建立重要基地。

2009 年，学院在校级经管类人才培养模式创新试验区的基础上，全面进行人才培养模式的改革。按照培养人文素质和科学素养深厚、基础扎实、创新能力和实践能力强的复合型应用型人才的要求，实行"大类招生、分级教学、学生自主、多元发展"的人才培养模式，于 2010 年率先实施按学科大类招生，成为学校第一个在京外进行一本招生的本科学院。

为适应北京市社会经济的发展对服务外包人才培养的需求，学院作为服务外包人才培养模式创新试验区的核心单位，于2010年年底成立电子服务外包实验班，学生来自电子商务、信息管理与信息系统两个专业的大三年级。实验班根据社会对人才的需求特点，实施了学科交叉计划，即用"整合"或"集成"的思想，重建服务外包知识体系与课程内容，设置服务外包的课程模块，培养社会急需的服务外包人才。

2009年12月，根据学校《关于在非法人学院建立校、院、系三级管理体制的意见》（京联党〔2009〕57号）文件精神，撤销继续教育办公室。2010年2月，根据上述学校文件精神，学院撤销工商管理教研部、金融保险教研部、信息管理教研部、工程管理教研部、电子商务教研部，设置"四系一中心"，即工商管理系、金融与会计系、信息管理电子商务系、工程管理系和企业经营管理实践教学中心五个教学单位。2010年3月，根据学院实际情况，将原继续教育办公室工作并入教学科研办公室。

现今，学院是国家级前50强的创新创业典型经验高校核心支撑单位。学院的实践教学中心为市级高校实验教学示范中心、市级现代服务业人才培养创新实践校内示范基地。学院工商管理学科为北京市高精尖学科，拥有工商管理一级学科硕士学位授权点，还具有招收会计和金融专业硕士的招生资格；金融学本科专业为北京市专业综合改革试点单位和国家级特色专业建设点；财务管理专业为北京市一流专业和国家级一流本科专业建设点。学院实施会计学与对外经济贸易大学的"双培计划"，开设金融学、会计学、工商管理（创新创业管理）双二辅专业，与美国、德国、俄罗斯、英国、澳大利亚、荷兰、韩国等多个国家和地区的大学开展"2+2""3+1"和"4+1"等多种模式的国际合作教育。学院紧密结合北京城市功能战略定位，不断提高服务区域发展的能力，坚持政、产、学、研相结合的办学特色，培育具有独立人格和实践创新能力之管理专才，向建设成为推动区域创新发展的优秀管理学院目标阔步迈进。

资料主要来源：

①《北京联合大学志（2001—2010）·学院篇》
②北京联合大学档案馆馆藏档案

（整理：王岩　审核：姜素兰）

北京联合大学网通软件职业技术学院

2003—2008 年

北京联合大学网通软件职业技术学院成立于 2003 年,由北京联合大学与网通北京分公司、禾光永业科技有限责任公司合作建立,成立之初租赁北京财贸职业学院的涿州校区办学,2005 年迁至北京联合大学在昌平区石牌坊南租赁的智慧园办学。2008 年,北京联合大学成立应用科技学院,网通软件职业技术学院并入。

2003 年 4 月 10 日,北京联合大学与网通北京分公司、禾光永业科技有限责任公司签订合作办学协议,计划合作建立北京联合大学网通软件职业技术学院。9 月 2 日,市教委发文《关于同意筹建北京联合大学网通软件技术学院的通知》(京教计〔2003〕90 号),同意学校与中国网络通信有限公司、禾光永业科技有限责任公司合作,筹建北京联合大学网通软件职业技术学院。12 月,北京联合大学网通软件职业技术学院挂牌成立,租赁北京财贸职业学院的涿州校区办学。

网通软件职业技术学院为北京联合大学下属的二级非法人学院,实行党政共同负责制,工作实行民主集中制,通过院务会、党政联席会、党委会等制度保证学院各项工作的正常运行。院长对学院行政事务行使管理权,定期向本学院和全体教职工汇报工作。学院党委书记负责学院的党政思想建设,保证党和国家的路线、方针、政策和学校各项决定在本学院的贯彻执行,支持并保证院长履行其职责。

2004年7月，学院招收了首届学生341人。当年，学院完成计算机信息管理、软件技术、计算机网络技术、多媒体技术、电脑美术技术5个专业，12个专业方向的建设，并开展相应教学管理工作。

2005年，学院设有院长办公室、教学处和学生处3个行政管理机构。学院根据国家教育主管部门制定的《普通高等学校高职高专教育专业设置管理办法（试行）》的要求，按照新修订的《普通高等学校高职高专教育指导性专业目录》对学院专业进行调整，形成通信系统运行与管理、计算机信息管理、软件技术、计算机应用技术、计算机网络技术、计算机多媒体技术、动漫设计与制作和影视多媒体技术8个专业。5月，根据学院发展需要，经多方协调后，学院迁至昌平区石牌坊南涉外学院，与学校国际语言文化学院共同租赁智慧园办学，共同使用占地面积为8万余平方米的校舍。

学院实行两年学分制教学管理，坚持"以就业为导向，以行业需求为依据"的人才培养思路，突破传统的教学模式，开展两年制高职教育教学的研究与实践。学院加大实践教学学时，使教学内容和方法成为短线的、实用的、技术的，以便更适应具体职业的、面向实际并侧重于专业理论的应用，让学生完成学业后基本具备进入企业所需的能力和资格。2005年5月，为实现"奠定实用的理论基础，培养面向职业岗位的具有应用开发能力，具备可持续发展的应变创新素质，提倡团队精神的技术应用性高等职业技术人才，缩短与岗位要求的距离"的实训目标，学院选派了28名学生赴苏州，参加中国科技大学开展的软件实训活动，接受"实战式软件项目"的实训。

为了能够更好地激发学生的学习积极性,同时提高学生的思想道德素质,学院每年定期举办相应的主题活动。为推动学风建设,学院定期进行早自习抽查情况的通报,严格要求学生早晚自习的到课率,强化学风建设。为了端正学生的学习动机和学习目的、增强学生的自律性,学院定期组织召开不同层次的学风建设大会,研究探讨适合本系的学风建设的相关办法,并开展了各具特色的学风建设活动。学院还每年举办迎新晚会、元旦晚会、歌手大赛等活动,组织板报设计、"胸怀民族复兴、立志奋发成才"主题演讲比赛等活动。

2006年年初,学院进入稳步发展期,提出了"夯基础,谋建设"的建设指导方针,调整原有部分机构,设置综合办公室、教务处、学生处、团委、招生就业处、实验实训与认证中心、财务处。

2006年6月,学院首届学生毕业,签约率达93.5%。

2007年,学院有在校生730人,毕业343人,毕业生一次性就业率达94.31%。

2007年3月,北京联合大学党委和行政研究决定成立应用科技学院,下发《关于成立应用科技学院(筹)的通知》(京联党〔2007〕8号),开始筹建应用科技学院。

2008年,北京联合大学与网通北京分公司、禾光永业科技有限责任公司解除合作关系。4月,应用科技学院挂牌成立,学院及国际语言文化学院的高职专业并入新成立的北京联合大学应用科技学院。网通软件职业技术学院建制撤销,保留院名至学生全部毕业,原有专业并入应用科技学院。应用科技学院在原国际语言学院和网通软件职业技术学院使用的智慧园校舍办学。至2008年,学院有教职工48人、兼职人员2人。

资料主要来源：

《北京联合大学志（2001—2010）·学院篇》

(整理：王岩　审核：姜素兰)

北京联合大学国际交流学院

2005—2020 年

北京联合大学国际交流学院前身是北京联合大学国际交流培训中心,成立于 2005 年,办学地点位于学校小营校区(现称北四环校区)北院,朝阳区安外小营育慧里 7 号。

进入 21 世纪以来,伴随科技和资讯飞速发展,中国经济迅猛发展,汉语逐渐受到青睐,为留学生工作的开展提供了前所未有的机遇。学校原有的国际交流培训中心已经远远不能满足这种要求,在形式、内容、规模和层次上亟需一个飞跃。

2005 年,为了进一步加强国际交流与合作,学校决定调整国际交流培训中心。4 月,学校发文《关于我校"国际交流培训中心"更名为"国际交流学院"及相关事宜的决定》(京联党〔2005〕20 号),决定将国际交流培训中心与国际交流合作处分离,将"国际交流培训中心"更名为"国际交流学院"。新成立的国际交流学院为校属二级非法人学院,负责校本部外国留学生教学及管理工作、"3+1"项目实施及国际交流合作处委托的其他国际交流合作项目的实施。学院设对外汉语教研室和综合办公室。此次调整后,原国际交流培训中心的工作人员划转到国际交流学院。国际交流学院在校财务处单独立户,独立核算。学院的经济收入由校经管办核定,按照规定比例上缴学校。财务支出程序及要求等事宜暂按原国际交流培训中心运行办法执行。学院领导班子由 4 人组成,其中院长 1 人、党支部书记1人（兼副院长），另设副院长2人（其中1名副院长由国际交流合作处处长兼任，主要负责外事政策方面的工作）。

2005年5月，国际交流学院正式成立。成立之初，学院有教职工11人，其中专任教师3人。学院领导班子由3人组成，院长为程建芳（兼党支部书记），副院长为庞明、吴中平（其中庞明副院长为国际交流合作处处长，同时兼任副院长，主要负责外事政策方面的工作），设有综合办公室，负责日常各种行政事务。学院党支部直属校党委，负责党的建设和思想教育工作；设有对外汉语教研室，负责对外汉语教学工作的规划、组织、实施和检查，包括对外汉语教学的课程设置、教学大纲、教学计划的制订；负责安排课程，保证教学质量的有效落实、教学进度的有序进行。

成立之初，学院只招收汉语言文学专业本科生，随后增设了汉语言（经贸）、国际经济与贸易专业，并制定了相应的培养计划和教学大纲。由于学院现有专职教师不能满足教学需要，学院通过大量外聘兼职教师的方式完成教学任务，平均每学期有外聘教师30余人。为保证教学质量，在外聘教师上岗之前，学院都要进行严格的审核，先查看简历进行筛选，然后安排试讲，试讲通过才能授课；每学期都要开展学生评分和专家检查等，检查教学情况，并实行末位淘汰制，淘汰不合格的教师。

学院根据学校的办学定位与办学思路，在师资培养、专业设置、教学方法、培养方式等方面积极探索，大胆创新，以学生为本，加大课堂教学改革的力度，强化汉语教学工作中的研究，积极、稳妥、有效地深化汉语课程改革实验，努力使汉语课堂从低效到有效再向高效迈进，全面提高学生的汉语水平。学院坚持留学生培养的全面发展原则，在提高学生专业素质的同时，培养留学生对中华文化的认知和认同，增强留学生的中华文化适应性；坚持学校服务于首都经济社会发展的定位，增强留学生对北京历史、文化等方面知识的学习；培养一批对华友善、熟谙北京历史文化，具有较高素质的来京留学生；作为正常教学内容的补充，积极开展丰富多彩的文化观光和中外学生交流活动，举办留学生演讲比赛。同时，美国的圣诞节以及泰国的泼水节和水灯节、印度尼西亚的新年、韩国的成年节、日本的女儿节，也成为全学院中外师生共同的节日，国际交流学院仿佛成了一个小小联合国。老师们言传身教，感染了各国的学子们，在运动会上，他们自发地喊出了"北京北京我的家，联大联大我爱你"的动人口号。国际文化交流学院成为学校连接世界的桥梁和国际文化交流的窗口，在雅加达、曼谷、首尔、乌兰巴托、河内、伦敦，很多人都对北京联合大学耳熟能详。留学生们把在学院学习的这段经历当作一段美好回忆，志愿在将来充当中国与自己国家之间的文化使者。

此外，学院还积极开展对外合作，利用国外优秀的教育资源，开拓跨境教育，选定国外一些名校合作开展跨境教育项目。跨境办学项目模式包括非学历教育（即学生短期互换，由校国际交流合作处负责）和学历教育，例如："3+1"项目，即在学院学习3年，在国外兄弟学校学习1年，成绩合格者，同时获得学校和国外学校两所高校的学士学位；"3+1+1"项目，即在"3+1"的基础上，继续攻读硕士学位；"4+1"项目，即本科阶段在学校就读，第五年赴国外攻读硕士学位。

2006年，经市发改委、市教委批准，学校利用北京市第一批大学生公寓补贴的契机，购置了位于朝阳区安外小营育慧里2号院19号楼一栋，并改造为学生公寓。19号楼地上18层，地下2层，总建筑面积1.5万余平方米，后用作留学生公寓。2017年前后，国际交流学院机构迁至此处办公。

2007年学院汉语言专业增设师范方向，2008年汉语言专业增设旅游方向，并增设国际商务专业。

基于学校蓬勃发展的留学生工作，在我国驻英使馆教育处、国家汉语国际推广领导小组办公室和北京市教委的大力支持下，2007年学校与英国威尔士大学兰彼得学院合作，建立了兰彼得孔子学院。学校因此成为第一个建立孔子学院的北京市级高校，这也是英国威尔士地区的第一所孔子学院，是学校深化中外合作与交流的一座里程碑。2011年，北京联合大学与英国威尔士三一圣大卫大学孔子学院合作承办的英国威尔士第一所孔子课堂3月1日在霍兰德沃里学校成立，英国王储查尔斯王子和中国驻英国大使刘晓明为孔子课堂揭牌并参加庆祝活动。

▲ 2011年查尔斯王储和刘晓明大使为霍兰德福瑞公学孔子课堂揭牌

2013年，学校实行新一轮全员聘任，部分单位内设机构有所调整。学院管理部门设有综合办公室、行政办公室、教学科研办公室、教科办，对外汉语教学有语言生、本科生、研究生等多种层次。2017年，学校开展又一轮全员聘任，学院管理部门设有综合办公室、教务办公室、招生办公室、公寓管理办公室和韩语中心。至 2018 年年底，学院有专职教师 18 人、外聘教师 30 余人。学院对外汉语教学有语言生、本科生、研究生等多种层次，有在读语言生 363 人、本科生 137 人、研究生 63 人。

2020 年 6 月，为进一步提高来华留学生教育教学质量，大力发展来华留学生学历教育，推进来华留学生入系学习，中外学生趋同管理，经校五届党委第 76 次常委会研究决定，学校撤销国际交流学院。原国际交流学院的国际学历生的招生、学籍管理、涉外相关工作，协调国际学历生所在学院的教学管理，以及国际学历生的汉语语言培训等工作划转校国际交流合作处新设立的留学生管理中心负责；国际学历生的教学培养、学生日常管理由相关学院负责；国际学历生的教学计划实施分别由校教务处、校研究生处负责统筹指导并给予支持协调；国际学历生的住宿管理、19 号楼的物业管理划转校后勤保障中心负责。调整后的相关交接工作、尚未结束的各类培训班的后续工作由校国际交流合作处承接。原学院管理人员由校党委组织部、校人事处负责安排，原学院教师部分留任校国际交流合作处新设立的语言教学中心教师岗，部分按专业调至校内其他单位。

资料主要来源：

① 《北京联合大学志（2001—2010）·学校篇》
② 《心中的记忆——纪念北京联合大学（大学分校）建校 30 周年》
③ 北京联合大学档案馆馆藏档案

（整理：王岩　审核：姜素兰）

北京联合大学应用科技学院

2008年至今

北京联合大学应用科技学院前身是北京联合大学网通软件职业技术学院和国际语言学院，还吸收了学校其他众多学院的高职专业，于2008年4月正式挂牌成立，最初办学地点位于昌平区石牌坊南。

2007年，为了深入落实发展应用性教育，培养应用型人才，建设应用型大学的办学宗旨，进一步优化高等职业教育专业结构和布局，整合高等职业教育资源，为今后的可持续发展打下良好基础，北京联合大学决定以面向信息产业和现代服务业的高职专业为主体，成立应用科技学院。3月，学校发布《关于成立应用科技学院（筹）的通知》（京联党〔2007〕8号）文件，开始筹建应用科技学院，并设立应用科技学院的筹建工作机构，称应用科技学院（筹）。学校任命院长和副院长（暂定1名），同时成立高职教育教学领导小组和专业教学指导委员会，领导小组成员由8所学院中负责高职教育教学工作的院领导组成，组长由应用科技学院（筹）的院长担任。专业教学指导委员会成员主要由以上学院高职专业的负责人组成，主任由应用科技学院（筹）副院长担任，计划在2—3年内建成应用科技学院。筹建期间，学校研究学院的建设规划，明确学院的定位、发展目标，培育几个高水平示范性专业，开展有关高职专业现状的调查研究，研究高等职业教育和应用型本科的衔接，进行高等

校史的故事

职业教育发展的国内调查研究。

2008年4月，应用科技学院挂牌成立。应用科技学院是北京联合大学一所专门从事高等职业教育的学院，处级建制，受校本部统一管理。学院的专业由学校信息学院、管理学院、应用文理学院、东方信息技术学院和网通软件职业技术学院、国际语言文化学院的高职专业组成，以IT类、管理类为主，面向北京市加快发展的现代服务业和高新技术产业，培养服务于文化创意产业、商贸服务业、现代物流业和高新技术业一线的高素质技能型人才或高素质技术服务人才。

▲ 应用科技学院挂牌仪式

学院租用位于昌平区涉外经济学院的校舍办学。2008年，学院租地面积200余亩（合13.3万余平方米），校舍建筑面积5万余平方米，有教学楼、学生公寓、食堂、图书馆、塑胶体育场等建筑。校内有可容纳600多人同时就餐的大学生食堂和部分风味餐厅以及北京联合大学学生专用食堂。此外，校区内有学生公寓、开水房、公共浴室、大学生超市等生活服务场所，为学生在校期间的学习生活提供了保障。

2008年4月，学院设置4个党政管理机构，分别为党委院长办公室（与工会合署办公）、行政与保卫办公室、教学与科研办公室、学生工作办公室。群众团体有工会和团委。此外，还设置了三系二部一馆一基地，即电子信息系、经济管理系、媒体艺术系、公共基础部、国际语言文化部、图书馆、实验实训基地。其中图书馆隶属校本部图书馆，规模较小，仅有1名工作人员。

学院成立后，投入大量精力调研北京市经济文化发展情况，努力实现学院专业与现代服务业（金融、商贸、连锁经营）、文化创意产业（动漫、影视制作、电脑艺术设计）、信息服务业（软件、通信）相匹配，并依次开展专业建设，以完善培养方案。

2010年7月，广告学院迁入，与应用科技学院共同使用昌平校区校舍办学。广告学院迁入后，学校在昌平校区新建了图书馆。

2011年，由于北京地区生源减少，平谷学院的办学规模难以保证，学校与平谷区人民政府的合作终止。根据学校安排，原平谷学院在读的一、二年级学生，除旅游管理专业学生转入旅游学院、广告设计与制作专业学生转入广告学院外，其他专业学生全部转入应用科技学院学习。

2013年，学院获得移动商务交叉学科学术硕士招生资格。

2015年，学院获得职业技术教育领域专业硕士招生资格。

2018年3月，经校五届党委第二次常委会研究决定，应用科技学院迁至朝阳区安外北苑6号院甲1号办学（北京联合大学北苑校区）。北苑校区占地面积58亩（合近3.9万平方米），校舍总建筑面积近1.8万平方米。

目前，学院是全国高校中唯一具有规模化贯通培养硕士研究生、专升本和专科人才的学院，设有15个专科专业、9个专升本专业，涵盖经济管理类、IT类、媒体艺术类和语言文化类；有专任教师109名，在校学生近3000人，其中研究生20人。学院拥有现代化的财经商贸、电子信息、媒体艺术、语言视听等近30个专业实验室，5个基于职业的学生工作室，21个校外人才培养基地，48个校外实习实践基地，65个具有校企合作关系的单位，与甲骨文公司、阿里巴巴、用友、中国人寿保险公司、北京银行、光大银行等多家企业建立校企合作关系，联合开展订单定向人才培养。

资料主要来源：

《北京联合大学志（2001—2010）·学院篇》

（整理：王岩　审核：姜素兰）

北京联合大学马克思主义学院

2016 年至今

北京联合大学马克思主义学院于 2016 年 3 月 18 日正式挂牌，其前身是校人文社会科学教学部。

自 1985 年建立北京联合大学直到 1995 年年底以前，学校下属各学院均设有从事马克思主义理论课程教育教学的马列教研室或社科部，直属各学院。随着学校内部建制和管理体制的不断调整和完善，原各学院的马列教研室或社科部或合并，或并入校本部，学校马克思主义公共课教学部门也逐步实体化，规模不断扩大。

1994 年，北京市政府发文同意北京联合大学自动化工程学院与电子工程学院合并，成立北京联合大学电子自动化工程学院。合并后仍维持原两学院办学格局，电子自动化工程学院三址办学。1995 年，电子自动化工程学院开始为搬迁学校正在建设的小营新址做准备，于 6 月决定调整教学机构，将原电子工程学院社会科学教学部、原自动化工程学院的马列主义教研室、德育教研室、基础部中文教研室合并为社科部。1995 年 12 月，依据市委教育工委有关决定，电子自动化工程学院并入校本部，学院行政工作由校本部领导，社科部为学院下设教学机构之一。1997 年 12 月，建材轻工并入校本部。学校统一规划电子自动化工程学院与建材轻工学院的专业，重新组建为信息学院和应用技术学院，两学院基础课教学由校本部负责。校本部社会科学教学部教学人员为原电子自动化工程学院社科部和原建材轻工学院基础部马列主义教研室人员。2000年12月,机械工程学院并入校本部,学院的社科部并入校本部社会科学教学部。2003年12月,学校将校本部社会科学教学部与校学生处下设的德育研究教研室、艺术教研室合并,成立人文社会科学教学部(以下简称"人文社科部")下设办公室、马克思主义哲学原理教研室、邓小平理论教研室、中国近现代史教研室、德育教研室、中文教研室、艺术教研室。当时人文社科部共有教师36人、行政人员4人。教师中职称结构是:教授3人、副教授7人、讲师21人、助教5人;学位结构是:博士2人、硕士9人,其余为学士。

2010年3月,人文社科部教研室调整为:马克思主义基本原理教研室、马克思主义中国化教研室、中国近现代史教研室、思想政治教育教研室、中文艺术教研室。

2011年,在学校整合学院过程中,特殊教育学院、旅游学院、管理学院共10位思想政治理论课教师陆续加入校人文社科部教师队伍当中。

▲ 马克思主义学院成立揭牌

2011—2015年,人文社科部在教学、科研等方面都得到快速发展,问题导入式专题教学改革逐渐深化,高级别科研项目和论文数量增长迅速。经过引进、培养和提高，师资队伍数量和质量都有大幅提升，加之中央及各级教育主管部门均高度重视高校思想政治理论课教育教学，成立马克思主义学院的条件进一步成熟，经过紧张有序的筹备，最终马克思主义学院于2016年3月18日正式挂牌成立。

自马克思主义学院成立以来，主要承担着全校各专业本科生、专科生、研究生的思想政治理论课教学任务，同时负责全校马克思主义理论学科建设和思想政治理论课教师队伍建设。近年来，先后有一批教师获得全国优秀教师、全国思想政治理论课影响力人物、北京市高层次创新创业人才支持计划领军人才、北京市高等学校教学名师、北京市思想政治理论课特级教授、特级教师、市优秀教师、市先进工作者、市"长城学者"、市委宣传部"四个一批"人才、市"百人工程"、市高校优秀德育工作者、"首都市民学习之星"、市教委"青年拔尖人才""青年英才"等荣誉称号。还有多名教师获北京高校思政课教师"择优资助计划""扬帆资助计划"项目等资助。2016年学院成为北京首批高校思想政治理论课教育教学改革示范点，2017年获得北京市高等教育教学成果奖二等奖。2018年，马克思主义理论一级学科硕士点正式获批。近年来，学院认真学习贯彻落实习近平总书记在学校思想政治理论课教师座谈会上的重要讲话精神，坚持"马院姓马、在马言马"的鲜明导向，把思政课教学作为学院基本职责，坚持突出北京味道、联大特色办好思政课，聚焦全面推动习近平新时代中国特色社会主义思想进教材、进课堂、进学生头脑，为培养担当民族复兴大任的时代新人、培养德智体美劳全面发展的社会主义建设者和接班人而不懈奋斗。

（整理：史文瑞　审核：姜素兰、王岩）

北京联合大学机器人学院

2016 年至今

北京联合大学机器人学院成立于 2016 年 5 月，其前身是 2015 年 9 月成立的以特聘教授、著名人工智能专家李德毅院士命名的"德毅"机器人校级实验班。机器人学院是学校教学科研单位，是探索人才培养与科学研究、科研成果转化的综合改革试验区，无行政级别。学院立足机器人产业，面向高精尖产业需要，培养具有知识面宽、实践能力强、具有创新能力和国际视野的机器人工程应用人才。

▲ 学院成立揭牌

学院实行院务会议制度，在院长领导下开展各项业务工作，设置院综合办公室和 3 个系（所）及 1 个中心，即轮式机器人系（所）、无人机系（所）、特种机器人系（所）以及综合研发创新中心，设立软件工程（智能软件）、电子信息工程（智能硬件）、自动化（智能控制）3个专业，并于2016年开始招生。

在全国高校率先成立机器人学院，研究智能机器人产业人才的培养体系、学科设置、试验平台、成果转化的策略和方法，是学校适应北京城市战略功能定位和高精尖产业结构调整、深入推进教育教学综合改革和产学研用紧密结合，进行的一项以科研任务带动高素质应用型人才培养、提高人才培养质量的有益探索。学院成立后，将学生智能汽车及无人系统领域的学生课外科研活动带上了一个新的高峰，学校的智能车团队多次在大赛中取得佳绩。

2017年4月，为进一步适应北京"四个中心"建设和京津冀协同发展的需要，加强专业、学科凝聚和团队建设，提升学校的办学实力和影响力，学校于28日发文将机电学院与机器人学院合并，成立新的"机器人学院"。新"机器人学院"于工体北路校区和北四环校区两址办学。

新"机器人学院"成立后，原机电学院材料科学与工程专业停止招生。其现有在校学生由现专业教师在白家庄校区继续培养，直至毕业。原信息学院软件工程专业和电子信息工程专业、原自动化学院自动化专业整体并入新成立的"机器人学院"。

新"机器人学院"在北四环校区设立改革试验区，试验区享有原机器人学院的相关政策。原机电学院在校生和学院成立后每年新招的学生（改革试验区实验班除外）均在白家庄校区培养；原机器人学院在校生以及新并入的软件工程专业（含校级实验班）、电子信息工程专业和自动化专业的在校生仍在北四环校区培养。

学校聘请中国工程院院士李德毅担任学院院长，聘请中国工程院戴琼海院士担任市级科研平台——北京市信息服务工程重点实验室学术委员会主任，聘请中国科学院院士房建成担任市级科研平台——北京市智能机械创新设计服务工程技术研究中心学术委员会主任。

新的机器人学院成立后，明确了学院各专业在人工智能时代、新工科背景下内涵发展的方向。在院长李德毅引领下，学院以载体汇聚学科专业，以科学任务带动人才培养，将专业交叉融合，推进新工科学院建设；进一步凝练学科方向与特色，依托市级科研平台和人才培养基地，围绕智能机器人、智能制造与服务等领域工程技术人才培养定位，聚焦北京科技创新中心定位，开展学科建设和科学研究。

学院面向智能机器人、智能汽车、机电产品智能化创新设计服务各领域，培养具备高度社会责任感、创新创业精神、可持续发展能力，符合国际化标准、德才兼备的高素质高级应用型专门人才，开设了面向智能机器人、机电产品创新设计、科技成果转化的5个相关本科专业。其中，机械工程专业是国家级特色专业、北京市特色专业和校级优势专业；软件工程专业是北京市首批重点建设一流专业，建有校级实验班；自动化专业是校级优势专业和骨干专业；电子信息工程是重点建设专业；机器人工程专业为新办专业。学生完成学业后，可优先被推荐进入"北京联合大学智能车研究生科研实验班"和"北京联合大学智能服务机器人团队"进一步深造。学院设有软件工程专业一级学科硕士学位授权点，建有北京市重点建设的现代制造工程技术中心和北京市工科综合实验中心分中心，下设60个实验室，使用面积近6500平方米，拥有完善的实验教学设备及设施，为教学和科研项目的开展提供了有力支撑。

北京联合大学机器人学院

资料主要来源：

北京联合大学档案馆馆藏档案

（整理：王岩、王锐　审核：姜素兰）

三

在北京市 1978 年年底创办的 36 所大学分校中，有 12 所由市属业务局、中央部门或中央院校主管的大学分校没有进入后来成立的北京联合大学。在 1982 年年底开始的北京地区大学分校调整中，它们或停办，或合并，或保留继续发展。其中，冶金局主管的北京钢铁学院第一分院并入首都钢铁公司主管的北京钢铁学院第二分院；市科委主管的北京工业大学第二分校保留；北京大学第二分校由电子工业部自办，不再面向北京市；石化总厂自办的北京化工学院第二分院、市政工程局主管的北京建筑工程学院分院、物资局主管的北京经济学院分院、农林局主管的北京农业大学分校、二办主管的北京第二医学院第二分院及在本校招生的中央财政金融学院分院、北京商学院分院和北京化纤学院分院停办。

1985 年，为了进一步加强对大学分校的统一规划和管理、提高教育质量和办学效益，北京市政府发文在 12 所大学分校的基础上建立北京联合大学，其余的大学分校体制上也发生了变化。电子工业部主办的北京大学第二分校组建为北京信息工程学院、市属北京工业大学第二分院组建为北京计算机学院。首钢总公司办的北京钢铁学院分院继续挂原校牌办学，但与北京钢铁学院在办学方面不再有任何关系。

北京钢铁学院第一分院

1978—1983 年

北京钢铁学院第一分院（以下简称"钢铁学院一分院"）创办于 1978 年年底，是当年北京市创办的 36 所大学分校之一。按照 1978 年制定的《扩大招生方案》，钢铁学院一分院主管单位为冶金局，设置冶金机械、自动化、钢铁冶金和金属材料 4 个专业，计划招生 400 人，校址选于海淀区明光村北京第一轧钢厂技校内。按照文件精神，钢铁学院一分院的教学工作由北京钢铁学院负责，分院将主要依靠本院的教学资源办学。

北京钢铁学院现名为北京科技大学，于 1952 年由天津大学、清华大学等 6 所国内著名大学的矿冶系科组建而成，时名北京钢铁工业学院，1960 年校名简化为北京钢铁学院，成立时隶属冶金部，是培养冶金高级人才的工科院校，1966 年停课，1975 年成立自动化系，1978 年，进行专业调整，将原有专业调整为钢铁冶金、冶金热能、机械制造、金属压力加工、冶金物理化学、金属材料与热处理 6 个专业，新建工业经济管理、流体传动及控制、应用物理和应用化学专业，当年恢复研究生招生，招收理工类本专科生 1124 人，其中本科生 1064 人。

钢铁学院一分院由北京钢铁学院与北京市冶金局合办，分院未挂牌，首届招收 400 余人。

1979 年，钢铁学院一分院与北京钢铁学院第二分院招生人数较少，两个分院共招生 80 余人。

/校史的故事

  1982年，分院的首届学生面临毕业，北京钢铁学院于11月15日召开党委常委会，决定钢铁学院一分院与北京钢铁学院第二分院的学位证书由北京钢铁学院授予，要求严格把关、保证质量。

  1982年12月，北京市发文调整大学分校，钢铁学院一分院不在拟保留的13所大学分校之列。按照文件精神，原则上在现有学生毕业后停办，或主管部门认为确实还需要办的，在报经市委、市政府批准后，改为由主管部门自办。

  1983年4月，依据（83）高教字第026号和市高教计字（83）第051号文件精神，钢铁学院一分院与钢铁学院第二分院合并为北京钢铁学院分院。合并后，北京钢铁学院分院由首都钢铁公司自办和管理，市财政拨款截至1983年8月底，业务上接受市高教局领导，面向社会招生，直接为首钢培养高级工程技术人才和管理人才。当年，原北京钢铁学院第二分院学生迁至钢铁学院一分院校址上课，北京钢铁学院分院当年招生200余人。随后，北京钢铁学院分院在原北京钢铁学院第二分院附近的石景山区西黄村[1]开始基建，建设新校舍。

  1985年时，北京钢铁学院分院占地面积6.9亩（合4600平方米），校舍建筑总面积1723平方米，其中教学和行政用房1310平方米。分院图书馆藏书42 000册，有期刊201种，在校学生533人，其中本科生420人、专科生113人，有教职工202人，专任教师66人，开设工业电气自动化、金属压力加工、冶金机械、工业企业管理工程、工业与民用建筑、钢铁冶金6个本科专业，工业与民用建筑专业和钢铁冶金专业还开设了专科。当年，为适应企业发展需要，分院对办学体制、专业设置和办

---

[1]　有些资料记载为石景山区杨庄，均指同一地址。

学规模进一步调整,对外仍沿用分院校名,对内称首钢大学。

资料主要来源:

北京市档案馆馆藏档案

(整理:王岩 审核:姜素兰)

北京钢铁学院第二分院

1978—1983 年

北京钢铁学院第二分院（以下简称"钢铁学院二分院"）创办于 1978 年年底，是当年北京市创办的 36 所大学分校之一。按照 1978 年制定的《扩大招生方案》，钢铁学院二分院主管单位为首都钢铁公司，设置轧钢专业和自动化专业，计划招收 200 人，校址选于石景山的首都钢铁公司。按照有关文件精神，钢铁学院二分院的教学工作由北京钢铁学院负责，分院将主要依靠本院的教学资源办学。

当年，在北京钢铁学院的支持和帮助下，北京市共创办了钢铁学院一、二两所分院，此为其二。钢铁学院二分院由北京钢铁学院与首都钢铁公司合办，分院未挂牌，首届招收 200 余人。

钢铁学院二分院在北京冶金机电学院院内办学，得到了冶金机电学院的大力支持。由于分院条件差，学生只能在校外饭馆吃饭，不但不能按时吃，而且还很贵，吃得也不好。学生不能得到很好的休息，直接影响了学生的身体健康。在冶金机电学院的大力支持下，由分院承担管理费，学生在北京冶金机电学院食堂就餐，解决了吃饭的大事。学院的体育活动场地也是借用冶金机电学院的操场。在北京钢铁学院和北京冶金机电学院的大力支持下，钢铁学院二分院积极组织全校师生开展各项群体活动，并于 1979 年被评为北京市高校群体先进单位。不仅增强了学生的身体素质，促进了学习任务的完成，还增进了同学之间的团结友谊，活跃了院内生活气氛，使全校呈现出一派朝气蓬勃的景象。为了保护学生的视力，分院一方面推广眼保健操，一方面对教室进行粉刷，调整安装照明设备使布局更合理。

1979年，钢铁学院一、二分院招生人数较少，两个分院共招生80余人。至1981年年初，钢铁学院二分院有学生278人、教职工57人。分院只有2名体育教师，体育教学任务大部分由北京钢铁学院教师承担。

1982年，分院招收的首届学生面临毕业，北京钢铁学院于11月15日召开党委常委会，决定钢铁学院一、二分院的学位证书由北京钢铁学院授予，要求严格把关、保证质量。

1982年12月，北京市发文调整大学分校，钢铁学院二分院不在拟保留的13所大学分校之列，原则上在现有学生毕业后停办。若主管部门认为确实还需要办，报经市委、市政府批准后，改为由主管部门自办。

1983年4月，依据（83）高教字第026号和市高教计字（83）第051号文件精神，钢铁学院一分院与二分院合并为北京钢铁学院分院。合并后，北京钢铁学院分院由首都钢铁公司自办和管理，市财政拨款截至1983年8月底，业务上接受市高教局领导，面向社会招生，直接为首钢培养高级工程技术人才和管理人才。当年，原钢铁学院二分院学生迁至原钢铁学院一分院校址上课，北京钢铁学院分院当年招生200余人。随后，北京钢铁学院分院在石景山区西黄村开始基建，建设新校舍。

1985年，经国务院批准，北京冶金机电学院更名为北方工业大学。

校史的故事

▲ 北京钢铁学院分院新校舍大门

▲ 北京钢铁学院分院校园内

1986年，石景山区西黄村新校舍一期工程完成。北京钢铁学院分院迁入西黄村办学。分院对内称首钢大学，对外仍称北京钢铁学院分院。1992年9月11日，北京市政府在关于市属高校布局调整方案中指出，北京钢铁学院分院暂时挂靠北京联合大学。1994年，按照国家教委教计（1994）60号文件，北京钢铁学院分院更名为首钢工学院。1999年起，首钢工学院停止本

· 326 ·

专科层次培养，开始办高等职业技术教育。之后，位于学院西北角的北京钢铁学校并入首钢工学院，学院办学面积扩大。现首钢工学院办学地址为石景山区晋元庄路 6 号，北方工业大学办学地址为石景山区晋元庄路 5 号。

资料主要来源：

北京市档案馆馆藏档案

（整理：王岩　审核：姜素兰）

北京工业大学第二分校

1978—1985 年

  北京工业大学第二分校（以下简称"北工大二分校"）创办于1978年年底，是当年北京市创办的36所大学分校之一。按照1978年制定的《扩大招生方案》，北工大二分校主管单位为市科委，设置计算机软件、计算机硬件、电加工3个专业，计划招生400人，校址选于位于海淀区五道口的暂安处小学，由科委计算中心主办、北京工业大学协助。按照有关文件精神，分校将主要依靠本校（北京工业大学）的教学资源办学。

  当年，在北京工业大学的支持和帮助下，北京市共创办了北工大一、二两所分校，此为其二。

  北工大二分校最初借用的是原暂安处小学一栋建筑面积只有1600平方米的二层小楼，同在此办学的还有北医分院。北医分院借用的楼房在北工大二分校楼的对面，后来建成的单双杠场地北面。用一所小学的校址办两所大学分校，在使用面积上的捉襟见肘可见一斑。1978年，北工大二分校首届招收10个班本科生420余人。分校暂借的小楼人均面积只有3平方米，楼内仅能安排下10间教室、2间教研室和7间办公室。1978年分校开学时可谓困难重重，除了校舍面积不足，教师数量也严重不足，只有2名英语教师。分校没有操场、没有食堂，连一台电话都没有，遇到雨雪天气，院子里满是泥泞，上厕所得穿雨靴。

  为了改善办学条件，全校职工齐努力，共同修路任劳任怨，修篮球场、印教材和考卷，甚至搭木板房、建炉灶等，都是自己动手，很快就建起了7处木板房。1979年，为了招新生，教职工搬到木板房办公，将楼里的屋子腾出来当教室。

同时，分校的发展得到了市委教育部、市科委、市高教局的领导、关怀和帮助，市委和市科委领导多次到学校参加会议，先后从各方面聘请专家，抽调干部组成学校的领导班子，同时，还调入懂业务的内行和做过教育工作、后勤行政工作的同志，主持学校的日常工作。分校的党委书记由市科委副书记、副主任潘梁兼任，校长由中国科学院计算所研究员、我国著名计算机科学工作者胡世华兼任，市计算中心研究员吴文达兼任副校长，吉林大学副校长、我国著名计算机科学专家王湘浩担任分校顾问。

更重要的是，对分校的办学方针、知识分子政策、学生的培养教育等，市科委都及时帮助分校结合实际情况讨论确定，例如：组织分校领导和有关专家进行讨论研究，确定办学方针、培养目标和科系设置等问题，明确学校应办成以计算机为中心的独具特色的学院，初期要侧重于应用问题，解决经济管理现代化和城市管理现代化的急需，从长远来说要与兄弟院校的计算机系协作，组成一个比较完整的体系，共同为北京市的现代化和国家的四个现代化服务。关于知识分子问题，分校确立教师是办学的依靠力量，政治上要信任、尊重，学术上要兼容并包、鼓励发挥特长，生活上热情关心、尽力照顾的定位，使教师们感到自己是学校的主人，工作热情主动，一些兼课老师也对学校有了感情，陆续调来工作。对学生工作，分校确定以教学为中心，培养建设社会主义计算机专业人才为目标，把思想政治工作落实在帮助学生树立正确的学习目的和学习态度、培养良好的道德品质上，实行正面引导和严格管理相结合，放手让学生自己管理自己。

针对分校培养计算机专业人才却没有计算机设备的困难，市科委又确定北京市计算中心为主要协作单位，请外经部拨给分校一台联合国开发署援助的计算机，并把学校的计算中心作为国际经济合作信息处理和培训中心的分中心之一，以取得后续援助。国家科委也拨给分校一台性能非常好的日本计算机。联合国开发署援助的计算机是一台 HP3000Ⅲ型计算机，可进行 32 字的双字长运算，配备 COBOL、FORTRAN 等 5 种语言和 8 个终端。国家科委拨给的是一台日本 FACOM230-38 型计算机，性能也很好，两台机器安装运行后，基本上满足了分校近几年教学科研工作的需要。

在上级领导的支持帮助下，分校得到较快发展。依靠全校的齐心努力和社会各界的力量逐步解决了各方面困难。

没有教师，分校就依靠临近的北京大学、清华大学、中国科技大学研究生院和中国科学院数学所人才济济的优势，聘请优秀的教师来校兼职。分校每学期都从附近十几个单位聘请几十位兼职教师，他们不仅有真才实学、有丰富的教学经验、教学效果好，还帮助分校专职教师拟定教学计划、教学大纲、选编教材，及时解决教学工作中的问题。中国科技大学数学系教授曾肯成，北京大学数学系副教授王萼芳，清华大学自动化系副教授马信山、应用数学系副教授马振华，中国科技大学研究生院计算机教研室副教授罗晓沛，中国科学院数学所副研究员李培信都曾到分校授课，这样一批热爱学生、关心青年教师成长的老知识分子，都为分校做出了贡献。曾肯成教授专攻高等代数几十年，每次上课仍反复推敲，结合学生的实际水平讲授，深入浅出，不仅培养学生独立思考的能力，还积极做学生的思想政治工作，用自己的亲身经历教育学生热爱祖国、树立正确的学习目的，并对几个肯吃苦、勤钻研的学生给予了特殊的培养。假期里，经常能看到他在黑板前、宿舍里和马路边热心地给学生讲课、同学生讨论问题，甚至大年三十晚上也不休息，为分校培养人才。

为了给学生提供体育活动场所，分校经常借用北京航空学院和北京师范大学的运动场。分校的第一届运动会就是在北京师范大学举办的。北京师范大学不仅提供了场地、体育设备，还派出部分体育教师和学生帮助画线、担任裁判，有效保证了运动会的顺利进行。

为了解决每天中午500多人的吃饭问题，分校与附近的五道口餐厅联系寻求支持。五道口餐厅为了让学生能吃上可口的热饭、热菜，每天抽出四位师傅专门给学生做饭、送餐，四位师傅动脑筋、想办法，天天变换花样，熘肉片、西红柿炒鸡蛋、炸鱼……有效保证了学生的午餐供应。

分校没有电话，各方面与外界联系都很困难。北京航空学院伸出了援手，支援分校两部分机，缓解了燃眉之急。

由于1978年年底一下子就招收了420余人，分校的教学用房远远不能满足进一步发展的需要，1979年因房屋不足影响了招生，仅招收了80人。为此，北工大二分校于1979年在海淀区玉渊潭公社潘庄大队白塔庵处（后地址名称定为西三环北路56号，定名时间不详）取得耕地47亩、非耕地10余亩，于1980年3月破土动工，开始建设新校舍，1981年暑期建成。从征地到建成1.9万余平方米的校舍，仅用了一年多的时间，这与上级领导的重视和各方的大力支持密不可分。为了建新校舍，市科委为分校向国家科委争取了200万元的资助，在市高教局的大力支持下，分校的基建任务被列入了北京市重点工程，保障了新校建设的顺利进展。市建委、市计委、市建筑工程局、市科委和市高教局等各有关单位的重视起到了重要作用。设计院的同志加班加点搞设计，40天完成基础图，25天完成结构施工图，绘制图纸近300张。市建委仅用了3天就审批完，还主动帮忙补上了漏项，拿到市高教局，当天就审批完毕。建筑公司的同志和分校一道催材料，提前安排施工，主动告知施工的程序和注意的事项。六建四工区的同志看到日本计算机提前到货的20多箱机件，千方百计克服困难，把原计划6月后完工的机房提前到3月初完工。供电局的同志忙了一天刚回来，听说分校要接电，不顾已到下班时间，又去工地接线。规划局、勘测处、自来水工程处和海淀区委、玉渊潭公社的同志也都把分校的建设当作自己的事，提出很多好建议，使新校舍的建设少走了许多弯路。甲方乙方变成一家人，两股绳拧到一起，共同积极建设新校舍，成为新校舍基速度快的秘诀。

1981年，新校舍建成后，分校于暑期前后搬离五道口，迁入白塔庵新址办学。

作为主要培养计算机软件工程和计算机应用系统设计、维护人才的高校，分校与当时大学里的计算机系有区别，没有现成的模式可以照搬，既没有成熟的教学计划，也没有现成的教材，只能在实践中发展，边探索边前进。

经过两年多的努力，分校调入教职工160余人，虽然大家来自四面八方，但他们安定团结、积极向上、努力工作。教师们主动挑重担，有的一周上18节课，有的备课到深夜，把心思全部扑在教学工作上，千方百计把学生培养成才。后勤部门积极主动地为教学服务，司机保证正点安全行车，随叫随到；炊事员保证饭菜物美价廉，还经常为教职工准备晚上和假日的蔬菜，受到全校教职工的称赞。总之，凡是对建校有利的事、对培养人才有利的事，大家都积极去办，工作效率非常高。

分校从长远发展考虑，逐步建立自己的教师队伍。先后从北京大学、北京科技大学等单位调入专职教师 62 人，其中有副教授 1 人、讲师 30 人。由于这些教师多是基础课教师和刚毕业的青年教师，能胜任计算机专业课的很少，分校帮助他们制订进修计划，请老教师传帮带。同时继续调入有真才实学的骨干教师，接收一些优秀的研究生、大学毕业生来校工作，继续聘请知名学者来校兼课或讲学，让学生了解计算机科学技术的最新知识和成果。此外，分校逐步建立了数学、物理、外语、电工电子、马列主义理论和体育 6 个基础课教研室，各教研室都配备了有一定教学经验的骨干教师，三个系也初步建立起来。

分校表扬"三好生"和优良生，鼓励学生培养勤奋读书、热爱集体、讲求文明和坚持锻炼的好习惯，起到了较好的效果。同时，分校注意发现和培养尖子学生，带这些学生去北京大学、清华大学听数学系的选修课，其中 5 人写出的 4 篇关于"群论"的数学论文得到有关专家的好评，并有一篇发表在 1980 年第 11 期《数学通报》上。

为了解决学生动手能力差的问题，分校花大力气建立物理、电子学、微处理机等实验室，装备最新的仪器；为了提高教学质量，分校把电化教育楼装备好，争取实现教学活动电子化；为了培养出符合社会需要的学生，分校进一步加强与北京市计算中心的密切联系，了解北京市计算机应用的情况；为了尽可能使学生在学校里打好基础，分校根据社会需要，开设一些选修课。此外，分校还根据社会需要筹建软件工厂和研究室，挑选部分毕业生留校，使教学、生产、科研三结合，互相促进，共同提高。

1982 年 12 月，北京市发文调整大学分校，北工大二分校保留且不做调整，继续培养计算机技术人才，办学规模为 800 人。

在市科委支持下，1982年，北工大二分校已建成教学用房2万平方米，配置了美国、日本制造的两台中型计算机，并有实验室、闭路电视等教学设备，有专职教师110人，并聘请北京大学、清华大学、中国科学院数学所、北京科技大学研究生院等单位的教师任教，初具大学规模。其毕业生除满足北京市需要外，还可经国家科委向外输送一部分。

1982年，在北京市政府上报国务院的请示中，提出为推广计算机的应用，拟在北工大二分校的基础上，建立北京计算机学院，规模为800人，学制分四年制本科和二年制专科，设计算机科学、软件工程、计算机技术等专业，培养计算机应用和信息处理方面的专业人才。

经过6年多艰苦创业，分校各方面建设得到很大的发展。分校的教学、科研工作力求适应国际计算机科学技术日新月异、我国计算机推广事业方兴未艾的形势，以"面向现代化、面向世界、面向未来"为战略目标，自统一招生以来，先后有65人出国访问考察、进修、学习，有外国专家学者7人来院讲学。1978—1984年，北工大二分校先后招收了7届共1420余名学生，有3届600余人毕业。

1985年，为适应北京市对计算机专门人才的需要，经北京市政府报经国家计委、教育部同意，在北工大二分校的基础上，建立了北京计算机学院，招收四年制本科和二年制专科学生，在校学生规模为1000人，也可根据需要适当扩大规模。北京计算机学院是一所"以计算机为核心，理工管结合"的市属高等院校，是北京市培养计算机科技人才的重要基地。学院设置3个系、5个公共基础教研室和6个研究室，计算机科学系开设理论计算机科学专业和计算机数学专业、计算机技术系开设计算机及应用专业、软件工程系开设计算机软件专业。学院教学、科研和实验设备较完善，已有物理、电子电工、数学逻辑、微处理器、计算机原理、体系结构、程序语言和网络等实验室，各系所属实验室、研究室另配置多台微型机和单板机为师生开展教学科研使用，学院电化教育中心有闭路电视系统和较先进的演播录像设备。1985年，学院占地总面积49亩（合3万余平方米），校舍总建筑面积近2.8万平方米，其中，教室2946平方米，实验室746平方米，图书馆1490平方米，行政用房1.3万平方米。学院在校学生816人、专任教师173人、职工360人、附设机构人员69人；图书馆藏书4.5万余册、期刊625种；办有刊物《北京计算机学院》，附设北京兴华计算机技术服务公司。

▲ 北京计算机学院

1992年6月，国家教育委员会复函北京市政府，同意将北京计算机学院并入北京工业大学。1993年3月，北京市政府发文《关于北京计算机学院整建制并入北京工业大学、北京联合大学外国语师范学院整建制并入首都师范大学的批复通知》，同意并入。并入后，北京计算机学院建制撤销，更名为北京工业大学计算机学院。

资料主要来源：

①北京市档案馆馆藏档案
②北京联合大学档案馆馆藏档案
③《北京地区普通高等学校概况》

（整理：王岩　审核：姜素兰）

北京大学第二分校

1978—1985 年

北京大学第二分校（以下简称"北大二分校"）创办于1978年年底，是当年北京市创办的36所大学分校之一，由华北计算技术研究所[1]自办，与北京大学挂钩。按照1978年制定的《扩大招生方案》，北大二分校设置计算机软件专业，计划招生100人，校址选在当时位于德胜门外苇子坑的华北计算技术研究所内。

当年，北京市共创办了北大一、二两所分校，此为其二。北大二分校是在教育部、第四机械工业部（1982年更名为电子工业部）和北京大学的积极支持下创建起来的，由华北计算技术研究所筹办。为此成立了北大二分校筹建小组，组长赵琪。此外，还专门成立了招生委员会，由主管教学工作的领导负责。经过短期筹备，1979年2月，北大二分校正式开课，首届招生105人，为四年制本科。

1979—1981年间，受师资、校舍、设备等条件限制，北京地区多所大学分校招生出现了大起大落。北大二分校是北京市当年创办的大学分校中为数不多的每年都招生的分校。1978—1984年，北大二分校每年招生100人左右，先后招收了7届共

---

[1] 华北计算技术研究所成立于1958年，现名为中国电子科技集团公司第十五研究所，主要从事计算机和应用系统研制、大型信息化工程总体设计与实施。

696 名本科学生，有 3 届相继毕业，其中 94% 获得学士学位。这些毕业生主要充实到电子工业部所属在京单位，缓和了软件人员匮乏问题。

1982 年 12 月，北京市发文调整大学分校，北大二分校保留且不做调整，继续培养计算机技术人才，办学规模为 800 人。

自建立至 1984 年夏，北大二分校只开设了计算机软件一个专业，期间，于 1981 年开办了一期夜大软件班，招收学生 62 名；1983 年，开始举办在职技术人员计算机培训班，并发展成为电子工业部计算机局的继续教育中心；1984 年，为石油部代培大学生 46 名。分校从 1984 年开始增设其他专业。

为了提高教学质量、改进教学方法，分校重视教师的业务提高和教学方法的研究，经常派出教师和科研人员参加各种学术交流活动，聘请外国专家和国内学者来校讲学，并注意根据计算机科学技术发展，不断调整充实教学内容。同时，分校注重培养学生分析问题和解决问题的能力，除了通过课堂教学培养学生外，还经常组织学生参加咨询、技术服务等活动，在实践中培养和锻炼学生。

办学中，分校逐步完善教学设备，逐年加强了作为重点学科的计算机系的建设，于 1985 年为其新增价值 20 余万元的教学设备，为课程设置上加大实践性教学环节比例提供了保障，至 1985 年每个学生上机时间增加到每学期 100 小时左右。

分校也非常重视科研工作，建有 DJS2000 系列软件中心、软件工程研究中心、CAD 研究室、应用教学研究室、微机应用系统开发部等科研机构，先后承担和完成了一批国家攻关科研任务和应用项目，并不断加强与日本、美国等一些国家的公司和院校的联系，1984 年与日本 EDC 集团电子开发学院签订《关于信息处理技术人员培养的基本协议备忘录》，建立了两校之间的联系。自分校建立以来，先后有26人次出国进修、学习、参观、访问考察，邀请外国专家20人次来校讲学或进行技术座谈。

1984年，北京市在12所大学分校的基础上组建北京联合大学。应国家计算机工业发展需要，电子工业部拟在北大二分校基础上成立北京信息工程学院[1]。1985年，经教育部和国家计划委员会批准，北大二分校更名为北京信息工程学院。北京信息工程学院仍在原址办学，隶属于国家电子工业部，直接服务于国家的信息产业和信息化建设，1985年时占地面积49亩（合近3.3万平方米），校舍总建筑面积1.5万余平方米（其中教学、行政用房8390平方米）；设置院长办公室、教务处、人事处、科研处、总务处、基建处、保卫科和财务科，建有计算中心、软件工程研究室、2000系列研究室和微机及应用系统开发部，有计算机科学与工程、管理工程、通信工程和机械4个系，开设计算机软件、计算机及应用、管理信息系统、工业管理工程、通信工程和电子精密机械6个专业；有在校学生424人（均为本科生），专任教师136人，行政、教辅和工勤人员185人，科研机构人员59人及其他附设机构人员9人；图书馆建筑面积130平方米，馆藏图书6万册，其中中文图书5万册、外文图书1万册，另有期刊1000种，其中中文期刊740种、外文期刊260种；办有校级刊物《教学与研究》。

---

[1] 北京信息工程学院于1996年与北京成人电子工业学院、电子工业管理干部学院三校合并，成为新的北京信息工程学院。2003年8月21日，北京市委、市政府决定将北京信息工程学院与北京机械工业学院合并组建为北京信息科技大学。2008年3月26日，教育部批准正式设立北京信息科技大学。

/校史的故事

▲ 北京信息工程学院教学楼

资料主要来源：

① 《北京地区普通高等学校概况》
② 《中国高等院校北京分册》

（整理：王岩　审核：姜素兰）

北京化工学院第二分院

1978—1983 年

北京化工学院第二分院（以下简称"化工学院二分院"）创办于 1978 年年底，是当年北京市创办的 36 所大学分校之一。按照 1978 年制定的《扩大招生方案》，化工学院二分院主管部门为北京石油化工总厂[1]（以下简称"石化总厂"），由石化总厂自办，校址设在石化区。

化工学院二分院的建立和发展与北京石油化工学校、北京石油化工专科学校、石化总厂"七·二一"工人大学及北京石油化工学院有着深厚的渊源。

1978 年 3 月，国内最大的石油化工企业石化总厂向北京市革委会工业交通办公室上报《关于筹建北京石油化工中等专业学校的报告》，5 月 12 日获批复同意，并于同日获北京市革委会计划委员会和北京市委科学教育联合批复，批准北京石油化工学校石油化工、电器仪表两个专业共招生 80 人。北京石油化工学校随即在燕山区凤凰亭北里 2 号成立。石化总厂将凤凰亭北里一座 2040 平方米的四层教学楼（原为北京大学教改楼，建于 1974 年）调整给北京石油化工学校使用，又投资为其扩建了食堂、实验室和浴池的配套设施 990 平方米，于 1978 年秋季招生

---

[1] 1979 年 1 月更名为燕山石油化学总公司（以下简称"燕化公司"），1984 年更名为中国石油化工总公司北京燕山石油化工公司。

时交付使用。9月4日，北京石油化工学校招收的化工工艺专业38名新生入学报到。9月5日，学校举行开学典礼。

同年6月，为适应建设、设计、科研对各方面人才的迫切需要，石化总厂向北京市革委会工业交通办公室上报了《关于创办北京石油化工专科学校的报告》，拟以中专学校为基础，创办具有石油化工特点的大学专科性质高等学校，为石化总厂培养工程技术与管理人才。7月14日，石化总厂党委调张凤吉来校工作，与王焕恺一起筹建学校，张凤吉主持常务工作，王焕恺主要负责教学工作。9月，根据北京市招生办公室通知，市委、国务院教育部同意北京石油化工专科学校参加当年全国高等学校统一招生，招生指标80人。最终，学校录取化工机械专业专科生45名。新生于10月17日报到入学。11月1日，学校举行开学典礼。12月28日，教育部批准建立北京石油化工专科学校。北京石油化工专科学校由北京市领导，以石化中专为基础改建，设置石化机械、石化仪表、自动化、石油分析、石油化学工程专业，面向北京市招生，招生规模为500人。

1978年11月，按国务院批转教育部《关于办好七·二一大学几点意见》的要求，石化总厂成立了"七·二一"工人大学，设仪表及自动化专业，当年招生40人，于11月16日举行开学典礼。

在12月2日市委大学部召开的会议上，市委组织部长宣布各大学分校领导班子，化工学院二分院领导小组由张万欣、张凤吉、王焕恺3人组成。12月4日，中共石化总厂党委决定，成立化工学院二分院领导小组，由石化总厂党委副书记林源兼任院党委书记，石化总厂副厂长张万欣兼任院长，领导小组成员张凤吉、王焕恺负责日常管理工作。12月7日，石化总厂下发《关于创办北京石油化工学院的通知》，根据北京市扩大招生的精神，决定建立北京石油化工学院，在国务院尚未批准之前，按北京市指示先定名为化工学院二分院，学制四年，设化工机械和化学工程两个专业；建立领导小组，由总厂直接领导。

按国务院批转教育部《关于办好七·二一大学几点意见》的要求，石化专科学校、"七·二一"工人大学和化工学院二分院合并办学，为一套班子一个机构三块牌子，在凤凰亭同一教学楼内开展教学。

由于是在厂区内办学，场地狭小，条件相对简陋，学校只有200米土质田径场一块，土质篮、排球场各两块及几组单双杠。实验室建设要从零起步。教学楼内一间约30平方米的教室被改作图书资料室，配置2张办公桌和5个书架，即为藏书及读者借还书的场所。虽然运动场地条件简陋，但分院每年都举行师生群体活动，如冬季长跑比赛，篮球、排球、足球、乒乓球比赛，中国象棋比赛，等等。

▲ 早期的办公室

建院初期，分院有教职工36人，其中教师约20人，部分教师曾在北京石油学院（2005年更名为中国石油大学）、清华大学任教，具有一定的教学经验，大多数教师是从石化总厂各厂、院抽调的工程技术人员。分院成立数学、物理、化学、制图、化学分析、机电6个教研组和1个公共教研室，公共教研室下设外语组、体育组等。

1979年1月，分院成立教务处、总务处、办公室、学生工作部和团委（筹建），并成立学生党支部，开始组建团组织，石晨负责团的工作，曾任北京化工学院党委常委的刘忠忱从石化总厂调任分院领导小组成员，主管后勤工作。其中，办公室负责公文管理和制发、文件管理和领导传阅、公章和介绍信管理以及宣传和组织工作；总务处负责分院房屋和宿舍管理、水电气维修及生活服务、物资采购供应和基本建设、交通运输及医疗保健等工作，下设财务组、采购组等。9月，分院成立政治处，负责组织、干部和纪律检查工作。

1979年2月9日，北京市教委工作部召开会议，讨论1978年10月招收的石油化工机械专业三年制大专班学生学制问题，会议决定专科班教学工作按四年制安排。29日，化工学院二分院本科扩大招生，化学工程专业41名学生报到入学。分校开学后，石油化工专科学校的学生全部转入化工学院二分院。

1980年1月，经中共燕化公司党委常委会决定，陈斐、袁尔卓任化工学院二分院领导小组负责人。分院召开第一届学生代表大会，郑宇当选为学生会主席。5月，分院成立技术职称改革委员会。7月，分院成立化学、物理、数学、外语、电工、制图、体育、分析化学教研室。10月，燕化公司党委调臧福录到分院工作，任行政主要负责人。分院召开首届团代会，选举产生由丁宝福等7人组成的共青团委员会，丁宝福任副书记，团委与学生工作部合署办公。11月，分院成立体育运动委员会，下设体委办公室负责教学、群体、竞赛、运动队等日常工作。1981年6月，分院成立机械基础教研室，7月，成立政治教研室、化学工程教研室、工业分析教研室及化工机械教研室，外语教研组改制为外语教研室，9月，成立政治教研室。

1978—1981年，化工学院二分院连续招收4届本科生，石化专科学校暂停招生。1981年，全校教职工增加到147人，其中教师54人。随着办学规模的扩大，原有教学设施不能满足办学需要。在燕化公司的大力支持下，分院进行了校园基础建设，1979年，建成150平方米的车库、115平方米的仓库和三栋用于实验和维修的木板房。1980年后，分院开始在凤凰亭小学后面山沟里建设1100平方米的临建平房，除部分用作办公用房及仓库外，其余用作材料力学等机械类课程实验室使用。1981年，3700平方米的五层新教学楼交付使用，分院陆续建成了有机化学、无机化学、物理、机械等实验室。1979年年初，图书资料室搬入学校新建食堂作为临时场所，1981年7月迁入办公楼，面积284平方米。1982年，图书资料室（后更名为图书馆）面积增加至670平方米，设有期刊阅览室和社科书、科技书两个书库，有中文期刊269种、外文期刊65种、报纸25种、图书近4万册。

▲ 1981年交付的教学楼

▲ 校园内一角 　　　▲ 食堂

分院借鉴北京化工学院、清华大学等校的本科教育教学思想和原则、教学计划及成功做法，突出实践教学，利用地处石油化工厂区的优势，聘请工厂中的专家兼任一些专门性质的课程和指导部分毕业设计，使教学工作与生产实际相结合；将周边的工厂和研究院（所）作为实验与实习基地，安排学生到生产一线参加生产实习，与工厂的工作人员一起倒班，直接接触现代石油化工先进的一些生产设备。同时，通过制定职称晋升等相关政策，分院鼓励并引导教师自选课题，撰写论文，积极参加燕化公司的论文报告会等科技活动。

1980年9月，北京石油化工总厂七·二一大学经北京市政府批准，更名为燕化公司职工大学。1982年5月，中共燕化公司党委决定，将燕化公司职工大学与化工学院二分院分开，建立独立的领导班子。

1982年7月，市委通知分院从本年开始停招本科生，只招专科生。当年分院共招收16名化工机械专业专科生。12月，北京市发文调整大学分校，化工学院二分院不在拟保留的分校之列，在现有学生毕业后停办。

分院的首届毕业生将于1983年年初毕业。1982年12月9日市高教局发文，批准成立化工学院二分院学士学位评定分委员会，臧福录任主任委员。1983年1月20日，分院举行首届毕业生毕业典礼，向82名毕业生颁发了毕业证书。2月7日，市高教局下发通知，批准化工学院二分院首届毕业生81人授予学士学位。

▲ 化工机械专业首届本科毕业生合影

校史的故事

▲ 化学工程专业首届本科毕业生合影

自 1983 年起，北京石油化工专科学校恢复招生。1990 年，北京石油化工专科学校搬入新建成的大兴校区，将后落成的教学楼移交给了北京燕山石油化工公司，将此处作为燕山实习校区。1992 年 12 月，中国石油化工总公司获批于 12 月 31 日在北京石油化工专科学校的基础上建立北京石油化工学院，此处成为北京石油化工学院的燕山实习校区。

资料主要来源：

① 《北京石油化工学院志（1978—2007）》
② 《校址的故事》

（整理：王岩 审核：姜素兰）

北京建筑工程学院分院

1978—1983 年

北京建筑工程学院分院（以下简称"建工学院分院"）创办于1978年年底，是1978年北京市创办的36所大学分校之一。按照1978年制定的《扩大招生方案》，建工学院分院主管单位为市政工程局，设置工程机械1个专业，计划招生200人，校址选于当时位于朝阳区外八里庄的市政工程局党校。按照文件精神，建工学院分院的教学工作由北京建筑工程学院负责，分院将主要依靠本院的教学资源办学。

北京建筑工程学院现名为北京建筑大学，前身为1907年清政府成立的京师初等工业学堂，后历经职业学校、工业学校、专科学校、工程学校、专科学校中技部、工程学院、中专多个发展阶段；1977年恢复北京建筑工程学院名称，设建筑工程系、市政工程系、机电工程系，招收四年制本科生；1978年招收本科生222人；2013年更为现名。

建工学院分院由市政工程局与北京市共同建立，依靠北京建筑工程学院的力量办学。1979年2月，建工学院分院正式开课。当年，北京市规划在位于西城区展览路1号的北京建筑工程学院内进行基建，为分院在此办学提供基建保障。北京市基本建设委员会和北京市计划委员会领导分别于9月22日和11月23日召开会议进行专门研究，确定分校的建筑面积为6400平方米，按一次设计建成教学楼，将原第二教学楼加固后作为实验室使用。根据市计委（79）京计基字 317 号文件批复，批准建工学院分院教学实验楼工程共计 6400 平方米，其中 4800 平方米作为教学楼加层任务已经列为 1979 年的基建项目，另外 1600 平方米实验室任务列为预备项目。经北京建筑工程学院设计室的初步设计，新建教学楼建筑面积 6432 平方米，位于院内主教学楼以西，建成后新增小教室 38 个、合班教室 4 个，其中有 2 个为阶梯教室，全部工程控制投资概算为 110 万元。但经施工单位鉴定，原第二教学楼震害较重，已不宜接建加层。后经市建委、市计委共同研究，同意将扩建的 4800 平方米和预备项目 1600 平方米合并，总建筑面积为 6432 平方米，总概算投资控制在 110 万元以内，包括室外工程；原第二教学楼改为实验室使用，不另新建实验室；从大学分校投资中先安排 5 万元，并列入 1979 年基建计划。现北京建筑大学西校区（位于西城区展览路 1 号）内的第二教学楼即为当年建设的。

　　1982 年 12 月，北京市发文调整大学分校，建工学院分院不在拟保留的大学分校之列，在现有学生毕业后将停办。文件提出，调整后停办的分校要善始善终，把现有学生培养到毕业，并做好结束工作；领导关系维持现状不变，教学工作仍请大学本校负责到底，保证将现有学生培养成才。分校停办后，现有教职员工，原则上按现在的管理体制，由各自的主管局在本系统内妥善安排；设备物资凡属地方教育经费购置的，由市高教局收回，统一调配使用；结余经费由市高教局按市财政局的有关规定处理；校舍由市政府统一调整。

　　按照有关文件精神，建工学院分院移交给北京建筑工程学院。至 1983 年 7 月，移交工作结束。

北京建筑工程学院分院

资料主要来源：

北京市档案馆馆藏档案

（整理：王岩　审核：姜素兰）

北京经济学院分院

1978—1983 年

北京经济学院分院创办于 1978 年年底,是当年北京市创办的 36 所大学分校之一。按照 1978 年制定的《扩大招生方案》,北京经济学院分院主管单位为北京市物资管理局,设置计划统计、劳动经济、工业财务会计、计算机程序设计和物资管理 5 个专业,计划招生 200 人,校址选于当时位于宣武区右安门的北京物资(干部)学校内。按照有关文件精神,分院主要依靠北京经济学院的支持创办和办学。

北京经济学院前身是创办于 1958 年的北京劳动学院,1963 年由国家经委物资总局、国家劳动部以北京劳动学院为基础合办成立,1966—1976 年停止招生并被撤销,1973 年重新组建新的北京经济学院,1978 年中国人民大学财经专业和部分教师并入。1978 年,北京经济学院有专任教师 349 人,设置劳动经济、工业经济、财政贸易、政治经济、物资管理、经济数学和劳动保护 7 个系,开设工业企业管理、社会经济统计、劳动经济学、会计学、财政学、贸易经济、政治经济学、防尘防毒、安全工程、机电产品管理、材料管理、计算机程序设计 12 个专业,招收学生 356 人。1995 年 3 月 24 日,经国家教育委员会批准,北京经济学院与北京财贸学院合并,校名定为首都经济贸易大学(教计〔1995〕58 号)。

1978 年 11 月底,北京经济学院分院的筹建工作开始。北京市任命阎文达为分院领导小组组长、郭景仪为副组长。由北京市物资管理局负责行政管理和思想政治工作，由北京经济学院负责教学工作，执行四年制本科生教学计划。分院下设三处一室，即政治处、教务处、总务处和办公室，另设有团委。北京经济学院为分院配备了专职和兼职教师，共22名，其中讲师12名、教员9名、技术员1名。分院在1978年全国高校招生考试中择优录取，最终招收209人，其中工业统计专业42人、劳动经济专业40人、工业财务会计专业40人、材料管理专业42人、计算机程序设计专业45人。

1979年2月，北京经济学院分院1978级本科新生209人报到，2月8日分院正式开课。

分院占用的北京物资（干部）学校校址位于今南二环路内护城河畔，北京大观园东南，右安门西街中部北侧（该校曾先后更名为北京市物资贸易学校、北京市商务科技学校，于2018年并入北京物资学院）。

1982年12月，北京市发文调整大学分校，北京经济学院分院不在拟保留的分校之列，在现有学生毕业后将停办。

1983年2月2日，北京经济学院分院1982届（1978级）学生毕业分配。之后，北京经济学院分院撤销。

1983年6月9日，北京市物资管理局向分院发出《关于北京经济学院分院当前移交工作中几个问题的紧急通知》，要求分院于10日前将人事调转、财产清理、房屋移交等事宜全部完成。至7月4日，分院已无在校学生，除4名教职工人事关系尚在，其余人员已调出，财产清点结束，待办资产调拨手续。

资料主要来源：

①《首都经济贸易大学志（1956—2014）》

②《北京联合大学志（1978~2000）》
③北京联合大学档案馆馆藏档案
④北京市档案馆馆藏档案

（整理：王岩　审核：姜素兰）

北京农业大学分校（华北农业大学分校）

1978—1983 年

北京农业大学分校（华北农业大学分校）（以下简称"农大分校"）创办于 1978 年年底，是当年北京市创办的 36 所大学分校之一。按照 1978 年制定的《扩大招生方案》，农大分校主管单位为农林局，设置农学、蔬菜、果林、畜牧、农业经济管理 5 个专业，计划招生 500 人，校址选于当时位于良乡的北京农业技术学校内，实行学生全部住读制。按有关文件精神，农大分校依靠本校的支持创办和办学。

北京农业大学是 1949 年由北京大学、清华大学、华北大学 3 所大学的农学院合并组建成立的新中国第一所多科性、综合性的新型农业高等学府，于 1950 年正式更为此名；1970 年迁至陕西省甘泉县办学，一度与延安大学合并；1973 年迁至河北省涿县，改名为华北农业大学；1978 年恢复原名并迁回原址办学，当年在北京、天津、河北、山西、辽宁招收本科生 124 人，开设植物病理、畜牧、兽医、农业气象 4 个专业；1995 年与北京农业工程大学合并为中国农业大学。

1978 年 11 月 29 日，北京市委教育工作部报送《关于大学扩大招生工作会议情况的报告》（报告附《扩大招生方案》），同日，国务院发布《关于华北农业大学搬回马连洼并恢复北京农业大学的通知》，华北农业大学更名为北京农业大学。因与《关于大学扩大招生工作会议情况的报告》报送时间相同，华北农业大学分校未来得及更名,之后在 12 月 14 日北京市革委会关于成立北大一分校等 33 所高等学校分校的通知中,也暂未更名,所附印模仍为华北农业大学分校,在之后的办学中才更名为北京农业大学分校。《扩大招生方案》中提及的办学地址北京农业技术学校已于 1965 年更名为北京市农业学校,办学地址所在学校名称和所属地均使用了当时的习惯叫法。

1979 年 1 月,农大分校在北京市农业学校内成立,为市属大学。分校成立了领导小组,刘宗藩(北京市农业学校校长、党委书记)为负责人,成员有吴汝焯(北京农业大学党委副书记、副校长)、罗玉深(北京市农业学校副校长、党委副书记)、何義凯(北京市农业学校副校长、党委副书记)。在 1980 年北京市委《关于北京市大学分校领导体制若干问题的规定》中明确,农大分校主管部门是市高教局,协作部门是市农林办。

分校于 1979 年 1 月招生,开设农学、果树、蔬菜、畜牧、农业经济管理 5 个专业,学制四年。2 月 3 日新生入学,实际报到了 333 人。分校的教学工作由本校(北京农业大学)承担,本校教师来分校兼课,其他工作由北京市农业学校相应部门承担。分校成立了教务处负责管理日常教学工作,建立了团委,北京市农业学校抽出辅导员组成学生工作组负责学生思想政治工作,除此之外别无其他机构。

1980 年 4 月,吴汝焯调回本校工作,北京农业大学副校长朱振声兼任分校领导小组成员,北京农业大学派王秉寅协助领导小组工作。当年 8 月,分校成立了党支部,王秉寅任党支部书记。1980 年后,分校成立了教学、学生管理联合机构,负责教学及学生的思想工作,后由何義凯、王秉寅主持分校日常工作。

1982 年 12 月,北京市发文调整大学分校,农大分校不在拟保留的大学分校之列，原则上在现有学生毕业后将停办。

1983年1月，农大分校首届毕业生毕业，毕业时有330人参加分配，其中结业2人；未参加分配的3人中，病故1人，入学后考分不够录取标准退学1人，随父母去外地1人。毕业生中，农学专业75人，果树专业84人，蔬菜专业38人，畜牧专业59人，农业经济管理专业74人。市高教局委托北京农业大学学位委员会为够条件者颁发了农学学士学位证书。学生毕业后，分校于当年3月停办撤销，由王秉寅负责物资设备清理移交工作，6月移交工作结束。

资料主要来源：

北京市档案馆馆藏档案

（整理：王岩　审核：姜素兰）

北京第二医学院第二分院

1978—1982 年

北京第二医学院第二分院（以下简称"二医二分院"）创办于 1978 年年底，是当年北京市创办的 36 所大学分校之一。按照 1978 年制定的《扩大招生方案》，二医二分院主管单位为二办，开设医学专业，计划招生 30 人，校址设在赤城后城北湾，学生住读，由主管单位自办。[1]根据文件精神，分院的教学工作由北京第二医学院负责，分院将主要依靠本院的教学资源办学。

北京第二医学院创建于 1960 年，由北京医学院派遣以医学专家吴阶平为首的干部和教员负责筹建。1966 年，学院有医学和儿科医学两个学制五年的专业，1978 年招收本科生 371 人，1985 年更名为首都医学院，1994 年更名为首都医科大学。

1982 年 12 月，北京市发文调整大学分校，二医二分院不在拟保留的大学分校之列，原则上在现有学生毕业后将停办。文件指出，调整后停办的分校，要善始善终，把现有学生培养到毕业，并做好结束工作。领导关系维持现状不变，教学工作仍

---

[1] 转自《北京高等教育文献资料选编（1977—1992）》。二办全称未查到。在 1980 年 6 月北京市委印发的《〈关于北京市大学分校领导体制若干问题的规定〉的通知》中，二医二分院主管单位为市国防部工办。是主管单位发生了变迁，还是最初是笔误，需进一步查证。另据《北京高等教育志》第 641 页记载，二医二分院办学地址为留学路，分院的实际办学地址也待进一步考证。

请大学本校负责到底，保证将现有学生培养成才。分校停办后，现有教职员工，原则上按现在的管理体制，由各自的主管局在本系统内妥善安排；设备物资凡属地方教育经费购置的，由市高教局收回，统一调配使用；结余经费由市高教局按市财政局的有关规定处理；校舍由市政府统一调整。二医二分院于现有学生毕业后停办。

资料主要来源：

①北京市档案馆馆藏档案

②《北京高等学校招生年鉴 1977—1991》

（整理：王岩　审核：姜素兰）

中央财政金融学院分院

1978—1982 年

中央财政金融学院分院是 1978 年北京市拟创办的 36 所大学分校之一，最初办学地址定在当年 2 月复校的中央财政金融学院（1996 年 5 月 16 日更名为中央财经大学）内，位于海淀区西直门外四道口（现为中央财经大学学院南路校区，地址名称为海淀区学院南路 39 号）。按照 1978 年制定的《扩大招生方案》，中央财政金融学院分院由本院自办，设置财政和金融 2 个专业，计划招收 50 人。

中央财政金融学院始建于 1949 年 11 月 6 日，创办之初由财政部主管，历经中央税务学校、中央财政学院发展阶段，1960 年改为中央财政金融学院，1969 年停办，1978 年 2 月复校，在全国招收本科生 129 人。

在 1978 年 12 月 14 日北京市革委会印发的《关于成立北京大学第一分校等 33 所高等学校分校的通知》中，中央财政金融学院分院在本校招走读生，不作为独立的高等学校分校。[1]

按照 1982 年市高教局《关于北京市大学分校制发毕业证书问题的通知》（京高教大字〔82〕第 043 号）文件精神，中央财政金融学院分院学生毕业证书可由本校颁发，但须注明"分

---

〔1〕 陈大白主编：《北京高等教育文献资料选编》（1977—1992），首都师范大学出版社 2008 年版。

校"字样。

1982年12月,北京市发文调整大学分校,中央财政金融学院分院不在保留的分校之中,在现有学生毕业后将停办。

资料主要来源:

①北京市档案馆馆藏档案
②《北京高等教育文件资料选编(1977—1992)》

(整理:王岩 审核:姜素兰)

北京商学院分院

1978—1982 年

北京商学院分院是 1978 年北京市拟创办的 36 所大学分校之一，最初办学地址定在当年恢复招生的北京商学院（1999 年与北京轻工业学院、机械工业管理干部学院合并，组建为北京工商大学）内，位于阜成门外白堆子（现为北京工商大学西校区，地址名称为海淀区阜成路 33 号）。按照 1978 年制定的《扩大招生方案》，北京商学院分院由本院自办，设置商业经济 1 个专业，计划招收 100 人。

北京商学院前身是中华全国供销合作总社干部学校和中央商业干部学校，1960 年由中央商学院更名为北京商学院，1969 年停办。1978 年 6 月，学院恢复办学，重新组建商业经济系，9 月商业经济系的商业经济专业首先招生，为四年制本科，当年招收新生 109 人。按照大学扩大招生有关精神，1979 年，北京商学院扩招北京地区学生 109 人，编为 1978 级 3—4 班。

在 1978 年 12 月 14 日北京市革委会印发的《关于成立北京大学第一分校等 33 所高等学校分校的通知》中，北京商学院分院在本校招走读生，不作为独立的高等学校分校。

北京商学院 1978 年商业经济专业教学计划及专业要求为：正确理解马列主义、毛泽东思想有关经济的基本理论，系统地领会我国社会主义商业的方针、政策；具有本专业所必需的基础知识与商业管理技能。当年的专业教学计划表如下：

序号	课程名称	总上课时数及百分比		开课学期及周课时数							
		时数	%	第一学期	第二学期	第三学期	第四学期	第五学期	第六学期	第七学期	第八学期
一	政治课	405	17.3								
1	时事政治学习										
2	哲　学	112					4	4			
3	政治经济学	257		6	5	5					
4	中共党史	36			2						
二	文化基础课	804	34.2								
5	语　文	120		4	4						
6	英　语	364		4	4	4	4	4	4		
7	数　学	196		4	4	4					
8	体　育	124		2	2	2	2				
三	专业基础和专业课	1138	48.5								
9	国民经济计划	57					3				
10	电子计算机应用	54									6
11	计算技术	36			2						
12	商业政策	116							4	4	
13	商业管理学	60							4		
14	批发管理学	56							4		
15	零售管理学	56							4		
16	储运管理学	76								4	
17	会　计	141									
	其中：会计原理	76				4					
	商业会计	65					5				
18	统　计	112									
	其中：统计原理	52					4				
	商业统计	60						4			
19	商品学	132								4	4

续表

序号	课程名称	总上课时数及百分比		开课学期及周课时数							
		时数	%	第一学期	第二学期	第三学期	第四学期	第五学期	第六学期	第七学期	第八学期
20	国外商业专题介绍	27									3
21	商业财务	82						4	2		
22	市场物价管理学	76								4	
23	商业经济活动分析	57								3	
	合 计	2347	100								
四	选修课										
1	《资本论》选读	76								4	
2	中国近代商业史	57								3	
3	对外贸易管理	57								3	
4	专业英语	38								3	

按照 1982 年市高教局《关于北京市大学分校制发毕业证书问题的通知》（京高教大字〔82〕第 043 号）文件精神，北京商学院分院学生毕业证书可由本校颁发，但须注明"分校"字样。

1982 年 12 月，北京市发文调整大学分校，北京商学院分院不在拟保留的分校之中，在现有学生毕业后将停办。

资料主要来源：

①北京联合大学档案馆馆藏档案
②《北京商学院志》

（整理：王岩　审核：姜素兰）

北京化纤学院分院

1978—1982 年

北京化纤学院分院是 1978 年北京市拟创办的 36 所大学分校之一，最初办学地址定在位于朝阳区东郊定福庄的北京化学纤维工学院（后迁入朝阳区和平街北口办学，1988 年更名为北京服装学院）内。按照 1978 年制定的《扩大招生方案》，北京化纤学院分院主管部门是北京化学纤维工学院，协作创办单位是北京市纺织工业局，开设化纤专业和染整专业，计划招生 100 人。

北京化学纤维工学院始建于 1959 年，原名为北京纺织工学院，1961 年更名为北京化学纤维工学院，1968 年迁入江西省分宜县五七干校，1971 年并入北京化工学院，1978 年学院结束并校，招收第一届统考生，在全国招收本科生 108 人。1978 年时，北京化纤学院办学地址位于朝阳区东郊定福庄，北京第二棉纺织厂宿舍北，占地面积 7 万平方米。

在 1978 年 12 月 14 日北京市革委会印发的《关于成立北京大学第一分校等 33 所高等学校分校的通知》中，北京化纤学院分院在本校招走读生，不作为独立的高等学校分校。

校史的故事

▲ 北京化学纤维工学院定福庄校址校门
（转自北京服装学院网站）

按照1982年市高教局《关于北京市大学分校制发毕业证书问题的通知》（京高教大字〔82〕第043号）文件精神，北京化纤学院分院学生毕业证书可由本校颁发，但须注明"分校"字样。

1982年12月，北京市发文调整大学分校，北京化纤学院分院不在拟保留的大学分校之列，在现有学生毕业后将停办。

资料主要来源：

北京市档案馆馆藏档案

（整理：王岩　审核：姜素兰）

附 录

分校/学院办学地点

序号	分校/学院名称	办学地点	时间
1	中国人民大学第一分校	崇文区夕照寺街14号	1978—1985
2	北京外贸学院分院	东城区安定门外外馆斜街5号	1978—1983
3	北京外国语学院分院	西城区阜成门外西口	1978—1981
		海淀区阜成路白堆子	1980—1985
4	北京语言学院分院	西城区阜成门外西口	1978—1980
5	北方交通大学分校	海淀区北蜂窝铁路八小旧址	1978—1983
		海淀区颐和园路操场乙2号	1983—1985
6	北京航空学院第三分院	丰台区南苑东高地	1978—1985
7	清华大学第一分校	东城区黄化门街5号	1978—1982.12
8	清华大学第二分校	崇文区永定门外安乐林路18号	1978—1982.12
9	北京邮电学院分院	海淀区后八家于庄子	1978—1982.11
		海淀区五道口	1982.11—1985
10	北京工业学院第二分院	西城区象来街	1978—1983.2
11	北京医学院分院	海淀区五道口	1978—1983.9
12	北京航空学院第一分院	宣武区珠市口留学路	1978—1982.12

续表

序号	分校/学院名称	办学地点	时间
13	北京航空学院第二分院	朝阳区八里庄二道沟河北岸	1978—1982.12
14	北京第二医学院第一分院	宣武区盆儿胡同55号	1978—1983.9
15	北京师范学院第二分院	宣武区西砖胡同55号	1978—1983.12
16	北京工业大学第一分校	朝阳区白家庄西里（工人体育场路4号）	1978—1985
17	北京大学第一分校/北京大学分校	西城区阜成门外西口	1978.12—1983.5 1983.5—1984.7
		海淀区后八家于庄子	1984.7—1985
		土城北路59号（海淀区北土城西路197号）	1984.7—1985
18	中国人民大学第二分校	西城区西四丰盛胡同13号	1978—1985
		海淀区北太平庄红联东村	1984.8—1985
19	北京师范大学第一分校	朝阳区朝阳门外东大桥西南角	1978—1982.12
20	北京师范大学第二分校	东城区安定门外外馆斜街5号	1978—1982.12
21	北京第二外国语学院分院	东城区朝阳门吉市口潘家坡胡同1号	1978—1985
22	北京工业学院第一分院/北京工业学院分院	朝阳区朝阳门外十里堡	1978—1982.12 1982.12—1985
		朝阳门外八里庄地区道家村西（今朝阳区延静东里甲3号）	1982.6—1985
23	北京中医学院分院	东城区安定门外蒋宅口花园街22号	1978—1985

续表

序号	分校/学院名称	办学地点	时间
24	北京化工学院第一分院/北京化工学院分院	西城区前海东沿50号	1978—1982.12 1982.12—1985.5
25	清华大学分校	东城区黄化门街5号	1982.12—1985
		崇文区永定门外安乐林路18号	1982.12—1985
26	北京航空学院分院	宣武区珠市口留学路	1982.12—1984.2
		朝阳区八里庄二道沟河北岸	1982.12—1984.2
		宣武区西砖胡同55号	1983.3—1984.3
		宣武区盆儿胡同55号	1984—1985
27	北京师范大学分校	东城区安定门外外馆斜街5号	1982.12—1985
		朝阳区朝阳门外东大桥西南角	1982.12—1983.9
28	北京联合大学经济管理学院	崇文区夕照寺街14号	1985—1990.9
29	北京联合大学外国语师范学院	海淀区阜成路白堆子	1985—1993.3
30	北京联合大学电气化铁道学院	海淀区颐和园路操场乙2号	1985—1989.12
31	北京联合大学航天工程学院	丰台区南苑东高地	1985.5—1991.12
32	北京联合大学自动化工程学院	东城区黄化门街5号	1985—1994.3
		崇文区永定门外安乐林路18号	1985—1994.3
33	北京联合大学电子工程学院	海淀区五道口	1985—1994.3

续表

序号	分校/学院名称	办学地点	时间
34	北京联合大学轻工工程学院／建材轻工学院	宣武区盆儿胡同55号	1985—1986.9 1986.9—1997.12
35	北京联合大学机械工程学院	朝阳区白家庄西里（工人体育场路4号）	1985—2002.4
		通州区次渠镇	2000—2002
36	北京联合大学文理学院	海淀区北土城西路197号（土城北路59号）	1985—1994.3
		海淀区后八家于庄子	1985—1994.3
37	北京联合大学文法学院	海淀区北太平庄红联东村	1985—1986.8
		西城区西四丰盛胡同13号	1985—1994.3
38	北京联合大学职业技术师范学院/师范学院	东城区安定门外外馆斜街5号（现属朝阳区）	1985—2003.2 2003.2—今
39	北京联合大学旅游学院	东城区朝阳门吉市口潘家坡胡同1号	1985—1991
		朝阳区北四环东路99号（朝阳区安外小营）	1991—今
40	北京联合大学纺织工程学院/商务学院	朝阳区朝阳门外十里堡	1985—1993
		朝阳区延静东里甲3号	1985—1997.12 1998—今
41	北京联合大学中医药学院	东城区安定门外蒋宅口花园街22号	1985—2001.3
		东城区东四十条27号	1986.6—2001.3
42	北京联合大学化学工程学院/生物化学工程学院	西城区前海东沿50号	1985.5—1996
		朝阳区堡头西里三区18号	1991—2002.7 2002.7—今

续表

序号	分校/学院名称	办学地点	时间
43	北京联合大学国际语言文化学院	海淀区西三环北路厂洼街4号	1993.9—2003.3
		昌平区石牌坊南	2003.3—2008.4
44	北京联合大学电子自动化工程学院	东城区黄化门街5号	1994.3—2000
		崇文区永定门外安乐林路18号	1994.3—1996.1
		海淀区五道口	1994.3—1996.1
		朝阳区北四环东路（朝阳区安外小营）	1996.1—1997.12
45	北京联合大学应用文理学院	西城区西四丰盛胡同13号	1994.3—2012.3
		海淀区北土城西路197号（土城北路59号）	1994.3—今
		海淀区后八家于庄子	1994.3—今
46	北京联合大学继续教育学院	西城区西四丰盛胡同13号	1994.3—2012.10
		西城区前海东沿50号	2003.11—2012.10
		宣武区盆儿胡同55号	2012.9—2015.8
		丰台区永外蒲黄榆二巷北口	2015.8—今
		朝阳区北四环东路97号	2016.10—今
47	北京联合大学应用技术学院（平谷）/平谷学院	平谷区迎宾路7号	2000—2004.5 2004.5—2011.7
48	北京联合大学信息学院/智慧城市学院	朝阳区北四环东路97号	1998.1—2017.4 2017.4—今
49	北京联合大学应用技术学院	朝阳区北四环东路97号	1998.1—2002

续表

序号	分校/学院名称	办学地点	时间
50	北京联合大学廊坊分校	河北省廊坊市广阳区云鹏道58号（东方大学城）	1999.8—2009.7
51	北京联合大学特殊教育学院	丰台区永外蒲黄榆二巷北口	2000.1—今
		北京军区八大处招待所	2008.1—2011.3
52	北京联合大学广告学院/艺术学院	东城区黄化门街5号	2000.2—2001.8
		海淀区温泉镇东埠头村1号	2001.8—2010.7
		昌平区石牌坊南	2010.7—2015.12 2016.1—2016.8
		朝阳区北四环东路	2016.9—今
53	北京联合大学东方大学城信息技术学院/东方信息技术学院	河北省廊坊市广阳区云鹏道58号（东方大学城）	2001.6—2004.1 2004.1—2009.7
54	北京联合大学机电学院	朝阳区白家庄西里	2002.4—2017.4
55	北京联合大学自动化学院/城市轨道交通与物流学院	朝阳区北四环东路97号	2002.4—2017.4 2017.4—今
56	北京联合大学管理学院	朝阳区北四环东路97号	2002.4—今
57	北京联合大学网通软件职业技术学院	昌平区石牌坊南	2005.5—2008.4
58	北京联合大学国际交流学院	朝阳区北四环东路97号	2005.3—2016.3
		育惠里2号院19号楼	2016.3—2020.6

续表

序号	分校/学院名称	办学地点	时间
59	北京联合大学应用科技学院	昌平区石牌坊南	2008.4—2018.3
		朝阳区安外北苑6号院甲1号	2018.3—今
60	北京联合大学马克思主义学院	朝阳区北四环东路97号	2015.12—今
61	北京联合大学机器人学院	朝阳区北四环东路97号	2016.5—今
		朝阳区白家庄西里	2017.4—今
62	北京钢铁学院第一分院	海淀区明光村	1978—1983.4
63	北京钢铁学院第二分院	石景山区西黄村	1978—1983.4
64	北京钢铁学院分院	海淀区明光村	1983.4—1994
		石景山区西黄村	1986—1994
65	北京工业大学第二分校	海淀区五道口	1978—1981暑假
		海淀区玉渊潭公社潘庄大队白塔庵（西三环北路56号）	1981暑假—1985
66	北京大学第二分校	朝阳德胜门外苇子坑（朝阳区北四环中路35号）	1978—1985
67	北京化工学院第二分院	燕山区凤凰亭北里2号（房山区燕山凤凰亭北里2号）	1978—1982
68	北京建筑工程学院分院	朝阳区朝阳门外八里庄市政工程局党校	1978—1983
69	北京经济学院分院	宣武区右安门西河沿4号	1978—1983.6
70	北京农业大学分校（华北农业大学分校）	房山县马厂	1979—1983.3

续表

序号	分校/学院名称	办学地点	时间
71	北京第二医学院第二分院	河北省赤城县后城公社北湾村	1978—1982.12
72	中央财政金融学院分院	海淀区西直门外四道口	1978—1982.12
73	北京商学院分院	海淀区阜成路33号	1978—1982.12
74	北京化纤学院分院	朝阳区东郊定福庄	1978—1982.12

参考文献

[1] 熊家华主编:《北京联合大学志（1978—2000）》,科学出版社 2006 年版。
[2] 徐永利、柳贡慧主编:《心中的记忆——纪念北京联合大学（大学分校）建校 30 周年》,北京出版社 2008 年版。
[3] 陈大白主编:《北京高等教育文献资料选编（1977—1992）》,首都师范大学出版社 2008 年版。
[4] 陈大白主编:《北京高等教育文献资料选编（1993—1999）》,首都师范大学出版社 2008 年版。
[5] 北京联合大学编:《谭元堃文集》,北京出版社 2013 年版。
[6] 徐永利、张楠主编:《北京联合大学志（2001—2010）·学校篇》,北京大学出版社 2014 年版。
[7] 徐永利、张楠主编:《北京联合大学志（2001—2010）·学校篇》,北京大学出版社 2014 年版。
[8] 北京普通高等教育志编纂委员会编:《北京普通高等教育志（上卷）》,华艺出版社 2004 年版。
[9] 北京普通高等教育志编纂委员会编:《北京普通高等教育志（中卷）》,华艺出版社 2004 年版。
[10]《北京联合大学年鉴》编纂委员会编著:《北京联合大学年鉴（2012）》,北京大学出版社 2014 年版。
[11]《北京联合大学年鉴》编纂委员会编著:《北京联合大学年鉴（2013）》,北京大学出版社 2014 年版。
[12]《北京联合大学年鉴》编纂委员会编著:《北京联合大学年鉴（2014）》,北京大学出版社 2014 年版。

[13]《北京联合大学年鉴》编纂委员会编著:《北京联合大学年鉴(2015)》,北京大学出版社2014年版。

[14]《北京联合大学年鉴》编纂委员会编著:《北京联合大学年鉴(2016)》,北京大学出版社2014年版。

[15]韩宪洲主编:《校址的故事》,中国政法大学出版社2019年版。

[16]廖叔俊、庞文弟主编:《北京市高等教育的沿革和重大历史事件》,中国广播电视出版社2006年版。

[17]北京联合大学师范学院:《与改革开放同行——建院30周年回顾》,北京联合大学师范学院2008年版。

[18]李德良:《流年往事——李德良回忆录》,九州出版社2012年版。

[19]北京教育学院编:《北京教育学院志(1953—2008)》,北京出版社2008年版。

[20]王学珍等编:《北京大学纪事(1898—1997)·下册》,北京大学出版社1998年版。

[21]北京建筑工程学院编:《北京建筑工程学院(1936—1992)》,北京建筑工程学院1992年版。

[22]《北京邮电大学四十年》编写组编:《北京邮电大学四十年(1955—1995)》,1995年版。

[23]《北京科技大学(北京钢铁学院)纪事》编辑组编:《北京科技大学(北京钢铁学院)纪事(1952—2012)》,科学出版社2013年版。

[24]《北京信息科技大学年鉴》编委会编:《北京信息科技大学年鉴2011》,光明日报出版社2012年版。

[25]《北京信息科技大学年鉴》编委会编:《北京信息科技大学年鉴2013》,光明日报出版社2015年版。

[26]申建军主编:《北京航空航天大学校志(1952—1992)》,北京航空航天大学出版社2000年版。

[27]首都师范大学志编写组编:《首都师范大学志(1954—2003)》,首都师范大学出版社2006年版。

[28]国家教育委员会高校学生司、中国国土资源开发利用促进会编:《中国高等院校北京分册》,万国学术出版社1993年版。

[29] 北京市高等教育研究室:《北京地区普通高等学校概况》,1985 年版。
[30] 北京市高等教育局编:《北京高等学校概况》,北京工业大学出版社 1992 年版。
[31] 北京市教育志编纂委员会编:《北京市普通教育年鉴(1949—1991)》,北京出版社 1992 年版。
[32] 北京联合大学:《媒体档案北京联合大学(1978—2004)》,2004 年版。
[33] 周万祥主编:《北京化工学院志——北京化工大学(1958—1992)》,化学工业出版社 1996 年版。
[34] 对外经济贸易大学校志编委会编:《对外经济贸易大学校志》,对外经济贸易大学出版社 2001 年版。
[35] 李荣发主编:《北京工业大学志(1960—1998)》,北京工业大学出版社 2000 年版。
[36]《北京石油化工学院三十年校庆丛书》编委会编:《北京石油化工学院志(1978—2007)》,中国石化出版社 2008 年版。
[37]《对外经济贸易大学校志》编委会编:《对外经济贸易大学校志(2000—2010)》,对外经济贸易大学出版社 2011 年版。
[38] 对外经济贸易大学校志编委会编:《对外经济贸易大学校志(1954—1994)》,对外经济贸易大学出版社 1994 年版。
[39]《首都经济贸易大学志》编纂编委员会编:《首都经济贸易大学志(1956—2014)》,首都经济贸易大学出版社 2016 年版。
[40] 林业主编:《北京教育 60 年(1949—2009 大事记)》,北京工艺出版社 2009 年版。
[41] 张延生主编:《北京商学院志(1950—1998)》,1998 年版。
[42] 陈昆、涂上飚主编:《教育部直属高校历史发展沿革概览》,武汉大学出版社 2018 年版。
[43] 张铃、周志成主编:《老兵心声》,北京出版集团公司北京出版社 2010 年版。
[44] 林乎加:《大学分校的前前后后》,北京市党委宣传部 2008 年版。
[45] 王辉耀、苗绿主编:《那三届——77/78/79 级,改革开放的一代人》,

中译出版社 2017 年版。
[46] 李家俊、张克非主编:《中国大学校史研究》,天津大学出版社 2018 年版。
[47] 贾怀勤:《惠园札记——贸大文化、校史与校友》,对外经贸大学出版社 2016 年版。
[48] 北方交通大学校史编写组:《校史资料选辑,内部资料》,1987 年版。
[49] 党跃武主编:《四川大学校史读本》,四川大学出版社 2013 年版。
[50] 北方工业大学党委宣传部、北方工业大学校史编写组:《北方工业大学校史（1946-2016）》,光明日报出版社 2016 年版。

后 记

一所大学的历史既带有时代的鲜明印记，又体现着它独特的文化魅力。北京联合大学与改革开放同龄，从1978年大学分校成立，到1985年组建北京联合大学至今，在40余年办学的过程中经历了多次整合、调整，其办学历程之艰辛、办学道路之曲折，在北京的高等教育史上，乃至整个国家的高等教育史上都较为罕见。但恰恰是这段极不平凡的发展历史铸就了北京联合大学艰苦奋斗、砥砺奋进、开拓进取的精神特质。

在首都经济贸易大学党委书记、北京联合大学原党委书记韩宪洲，北京联合大学校长李学伟的大力支持下，在主管档案、史志工作的副校长周彤的具体指导下，《校史的故事》编撰工作由档案（校史）馆牵头，自2018年12月启动，多位在大学分校时期，以及在北京联合大学成立初期工作过的同志积极参与编写，主动提供史料；在智慧城市学院、城市轨道交通与物流学院、管理学院、生物化学工程学院等学院负责校友工作的老师大力支持下，一部分热爱联大、心系联大的校友接受了访谈，提供了大量宝贵的素材。各学院的档案工作负责同志本着对历史负责、对师生负责的态度，为编撰工作付出了大量心血，从搜集线索、查询资料、撰写到审核、定稿，忠实记录了北京联合大学的发展变迁。

《校史的故事》按照时间的脉络，对北京联合大学成立时所包括的大学分校、成立后新建立的学院，以及未进入北京联合大学的大学分校，都进行了详细地梳理和介绍。资料收集过程中，编委们付出了艰辛的努力，从内心深处也加深了对学校创建者和建设者的敬重之意和感恩之情。这些真实、厚重、感人的历史故事，是学校文化的强大根基和内核，读懂这些故事，你会更加深切地感受到北京联合大学40余年发展史所承载的价值追求、所展现的精神力量。

在《校史的故事》编撰过程中，许多资料由于年代久远、人员变化，无从查考，加之时间仓促、水平有限，难免有挂一漏万，恳请广大读者谅解并予以批评指正。

编　者

2020年10月

历史沿革 SCHOOL HISTORY

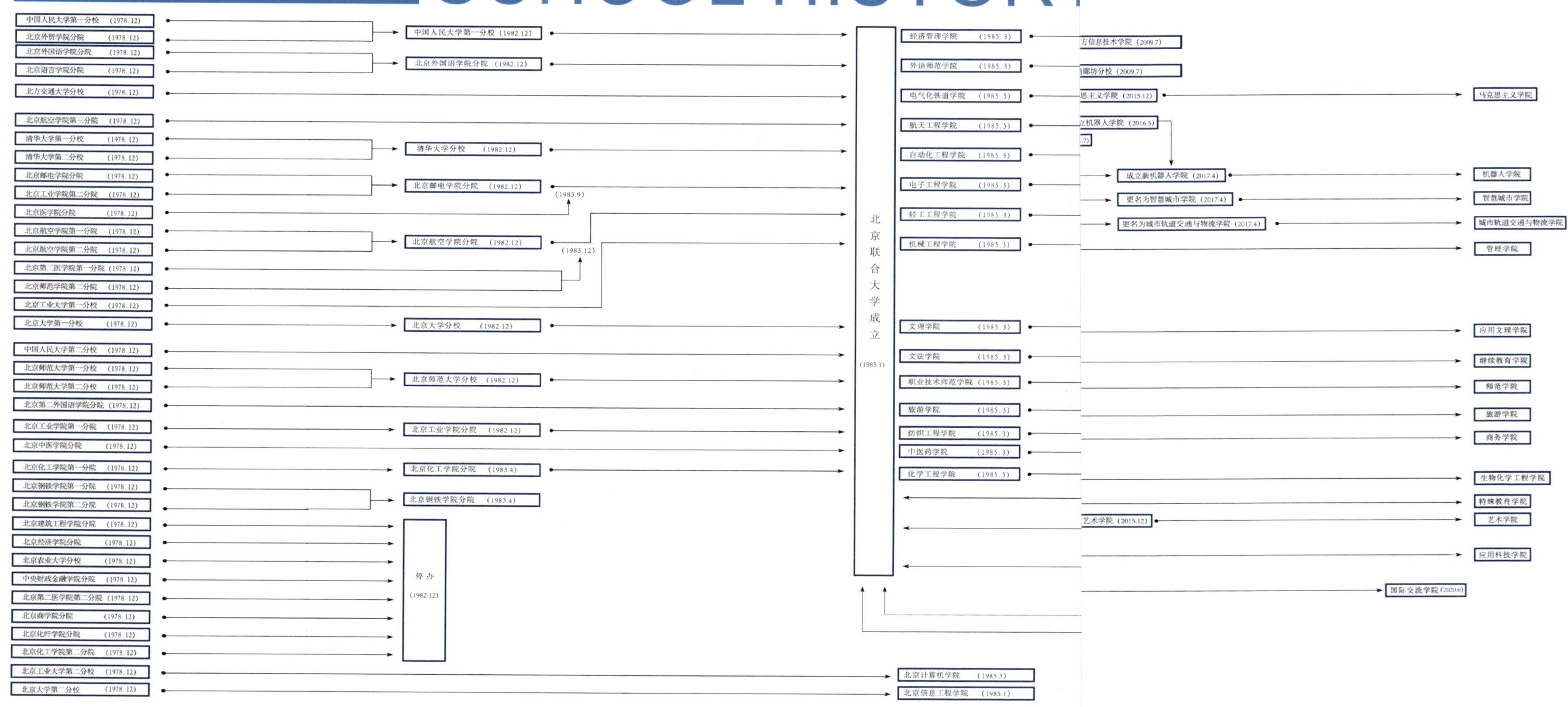

1978.12	1982.12 / 1983	1985	后续发展	现学院
中国人民大学第一分校 (1978.12)	中国人民大学第一分校 (1982.12)	经济管理学院 (1985.3)	方信息技术学院 (2009.7)	
北京外贸学院分院 (1978.12)		外语师范学院 (1985.3)	廊坊分校 (2009.7)	
北京外国语学院分院 (1978.12)	北京外国语学院分院 (1982.12)			
北京语言学院分院 (1978.12)		电气化铁道学院 (1985.5)	思主义学院 (2015.12)	马克思主义学院
北方交通大学分校 (1978.12)		航天工程学院 (1985.5)	立机器人学院 (2016.5)	
北京航空学院第三分院 (1978.12)		自动化工程学院 (1985.3)		
清华大学第一分校 (1978.12)	清华大学分校 (1982.12)	电子工程学院 (1985.3)	成立新机器人学院 (2017.4)	机器人学院
清华大学第二分校 (1978.12)		轻工工程学院 (1985.3)	更名为智慧城市学院 (2017.4)	智慧城市学院
北京邮电学院分院 (1978.12)	北京邮电学院分院 (1982.12)		更名为城市轨道交通与物流学院 (2017.4)	城市轨道交通与物流学院
北京工业学院第二分院 (1978.12)		机械工程学院 (1985.3)		管理学院
北京医学院分院 (1978.12)	(1983.9)			
北京航空学院第一分院 (1978.12)	北京航空学院分院 (1982.12)			
北京航空学院第二分院 (1978.12)	(1983.12)			
北京第二医学院第一分院 (1978.12)				
北京师范学院第二分院 (1978.12)				
北京工业大学第一分校 (1978.12)		文理学院 (1985.3)		应用文理学院
北京大学第一分校 (1978.12)	北京大学分校 (1982.12)	文法学院 (1985.3)		继续教育学院
中国人民大学第二分校 (1978.12)		职业技术师范学院 (1985.3)		师范学院
北京师范大学第一分校 (1978.12)	北京师范大学分校 (1982.12)	旅游学院 (1985.3)		旅游学院
北京师范大学第二分校 (1978.12)		纺织工程学院 (1985.3)		商务学院
北京第二外国语学院分院 (1978.12)		中医药学院 (1985.3)		
北京工业学院第一分院 (1978.12)	北京工业学院分院 (1982.12)	化学工程学院 (1985.5)		生物化学工程学院
北京中医学院分院 (1978.12)				特殊教育学院
北京化工学院第一分院 (1978.12)	北京化工学院分院 (1983.4)		艺术学院 (2015.12)	艺术学院
北京钢铁学院第一分院 (1978.12)	北京钢铁学院分院 (1983.4)			应用科技学院
北京钢铁学院第二分院 (1978.12)				
北京建筑工程学院分院 (1978.12)				
北京经济学院分院 (1978.12)				
北京农业大学分院 (1978.12)	停办 (1982.12)			
中央财政金融学院分院 (1978.12)				
北京第二医学院第二分院 (1978.12)				国际交流学院 (2020.6)
北京商学院分院 (1978.12)				
北京化纤学院分院 (1978.12)				
北京化工学院第二分院 (1978.12)				
北京工业大学第二分校 (1978.12)		北京计算机学院 (1985.3)		
北京大学第二分校 (1978.12)		北京信息工程学院 (1985.1)		

北京联合大学成立 (1985.1)